ENCHANTED CREATURES

매혹의 괴물들

ENCHANTED CREATURES

ⓒ Natalie Lawrence, 2024
All rights reserved.

Korean translation copyright ⓒ 2025 by Prunsoop Co.,Ltd
Korean translation rights arranged with David Higham Associates Limited,
through EYA Co.,Ltd

이 책의 한국어판 저작권은 EYA Co.,Ltd를 통해 David Higham Associates Limited사와
독점 계약한 (주) 도서출판 푸른숲이 소유합니다.
저작권법에 의하여 한국 내에서 보호를 받는 저작물이므로 무단 전재 및 복제를 금합니다.

ENCHANTED CREATURES
매혹의 괴물들

나탈리 로런스

이다희 옮김

푸른숲

꼬마 괴물을 사람으로 키워 주신
부모님께 바칩니다

일러두기

1. 국내 번역본이 없을 경우, 제목을 직역하고 원문을 병기하였다. 국내 번역된 제목이 있을 경우, 해당 제목으로 옮겼다.
2. 단행본은 《 》으로, 신문/잡지/영화/방송 프로그램/전시회/강연/회화는 〈 〉으로 표기하였다.
3. 저자 주는 본문 아래에 표기하였다. 옮긴이 주는 괄호 내 '―옮긴이 주'로 표기하였다.
4. 원문 내 이텔릭은 본문 내에서 볼드로 옮겼다.
5. 참고문헌에 실린 그림은 모두 저자가 그린 일러스트이다.
6. 본 저작물은 강원특별자치도 속초시에서 2024년 제공한 '속초바다 돋움', 마포구에서 제공한 '마포다카포'를 이용하였다.

"이 세상 만물은 인간의 정신에서 비롯되었고
모든 인간은 광기에 사로잡혀 있었으므로
만물도 광기에 사로잡혀 미친 듯 질주했다."

로버트 홀드스톡, 《**라본디스** Lavondyss》

"우리는 사물을 있는 그대로 보지 않는다.
우리가 생긴 대로 본다."

아나이스 닌, 《**미노타우로스의 유혹** Seduction of the Minotaur》

차례

들어가는 말 괴물 만들기 **011**

1부: 천지창조의 괴물

제1장: 뿔 달린 주술사 **035**
제2장: 혼돈의 용 **071**
제3장: 미노타우로스와 미로 **103**

2부: 자연과 괴물

제4장: 뱀이 된 이브 **137**
제5장: 경계 위를 걷는 자들 **175**
제6장: 리바이어던의 후예들 **215**

3부: 지혜의 괴물

제7장: 마법에 걸린 세상 속 히드라 **255**
제8장: 비늘 달린 슈퍼 히어로 **289**

맺는 말 대지의 티탄족 **323**
감사의 말 **351**
참고문헌 **355**

들어가는 말: 괴물 만들기

"우리는 반쯤 완성되었을 뿐, 다듬어지지 않은 동물이다."
메리 셸리

    괴물에 대한 공포를 느껴 본 적이 있는가? 진정한 공포 말이다. 이성은 바보 같은 소리 하지 말라고, 아무것도 없다고 하지만 심장이 갑자기 두근두근하고 뒷목에 솜털이 곤두서는 공포. 아마 겪어 봤을 것이다. 적어도 한 번은. 그 괴물은 어린 시절 침대 밑에 웅크리고 있거나 옷장 안에서 기회를 엿보던, 손가락이 기다란 존재였을 수도 있다. 우리가 헤엄을 칠 때 물속에서 꿈틀거리며 무방비인 발목을 노리던, 비늘 달린 보이지 않는 포식자였을 수도 있다. 아니면 영화를 보고 난 뒤에도 잊히지 않는, 영화관에서 집까지 쫓아와 으슥한 구석에 자리 잡은 어떤 끔찍한 생물이었을 수도 있다. 우리 모두 언젠가 한 번은 그런 경험을 했다. 침대로 뛰어 들어 이불을 뒤집어쓴 적이 있다. 공포 영화를 본 뒤 두려움을 무릅쓰고 어두운 통로를 지난 적 또한. **실은** 거기 아무것도 없다고 자신에게 입증하기 위해 재빨리 불을 켠 적도 있다.

나는 여덟 살 무렵 친구들과 집에서 밤을 보내며 서로 무서운 이야기를 들려주곤 했다. 어린 소녀들은 자기가 낼 수 있는 가장 섬뜩한 목소리로 극적인 결말을 이야기했다. 그때마다 아이들은 공포가 자아내는 전율과 흥분에 야단법석을 떨었다. 우리가 꾸며 낸 생물체 때문에 몇 달을 두려움에 떨기도 했다. 핏줄에 검은 잉크가 흐르는 늑대였는데 마치 그림자처럼 문틈으로 스며들어 침대에 누운 사람을 잡아먹는 놈이었다. 누군가 놈은 친구네 정원 한구석 관목 아래에서 산다고 말했다. 그러자 정말 겁이 났다. 다들 몇 주 동안 잠을 제대로 자지 못했다. 짐승이 액체처럼 침실로 들어올 것 같았다. 우리는 이 짐승을 이길 방법을 고안하기 시작했다. 모든 괴물에게는 아킬레스건이 존재한다. 흡혈귀를 잡는 마늘과 말뚝, 늑대 인간을 잡는 은탄환처럼 말이다. 공포를 무력화하는 조건이다. 잉크 늑대는 뒤꿈치에 마개가 있어서 이 마개를 뽑으면 잉크가 빠져나가 마침내 죽게 된다. 늦기 전에 마개를 뽑을 수만 있다면. 계획을 세우니 기분이 좀 나아지기는 했다. 그래도 괴물은 우리의 머릿속에서 완전히 사라지지 않았다.

돌이켜 보면 기이한 상상이다. 잉크라는 독특한 생명 유지액은 아마도 우리가 공부를 하면서 만년필에 끊임없이 잉크를 채웠다는 사실과 관련이 있었을 것이다. 여러분도 어린 시절에 기묘한 이야기를 꾸며 냈을지 모른다. 당시에는 끔찍했지만 성인이 보기에는 우스운 상상 말이다. 하지만 어린 시절의 재미는 남이 뭐라고 생각하든 개의치 않는 데서 오지 않는가. 내 상상의 세계는 내 것이다. 아무리 이상해도, 말이 되지 않아도 괜찮다. 괴물도 그렇다. 괴물은 원래 극단적이고 터무니없고 혐오스럽고 그래서 더 매혹적이다. 이상할수록 좋다.

괴물은 불쾌하지만 그래도 매우 끈질기다. 나이가 들수록 남을 신경 쓰지 않던 어린 시절의 당당함은 사라지고 상상의 세계도 멀어지지만 괴물만은 남아 있다. 고대의 만티코어 그리고 히드라에서부터 요즘 영화 속의 프레데터나 페이스허거에 이르기까지 인간의 상상력은 언제나 괴물을 만들어 왔다. 그리고 우리는 항상 그런 괴물들에 푹 빠졌다. 구석기 인류는 유럽에서 동남아시아에 걸쳐 동굴 벽에 기이한 혼종 생물을 그려 놓았다. 용은 거의 모든 문화권에서 다양하게 변형된 모습으로 나타난다. 괴생물체 영화들은 극장에서 수억 달러를 벌어들인다. 괴물은 과거에도 현재에도 인간의 상상 속에서 왕성하게 살아 움직이기에 깊은 의미를 가진다.

그렇다면 괴물을 대체 **무엇**이라고 해야 할까? 한마디로 정의 내리기는 쉽지 않다. 괴물은 그 본질상 정의를 거부한다. 같은 이름으로 묶여도 이처럼 다채롭고 변화무쌍한 집단은 없다. 우리가 자연 속의 바위나 나무, 노래하는 새를 묶을 때는 외형적 공통점이나 동일한 기원 등을 보지만 괴물에게는 그렇게 하지 못한다. 괴물은 먼 나라 땅굴 속에 몸을 숨긴 보기 흉한 생물체일 수도 있고 신비롭고 이국적인 짐승일 수도 있다. 기생하는 외계 생물, 주변을 에워싸는 거대한 점액질 덩어리, 혹은 실패한 인간 생체 실험의 결과물일 수도 있다. 이렇게 뒤죽박죽인 무리를 한마디로 요약하기는 힘들다.

역사 속에서 괴물은 아주 다양하게 정의되었다. 1세기의 플리니우스 같은 고대 작가들은 기괴하거나 극단적인 창조물이라면 모두 괴물 취급했다. 4세기의 성 아우구스티누스는 괴물이 비이성적이고 비인간적인 존재라고 했다(인간이 이성적인 존재라는 사실은 꽤나 확실하다고 생각했다). 7세기의 박식한 대주교 세비야의 성 이시도르는 괴물을 징조, 즉 하느님이 나쁜 일을 경고하기 위해 보낸 신호라고 규정했다.[1] 오늘날 옥스퍼드 영어 사전은 두

---

1   플리니우스의 괴물 정의는 《자연사 Historia naturalis》, 성 아우구스티누스의 정의는 《신국론 De civitate Dei》, 성 이시도르의 정의는 《어원학 Etymologiae》에서 가져왔다.

가지 정의를 제공한다. "크고 추하며 두려움을 자아내는 상상 속의 존재" 혹은 "비인간적으로 잔인하거나 악독한 인간". 단어 하나가 어떻게 이처럼 많은 의미를 가질 수 있을까? 괴물은 인간인 것과 인간이 아닌 것, 존재하는 것과 존재하지 않는 것을 가리킨다. 특별히 거대하거나 공포스럽기만 한 존재도 아니다. 이 모든 생각을 한데 묶어 주는 것은 무엇일까?

사실 우리는 괴물이 무엇인지 직관으로 안다. 이는 사고실험에서도 드러난다. 회색곰 같은 커다란 포식 동물을 상상해 보자. 무시무시하고 너무 가까이 가면 치명적인 동물, 이것은 괴물인가? 대부분 아니라고 할 것이다. 괴물이라면 좀 더 특별한 무언가가 필요하다. 어떤 환상적인 특징이나 능력이 있어야 한다. 아주 거대하다든가, 불을 뿜는다든가. 부자연스러운 신체 부위, 가령 전갈의 꼬리나 독수리의 날개가 더해져 괴이하다든가. 머릿속으로 회색곰을 변주한 나만의 만티코어를 상상할 수 있다. 이제 회색곰을 다른 종류의 동물과 비교해 보자. 찡그린 얼굴로 소름 끼치는 이빨을 드러내며 눈을 번득이는 초롱아귀 말이다. 많은 사람은 이 물고기의 사진을 보고 괴물로 칠 만하다고 말할 것이다. 하지만 이 물고기를 만난다고 해도 딱히 위험하지는 않다. 결국 관점의 문제다. 회색곰은 익숙한 짐승이다. 안아 주고 싶은 동물들과 닮았고 아이들의 만화 속에도 등장한다. 초롱아귀는 그다지 익숙하지 않다. 무시무시한 생김새는 충격과 혐오감을 준다. 기괴하고 마치 꾸며 낸 듯 초자연적인 생김새이다.

그렇다면 **괴물다움**은 그것을 보는 사람에게 달려 있다. 괴물이 되려면 익숙한 자연의 경계를 넘어서야 하고 어떤 방식으로든 기대를 저버려야 한다. 거대하고 끔찍하며 부자연스러운 것은 모두 충격을 불러일으키기 때문에 우리는 괴물을 '크고 추하고 상상이 가미된' 존재로 생각하게 된다. 그러나 '정상적'이고 '자연스러운' 범주의 경계는 유동한다. 무엇을 익숙하게 여기는지, 어떤 특수한 관점으로 세상을 보는지에 따라 움직인다. 가령 심해를 연구하는 해양생물학자는 초롱아귀가 괴물이라는 생각에 반대할 것이다. 수많은 괴물이 존재하는 이유는 그것이 만들어진 때와 장소가 모두 다르기 때문이다. 괴물은 인간이 펼쳐 온 다양하고 폭넓은 세계관으로부터 탄생했다.

몇 세기를 두고 바라보면 더 쉽게 이해된다. 케임브리지 대학에서 과학사와 과학철학 박사과정을 이수하면서 나는 16세기에서 18세기에 걸친 근세의 진귀한 괴물들을 찾아 나섰다. 수많은 손을 거쳐 온 오래된 자연사 서적에는 비늘이 돋친 사악해 보이는 악마, 초소형 용, 엄청나게 큰 도도새, 뜬눈으로 밤을 새운 것 같은 바다코끼리 등이 실려 있었다. 사체의 일부분 혹은 여행자의 이야기를 통해 유럽에 알려진 진짜 동물들이었다. 암스테르담이나 안트베르펜 같은 유럽의 항구에서 세계 전역으로 이어진 무역망 덕분이었다. 사람들은 이런 동물을 설명하려 시도하다가 이들을 괴물로 만들어 버렸다. 어떤 것은 고대 신화 속 괴물이 존재한다는 증거라고 했다. 극락조의 말라비틀어진 가죽은 불사조나 타락 천사의 흔적이었다. 어떤 동물은 기이한 신형 괴물을 탄생시켰다. 도도새는 부리와 대퇴골이 너무 뚱뚱해서 날기는커녕 걸을 수조차 없는 새가 있다는 증거였다. 천산갑의 가죽은 악마 같은 도마뱀-돼지의 몸통으로, 바다코끼리의 털가죽은 무시무시한 바다 괴물로부터 얻어낸 전리품으로 탈바꿈했다.

지금 생각하면 우스꽝스럽다. 왜 새로운 동물을 보고 괴물을 상상했을까? 왜 그냥 기이한 동물이라고 생각하지 않았을까? 설명을 시도한 사람들이 망상에 빠져 있었던 걸까? 결코 아니다. 배를 타고 지구 반대편에 다녀오고, 온갖 지식을 담은 백과사전이나 철학 논문을 쓰던 당대인들은 아둔하거나 비이성적인 사람들이 아니었다. 이 새로운 동물들에 대해서 아는 바가 별로 없었지만 주어진 증거를 가지고 매우 이성적인 활동을 하고 있었다. 그들은 처음 접하는 모든 것을 기존의 세계관에 끼워 맞추려고 시도했다.

새로 발견된 동물들은 기존 우주관에 깔끔하게 들어맞지 않았다. 동식물학자들은 분류법상 문제에 맞닥뜨렸다. 전통적

기준으로 도도새나 극락조를 새라고 하기는 힘들었다. 바다코끼리는 고래라고 하기에는 조악했고 천산갑은 도마뱀이라기에는 너무 이상했다. 인간이 세상을 탐험하고 확장하면서 새로운 것이 점점 더 많이 쏟아졌고 그중 일부는 기존 세계관에 들어맞지 않기도 했다. 고전 문헌과 성경으로 전해져 널리 받아들여진 오래된 지식이 약화되기 시작한 것이다. 그래서 동식물학자들은 새로운 동물들을 그리핀이나 용처럼 이미 저 멀리 어딘가에 존재한다고 여겼던 익숙한 괴물에 대입하기 시작했다. 대입되지 않는다면 너무 엉뚱하지는 않은, 새로운 괴물로 둔갑시켰다. '자연 세계 너머에' 존재하는 이런 것들은 자연이 어떠해야 한다는 생각에 들어맞을 **필요**가 없었다. 7장에서 살펴보겠지만 별난 괴물들을 일종의 유치장 하나에 넣어 놓는 행위는 그것들을 어떻게 처리할지 생각해 볼, 약간의 숨 쉴 틈을 마련해 주었다. 시간이 흘러 세계를 분류하기 위한 새로운 체계가 등장했다. 기존의 자연관은 구조조정을 거쳐 이 동물들을 무리 없이 포함하는 그림으로 대체되었다. 결국 괴물은 전혀 괴물이 아니게 되었다.

근세 유럽에서 이런 진귀한 동물들이 거쳐 간 길을 연구하며 나는 당대 유럽인들의 상상력에 대해 많은 사실을 배웠다 (바다코끼리나 천산갑에 대해서는 배운 바가 거의 없다). 앞으로 살펴볼 테지만 당시 유럽인들이 만들어 낸 괴물은 신학적 사유와 마법적 사유로 가득한 세계관의 소산이다. 현대인들에게 이 세계관은 매우 낯설다. 듣도 보도 못한 새로운 생물은 그 당시 사람들에게 괴물처럼 보였고 괴물의 존재는 **당연하게** 여겨졌다. 이는 실재와 실재의 경험 사이 복잡한 관계를 드러내는 좋은 사례이다. 인간은 정보 처리 기계가 아니므로 우리가 외부 세계에서 접하는 것들은 문화에 물든 우리의 정신 속에 존재하는 것들과 상호작용한다. 이런 상호작용의 결과물은 우리 자신과 정신이 작동하는 방식에 대해 상당히 많은 것을 알려준다. 그림이나 시처럼 상상력의 괴이한 산물들은 진실을 담고 있다.

괴물monster이라는 말도 괴물에게 무언가를 드러내는 특성이 있음을 암시한다. 이 단어는 라틴어 몬스트라레(보여 주다)monstrare 혹은 모네레(경고하다)monere가 어원이다. 괴물은 신비하고 모호한 동시에 무언가를 드러내는 존재이다. 그들은 저 깊은 곳에서 터져 나온 징후이다. 두려움을 무릅쓰고 잘 살피기만 한다면 괴물들은 우리의 내면세계, 그리고 실재와 마주하는 방식에 대한 숨겨진 사실을 보여 준다. 우리가 자연스럽고 정상적이라고 생각하는 범위는 몇백 년 전 사람들의 생각과 매우 다르다. 현대인은 만티코어나 바다 괴물의 존재를 믿지 않고 바다코끼리나 천산갑이 부자연스럽다고 여기지 않는다. 그럼에도 괴물 만들기는 여러 다른 방식으로 계속해서 이어지고 있다. 그렇다면 우리가 과거에도 만들었고 지금도 만들고 있는 괴물들은 인류의 어떤 모습을 드러내고 있을까? 바로 이 질문이 이 책의 탐구 주제이다. 앞으로 괴물이 인간의 경험에서 하는 중요한 역할과 이를 통해 우리가 우리로 살아가는 방법을 살펴볼 것이다. 괴물의 (부자연스러운) 자연사는 사실상 인간의 역사이다.[2]

이야기하는 동물

아주 오래전 인간의 삶을 이해하려면 어떻게 하면 좋을까? 남겨진 사물을 보는 방법이 있다. 건물, 도구, 무기, 정교한 장신구 등을 살피는 것이다. 이런 유물들은 세상 속에서 사람들이 어떻게 살았고 무엇을 **했는지** 알려 준다. 반면 여러 세기에 걸쳐 살아남은 이야기들은 인간이 어떤 경험을 했는지 들여다볼 수 있는 창이다. 수많은 신화와 전설은 발굴할 필요가 없다. 이야기는 끈질기게 지속된다. 마치 유기체처럼 우리의 기억 속에 살아 있다. 세월이 흐르는 동안 이 사람에서 저 사람으로 전달되면

---

[2] 《괴물의 역사Monstrorum Historia》(1642)에서 처음으로 괴물을 구분 지은 울리세 알드로반디는 손으로 가리키고 보여 줄 만큼 경이로운 존재라는 의미로 이 말을 썼다. 알드로반디를 비롯한 동시대 사람들은 하나의 개체로만 존재하는 일회성 괴물과 하나의 종을 이루는 괴이한 생물도 분명히 구분했다.

서 변화하기도 한다. 사물과는 다른 방식으로, 그 이야기를 전해 온 이들의 정신에 대한 통찰을 제공한다. 이야기는 기록된 역사보다 훨씬 더 오래전으로 거슬러 올라간다.

여느 아이들과 마찬가지로 나는 어린 시절 고대 그리스와 이집트, 스칸디나비아의 신화에 매료되었다. 지금도 마찬가지다. 신화가 아이들만을 위한 것은 아니니까. 신화 속 이야기들은 신들과 영웅, 마법과 괴물로 물결치는 지형을 상상하게 만든다. 우리의 상상력을 오래전 사람들의 상상력과 연결해 준다. 용, 히드라, 스핑크스 등 오늘날 우리가 아는 괴물들은 이런 고대 신화 속에서 수십 세기 동안 생존했다. 괴물들은 언제나 상대편 영웅들보다 흥미로웠다. 괴물은 본능적인 욕망과 은밀하고 복잡한 사연이 추동하는, 신비롭고 자유분방한 생을 영위한다.

이야기는 세상으로부터 의미를 만들어 내기 때문에 지속된다. 2013년 조녀선 갓셜이 말했듯 우리는 "이야기하는 동물"이다. "인간이라는 동물은 이야기에 중독되었다"고 그는 말한다. "몸이 잠든 뒤에도 정신은 밤새 깨어 이야기를 지어낸다." 꿈과 신화, 동화나 경전 속의 우화는 단지 하찮은 환상이 아니다. 세상을 유연한 거울 삼아 개인 그리고 공동의 인간성에 대한 진실을 드러낸다. 이런 이야기 속에 등장하는 인물들은 가상의 지형 위에 우리의 주관적 현실을 펼쳐 놓는다. 사회를 이루고 살 수밖에 없는 영장류인 인류가 공유하는 신화는 공동의 가치를 발현하고 구축한다. 따라서 이야기 속 괴물들은 인간 사회가 집단적으로 거부하고 두려워하는 것의 상징이다. 공동의 적만큼 사람들을 결속하는 것은 없다.[3]

정신분석가 브루노 베텔하임은 《옛이야기의 매력》(1978)에서 동화의 중요성을 이야기했다. "이 이야기들이 현실을 그려 내고 있다고 생각한다면 어떻게 보아도 정말 터무니없을 뿐이다. 잔인하고 가학적인 것은 말할 것도 없다. 그러나 정신적 현상이나 문제의 상징으로 본다면 이 이야기들은 진실을 담고 있다." 베텔하임의 주장에 따르면 전형적인 동화는 불쾌하고 껄끄러운 충격을 주지만 아이들이 크면서 겪는, 마구 뒤얽힌 온갖 정서와 몽상을 풀어 나가게 도와준다. 물론 이야기는 시간이 흐르면서 변화한다. 오늘날 책이나 디즈니 영화의 형태로 나오는 동화는 비교적 밍밍하다. 유년기의 정신세계를 그다지 잔인하거나 직접

---

[3] 갓셜의 "스토리텔링 통합 이론"은 우리가 복잡한 집단생활을 모의하고 헤쳐 나가기 위한 수단으로 이야기를 만들고 들려준다고 주장한다. "생존을 보장하기 위해" 진화된 여러 행동 방식 가운데 하나라는 것이다. 갓셜의 최근작 《스토리의 역설: 스토리텔링에 대한 우리의 애착이 어떻게 사회를 구축하고 또 무너뜨리는가 The Story Paradox: How Our Love of Storytelling Builds Societies and Tears Them Down》(2021)는 소셜미디어의 시대인 오늘날 "선한 사람들로 하여금 괴물처럼 행동하게 만드는" 스토리텔링의 어두운 면을 들여다본다.

적으로 다루지 않는다. 그러나 그 동화가 애초에 극장에 올라갈 수 있었던 이유는 힘이 있기 때문이다. 객관적 실재를 보여 주어야만 "진짜"는 아니다. 이야기는 정신적 실재를 드러낸다.[4]

이런 이야기 속에서 괴물은 가장 중요한 역할을 맡는다. 그리고 괴물은 그 생김새만큼이나 강력하고 무시무시한 우리의 일부분을 바탕으로 만들어진다. 물론 모든 괴물이 공포스럽지는 않다. 근세의 천산갑과 극락조는 꽤나 무해했다. 그러나 가장 위험한 괴물은 우리가 싫어하는 자신의 모습으로부터 만들어졌다. 공격성, 잔인함, 공포, 슬픔, 불안. 버리고 싶거나 멀리 하고 싶은 인간 본성과 경험의 부분들로 이루어졌다. 우리의 상상력은 이런 것들을 상상 속 끔찍한 존재로 만들어 멀리 유배를 보내거나 영웅과 신 들이 시원하게 물리치도록 한다. **외부**의 존재이자 **상상**의 존재라는 딱지를 붙이는 더 영리한 방법도 있다. 우리 편도 아닌 데다 실제로 존재하지도 않는다고 생각하는 것이다.

그러나 이는 착각일 뿐이다. 한 번 괴물을 만들면 피하거

---

4 베텔하임이 가장 강력히 주장한 바에 따르면 우리는 아이들을 키울 때 사람이 본래 선하다고 믿도록 가르친다. 모두가 전적으로 선하지는 않다는 사실을 알면서도 그렇게 한다. 잔인하고 어두운 요소들을 가진 동화는 아이들이 자신의 이런 면을 돌아보고 극복하게 만든다. 나의 일부분이 다소 불쾌하다고 해서 나 또한 괴물이라는 끔찍한 결론에 이르지 않도록 도와주는 것이다.

나 지울 수 없다. 우리의 일부이기 때문이다. 괴물은 반드시 돌아오게 되어 있다. 메리 셸리의 《프랑켄슈타인》에서 프랑켄슈타인 박사는 시체를 이어 붙여 누더기 인간을 만든다. 그는 그 괴물을 피해 달아나려 하지만 결국 평생 자기 손으로 만든 괴물과의 술래잡기를 반복한다. 죽이려고 애쓰거나 죽지 않으려고 애써야 한다. 괴물을 없애고 싶어 하는 만큼 괴물에 끌린다. 괴물은 우리를 매료하는 동시에 두렵게 한다. 우리는 괴물을 깊은 바닷속으로, 원시림의 어둠 속으로, 황폐한 우주의 허공 속으로, 아늑한 거실과 저녁 식사 모임으로부터는 멀리 보내 버릴 수 있지만 **진정으로** 피할 수는 없다. 그것은 자꾸만 돌아온다. 어둠 속, 침대 밑, 꿈속 세상의 통제 불가능한 여백으로부터.

    괴물은 그래서 공포스럽다. 거대하고 추하기 때문이 아니다. 우리가 멀리 보내 버린 우리의 일부분이며 다시 난폭하게 침입하려고 위협하는 존재이기 때문이다. 괴물은 그 바탕인 우리만큼 거대하고 우리만큼 추하다. 그들은 상상 속에서 여러 속성과 겉모습을 가진다. 그러나 그 **존재**만큼은 상상의 경계를 뛰어넘어 실재한다. 괴물은 미지의 대상과 관계를 형성 재료이기도 했다. 그래서 괴물의 방식을 이해하는 일 곧 인간의 방식을 이해하는 일이다.

괴물의 본성

15세기에 살았던 박식가 레오나르도 다빈치의 수첩에는 화가들을 위한 조언이 있다. "상상의 동물이 자연스러워 보이게 하려면, 가령 그게 용이라고 할 때, 머리는 마스티프나 세터 개, 눈은 고양이, 귀는 고슴도치, 코는 그레이하운드, 눈썹은 사자, 관자놀이는 늙은 수탉, 목은 거북이로 그리면 좋다." 시간을 초월하는 처방이다. 실로 많은 괴물이 여러 동물을 조합한 결과이기 때문이다. 괴물의 원조 격인 용은 파충류, 조류, 고양잇과, 어류의 특징을 모두 가졌다. 영화 〈에이리언〉(1979)의 제노모프는 포유류 수준으로 발달했고 관절은 곤충을 닮았으며 피부는 양서류처럼 축축한 포식자이다. 제노모프는 인간의 얼굴을 먹는 동시에 숙주로 삼는다. 말파리나 기니벌레가 1천 배로 커진다면 그렇게 할 수 있을 것이다. 자연 세계는 이미 상상하기 어려운 존재들로 가득 차 있다. 확대 촬영된 개미의 얼굴을 보라. 칼날처럼 생긴 털이 돋아 있고 무자비한 겹눈에 기계 같은 턱을 가졌다. 끈벌레는 실 같이 가느다랗고 끈적한 주둥이를 훅 내밀어 먹이를 붙잡는데 그 크기가 몸체와 엇비슷하다. 괴물을 만들기 위해 이미 존재하는 것들에서 멀리 갈 필요는 없다.

인간의 삶은 다른 동물과 긴밀하게 연결되어 있다. 우리는 언제나 다른 동물을 사냥하고 두려워하고 잡아먹고 관찰하고 모방했다. 동물과 힘을 합치기도 했고 동물에게 깊은 관심을 가지기도 했다. 그런 동물들이 우리의 상상 속 세계에 사는 것도, 상상 속 산물의 주재료가 되는 것도 당연하다. 동물은 우리 자신의 존재를 비교해 볼 수 있는 살아 숨 쉬는 상대이자 품성의 상징이었다. 사자는 용기의 상징, 나귀는 고집, 공작은 허세의 상징이다. 인류학자 클로드 레비-스트로스의 유명한 말을 빌리자면 동물은 "생각하는 데 좋다". 괴물은 더 좋다.[5]

우리는 다른 동물animal들을 일컬어 크리처(피조물, 생물체)creature 혹은 비스트(짐승, 야수)beast라고 하지만 이 단어들은 말 그대로 '동물'을 의미하지는 않는다. 대신 우리가 다른 종과 맺는 관계에 대해 많은 사실을 시사한다. 라틴어 동사 크레아레(만들다)creare는 중세 영어에서 크리처(만들어진 것)가 되었다. 옥스퍼드 영어 사전은 크리처를 "인간과 구별되는 동물"이라고 정의한다. 케임브리지 사전은 "희귀하거나 상상 속에 존재하는 생물체"라

---

[5] 〈에이리언〉 속 제노모프의 원 디자인은 초현실주의 예술가 H. R. 기거가 《네크로미콘Necromicon》(1977)에서 묘사한 "생체역학적" 생물을 바탕으로 했다. 레비-스트로스의 인용구는 항상 모호하게 번역되곤 하는데 1963년 저작에서 쓴 프랑스어 표현은 "bonnes à penser"이다. 영국 소설가이자 비평가 존 버거는 인류가 우리와 다른 동물 사이의 유사성을 늘 인식해 왔다고 지적했다. 가령 아리스토텔레스는 "아주 많은 동물들"이 인간과 닮은 "형태적 특성이나 태도의 흔적을 드러낸다"고 말했다. "인간에게서 지식과 지혜, 영리함을 찾아볼 수 있듯이 어떤 동물에는 이와 비슷한 다른 자연적인 능력이 있다"는 것이다.

고 설명한다. 메리엄웹스터 사전은 "만들어진 존재로 생물이나 무생물일 수 있고 하등동물이거나 인간, 변칙적이거나 불분명한 특성을 가진 존재"로서 "다른 존재에 복종하며 의지하거나 도구가 된다"고 정의했다. "크리처 같다^{creaturely}"는 말은 인간의 변덕에 의해 생겨났고 인간에 구속된다는 의미로 정의된다.

비스트라는 말 역시 흥미롭다. 옥스퍼드 영어 사전은 라틴어 단어 베스티아^{bestia}가 고대 프랑스어에서 베스테^{beste}가 되었고 중세 영어부터 비스트로 쓰였다고 설명한다. 이것은 "인간이 아닌" 동물로, "가축"이거나 "크고 위험한 네발짐승"이다. 두 번째 의미에는 도덕적인 함의가 있다. "흉포하거나 길들지 않은" 사람 혹은 "불쾌한" 사람이나 사물, 나아가 "비인간적으로 잔혹하고 난폭하거나 사악한" 사람이나 사물을 일컫는다. 비스트는 우리가 되고 싶어 하지 않는 모습으로 정의 내려진다.[6]

인정하기 싫으나 우리 또한 짐승 같은 존재이다. 다른 짐승과 마찬가지로, 어쩌면 더욱더 잔혹하고 난폭하고 사악하다. 인간은 다른 동물과 사는 동물이고 유기적 존재이며 그런 존재

---

[6] 또 한 가지 흥미로운 사실이 있다. 구글에 따르면 비스트와 크리처라는 말의 사용 빈도는 20세기에 급격히 줄었지만 지난 20년간 서서히 증가했다. 짐승 같은 생물체들의 르네상스가 진행되고 있는 것이다. 자연과 야생성에 대한 관심이 부활했기 때문일 수도 있다.

가 갖는 모든 한계 역시 갖고 있다. 그렇기에 우리는 근심한다. 이 근심으로 인해 우리의 상상 속에서 괴물 같은 존재들이 날뛰는 것이다. 문화 인류학자 어니스트 베커는 인간의 동물성이 문화에 어떤 동기를 부여하는지 설명한다. "현실 세계는 너무 끔찍해서 도저히 인정할 수가 없다. 세계는 인간이 언젠가 쇠약해지고 죽을 작고 나약한 동물이라고 말해 주고 있다." 문화적 "환상"은 도피구를 마련하고 "인간이 우주에 중요하고 필수 불가결한 존재처럼 보이게" 한다. 문화는 우리가 삶에 대한 신화를 만들도록 허락하고 이는 생존을 조금 더 수월하게 한다. 이렇게 세계는 다루기 쉬운 구조로 재구성된다. 한편으로 우리는 신을 만들어 경배하고 불멸이라는 희망을 품는다. 또 다른 한편으로는 자신의 짐승 같은 본성을 배척하기 위해 짐승을 괴물로 만들어 저 멀리 쫓아낸다.[7]

인류에게 가장 중요한 괴물들은 우리가 죽이는 동시에 죽임당할까 두려워하는 다른 동물들을 바탕으로 만들어졌다. 미국 작가 데이비드 쿼먼은 "이따금 괴물 같은 육식 동물이 숲이나 강에서 마치 운명처럼 나타나 누군가를 잡아먹곤 했다"고 이야기

---

[7] 베커의 동료이기도 한 에리히 프롬은 인간 경험이 "반은 동물, 반은 상징이라는 역설적인 본성"의 지배를 받는다고 말하고 우리에게 동물 부분을 없애려는 충동이 있다고 말했다. 우리는 반은 짐승이고 반은 신이다.

하면서 "인간 자의식의 원형에는 자신이 고기가 될 수 있다는 인식이 있었다"는 의미라고 했다. 늑대, 호랑이, 악어, 곰, 사자 등 이따금 인간을 죽이고 먹는 모든 동물은 단지 위험한 존재가 아니라 현실을 직시하게 해 주는 존재이다. 인간의 몸은 순식간에 먹이가 될 수 있다. 우리는 쾨먼이 말하는 "최상위 포식자"의 위협에 대항하기 위해 그들을 신으로 만들어 신화를 꾸며 내거나 괴물로 격하했다. 그리고 대부분을 죽여 없앴다.[8]

    서양의 학자와 신학자 들은 수천 년 동안 '인간'과 '동물'을 구별하려고 애썼다. 우리를 특별하게 만드는 지점이 무엇인지에 대한 대답은 세월에 따라 변화했다. 신이 인간을 우선시했다는 생각부터 영혼이 있는 존재라는 생각, 고차원적 언어 사용, 자기 인식, 추상적 사고 등이 가능한 존재라는 생각까지 다양하다. 우리는 정신과 행동의 보다 미개한 부분들을 억누르기 위해 문명적인 품행이라는 규범을 만들었다. 인간이 다른 모든 생명

---

[8]   쾨먼은 또 이렇게 지적한다. "우리는 그동안 우리의 정서적 세계 안에서 대형 포식자들에게 역할을 부여함으로써 이 위험하고 문제적인 존재들을 참고 견디어 왔다. 그러나 인간의 수와 세력이 엄청나게 커지고 유아론적 사고가 늘어나면서 우리는 더 이상 참고 견디지 않을 것이며 이 위험한 존재들을 받아들일 수 없다고 생각한다." 포식자를 박멸하는 일은 식민지 건설의 핵심을 차지한다고 쾨먼은 주장한다. "한 민족과 그들의 땅을 정복하려면 그들과 사는 괴물을 전멸시켜야 한다." 31종의 포식 동물 가운데 3분의 2가 현재 멸종 위기종으로 지정되어 있다. 세계적으로 1970년대 이후 척추동물의 개체 수는 60퍼센트 감소했다.

체 위에 군림하는 위계 구조를 고안하고 그 생각을 강화하기 위해 신적 질서라는 정교한 신화를 꾸며 냈다. 아리스토텔레스 이후로 서양이 자연 세계를 보는 시각은 '존재의 대사슬Scala Naturae'이라는 개념에 좌우됐다. 인간은 신과 천사 바로 밑에 있었다. 그 밑으로는 아래로 갈수록 점점 단순해지는 형태로, 새와 포유류 다음에 파충류와 양서류, 그리고 곤충과 갑각류가 놓였다. 저급한 짐승 더미와 하느님 사이에 외롭게 놓인 인간은 분별력이 있다면 위로 갈 수밖에 없었다. "저급한 존재"와 우리를 구분 짓고 신을 향해 손을 뻗어야 했다.[9]

    자연철학자 멜라니 챌린저는 "1만 년간 이어진 현대 사상"의 결정체는 "자기가 동물이라고 생각지 않는 동물"이라고 했다. 자신을 동물이라고 생각하고 **싶지는 않지만** 그럼에도 그 차이를 끊임없이 염려하는 동물이라고 말할 수도 있겠다. 우리는 인간에게 고유하다고 여기는 자의식 같은 특성을 강조하면서 동물에 더 근접한 부분을 억눌러 왔다. 그러나 동물적 특성과의 연결을 끊어 낸다면 우리는 유기적 세상과 그것이 우리에게 주는 필수적인 요소들로부터 소외된다. 짐승 같은 '타자'를 물리치는

---

9   많은 사람이 여전히 진화가 "단순함에서 복잡함으로" 발전하는 단계적인 움직임으로서 인간은 진화의 정점에 있다고 직관적으로 이해하고 있다.

데만 관심을 두는 미완의 존재로 남는다. 우리가 만든 괴물들의 역사는 우리 자신의 동물적 본성에 대한 이중적인 태도와 동물적 본성의 필요를 드러낸다. 이 까다로운 관계라는 상처 속에 박힌 파편이 바로 괴물이다. 그렇다면 치유의 열쇠를 가진 것 또한 괴물일지 모른다.[10]

인간과 동물 사이의 불편한 경계를 넘나드는 온갖 괴물을 이 책에서 다 이야기하지는 못할 것이다. 수염이 난 여성을 비롯해 장터에 전시된 눈요깃감들에 대해서. 인종과 국적을 희화화하는 처참한 모습들, 발달 장애를 가졌다는 이유만으로 악마화되는 사람들. 심지어 인간 외의 대형 유인원과 영장류에 대한 이 모든 이야기는 정치적·사회적 함의가 복잡하게 얽힌 영역이며 종종 권력의 행사, 제국의 운영과 결부되어 있기에 또 다른 세심한 논의가 필요하다.

이 책에서는 인간의 정신과 사회를 형성하고, 인간이 자연에서 어떤 위치를 차지하는지 이해하도록 도운 광범위한 괴물

---

10 조지프 캠벨은《신화의 힘》(1991)에서 용을 무찌르는 영웅이 "자연의 노래를 듣는다"고 말했다. "영웅은 자신의 인간성을 초월하여 자신을 자연의 힘과 재연결하는데 이 힘은 우리의 생명의 힘이며 우리의 정신이 차단해 왔던 것이죠. 의식은 자기가 주인이라고 생각하지만 사실 인간 전체를 고려하면 이는 부차적인 기관이며 통제 주체가 되어서는 안 됩니다." 의식이 전권을 가지면 "〈스타워즈〉의 다스베이더 같은 인간"이 나온다.

들의 우리^{menagerie}를 들여다보려 한다. 혼돈과 창조의 이야기에서 시작해 세계의 멸망을 초래하는 야수들에 대한 환상으로 돌아온다. 초기 인류의 예술이 오늘날의 미디어로 이어지는 과정을 따라가면서 우리가 괴물을 상상해 온 역사를 더듬어 볼 것이다. 인간은 주변 세계를 상당히 바꾸어 놓았지만 인간의 본성은 지난 수천 년 동안 그다지 달라지지 않았다. 자연과 인간의 관계가 벼랑 끝에 몰린 지금, 우리는 그 어느 때보다 우리가 만든 괴물들을 이해해야 한다.

경고: 평소 간이 작다면 주의하기 바란다.

1부

천지창조의 괴물

제1장: 뿔 달린 주술사

"그 형상들은 오랫동안 잊고 있었던 꿈의 기억이다."

베르너 헤어초크

제1차 세계대전이 발발하기 2년 전인 1912년 어느 가을날 막스와 루이 형제는 함께 모험에 나섰다. 둘은 프랑스 피레네 산맥에 자리잡은 몽테스키외-아방트 마을을 지나는 작은 하천인 볼프강을 따라 바위틈을 헤집어 나갔다. 한 언덕에 다다르자 강줄기는 뒤얽힌 나뭇가지 사이를 지나 검고 깊은 입속으로 사라졌다. 바로 튀크 도두베르 동굴의 입구였다. 형제는 몇 달 전 발견한 이 신비로운 동굴에 매료되어 있었다. 형제의 아버지 앙리 베구엔 백작은 언제나 선사 시대 이야기를 들려주었고 운이 좋다면 오늘날에도 그 흔적을 찾을 수 있을지 모른다고 했다. 맥스와 루이도 아버지처럼 마음 속에 모험과 발견을 향한 채워지지 않는 욕구가 들끓었다. 이 동굴에는 고대의 비밀이 숨겨져 있을 게 분명했다. 거대한 곰이나 검치호랑이가 보금자리로 삼았을 만한 곳이었다. 형제는 이 동굴을 샅샅이 탐험하겠다는 결의로 가득했다.[1]

그들은 이미 동굴에서 벽화의 희미한 흔적을 발견한 상태였다. 아버지는 이 벽화가 후기 구석기 시대(지금으로부터 약 5만 년 전에서 1만 2천 년 전까지) 사람들이 그린 그림이라고 설명했다.[2] 이 그림을 그린 사람들이 살던 곳의 풍경은 오늘날과 전혀 달랐다. 거대한 빙하가 땅을 덮고 여러 놀라운 동물들이 살고 있었다. 넓게 뻗은 뿔을 가진 큰뿔사슴, 스텝매머드, 뿔이 날카로운 털코뿔

---

1 실제 사건을 담은 기존의 기록에 최대한 충실하려고 노력했지만 재미를 위해 약간의 상상도 가미했다. 19세인 맥스와 16세의 루이는 17세의 자크와 1912년 7월 20일 처음 동굴에 들어갔다. 다른 동굴에서 이미 여러 흥미로운 발견을 한 뒤였다. 그해 가을 10월 10일, 맥스와 루이는 친구 프랑수아 카멜과 동굴을 더 깊이 탐험한다. 형제의 아버지인 앙리 베구엔 백작은 프랑스의 선사 시대 연구가, 고고학자이자 언론인이었다.

2 후기 구석기 시대는 330만 년 전 시작된 구석기 시대 중 마지막 시기이다. 구석기 시대의 시작은 호모 사피엔스가 처음 돌로 만든 도구를 쓰기 시작한 시점이다. 그러나 수백만 년 된 도구가 발견되면서 오스트랄로피테쿠스 같이 인간과 밀접한 다른 종이 훨씬 더 앞서 도구를 사용했을 가능성이 제기되고 있다. 구석기 시대의 수렵 채집 방식은 중석기 시대와 신석기 시대에 서서히 사라지면서 농사를 짓는 정주 생활 방식으로 전환되었다. 유럽에서 인류 문화가 구석기에서 중석기로 전환된 시점은 현재의 지질시대인 홀로세와 그 직전의 플라이스토세를 가르는 시점과 어느 정도 일치한다. 바로 약 1만 1천 7백 년 전 마지막 빙하기가 끝난 때이다.

소, 동굴곰 그리고 어깨가 두툼한 오록스 등이었다. 붉은사슴과 유럽들소, 늑대 등 우리가 오늘날 익히 알고 있는 큰 동물들은 한때 존재했던 다양한 빙하기 동물들이 남긴 흔적에 불과하다.

처음으로 칠흑 같은 동굴 속을 탐험했을 때 베구엔 형제는 너무 어려서 깊이 들어가지 못했다. 하지만 그들은 이제 19세와 16세였다. 겁먹을 나이는 지났다. 형제는 등불과 직접 만든 뗏목 그리고 동굴의 더 깊은 비밀을 캐내겠다는 의지를 가지고 탐험을 시작했다. 그들은 볼프강의 얕은 물 위에 뗏목을 띄운 뒤 상앗대를 밀며 움직였다. 산속의 시원한 어둠이 둘을 감쌌고 여름의 열기를 씻어 주며 반겼다. 더 깊이 들어가자 낮은 동굴 천장에 긁히지 않기 위해 뗏목에 몸을 붙이고 누워야 했다. 막대로 동굴 벽을 밀면서 울퉁불퉁한 돌로 된 강바닥을 따라가다 보니 마침내 볼프강이 땅속으로 흘러 들어가는 지점에 도달했다. 햇빛이 완전히 사라져 형제는 등불을 켰다. 물에 젖지 않은 상부 공간으로 들어가는 입구가 보였다. 지난번에는 용기가 없어서 들어가지 못했던 곳이었다. 두 사람은 뗏목을 돌에 묶어 두고 구멍으로 기어 올라갔다. 몸을 구겨 넣을 수 있게 돌 부스러기들을 손으로 치우고 안으로 들어가자 동굴은 더 좁아졌다. 형제는 부스럭거리는 잔돌 위로 미끄러지고 기어가기를 반복했다. 앳된 청소년들의 호리호리한 팔다리가 굴속을 어설프게 나아갔다. 등불의 희미한 빛이 벽에 어지럽게 반사되었다. 끝이 없는 것만 같았다.

저 멀리서 물소리가 메아리쳐 왔다. 이 통로는 근처 어딘가를 흐르는 볼프강 물살에 닳은 길에 비해 훨씬 까다로웠다. 형제는 몸을 요리조리 움직여 수 미터 높이의 바위 통로를 타고 오르기도 하고 점점 좁아지는 길을 따라 차근차근 전진하기도 했다. 튀어나온 바위 주변으로 몸을 비틀어 지나가기도 했지만 때로는 혹처럼 두드러진 돌을 끌로 깨야 했다. 한참 뒤 온몸이 긁히고 먼지와 땀으로 범벅이 된 맥스와 루이는 돌로 된 얇은 막을 깨고 마침내 작은 방 같은 공간에 들어섰다. 방향 감각은 이미 완전히 상실되어 강이 어디고 입구가 어디인지 알 수 없었다. 입구에서 수백 미터는 온 것 같았다. 그래도 구부정하게 선 채 걸어 다닐 만큼의 공간이었다.

형제는 눈앞의 광경에 숨이 멎었다. 벽에는 손자국이 묻은 물결무늬가, 점토 바닥에는 발자국이 있었다. 어떤 것은 성인의 발자국이었고 아이들 것처럼 보이는 작은 발자국도 있었다. 종유석과 석순의 끝이 서로 맞닿아 동굴을 가로질렀다. 두개골이 박살 난 동굴곰의 뼈 주위로 거대한 발자국과 뚜렷한 발톱 자국도 보였다. 둘은 계속해서 걸었다. 바위의 가장자리를 따라, 푹 주저앉은 천장 아래로 기어갔다. 곧 방은 더 넓어졌고 제단으로 보이는 곳이 나왔다. 제단에는 점토로 빚은 거대한 짐승 두 마리가 있었다. 거의 서 있는 듯 보이는 들소였다. 고대의 조각가가 매끄럽게 다듬은 듯한 옆구리. 둥글게 불거진 등과 털이 돋친 뒷덜미. 정교하고 세밀한 선으로 짜인 머리의 굴곡.

맥스와 루이는 짜릿한 흥분을 느꼈다. 형제는 온몸이 멍으로 뒤덮여도 상관하지 않고 서둘러 좁은 틈으로 몸을 구겨 넣었다. 해가 지기 전에 어서 아버지에게 이 현장을 보여 주어야 했다. 형제는 집으로 달려가 흥분을 주체하지 못한 채 방금 목격한 광경을 말했다.

몇 시간 후 앙리는 아들들과 함께 동굴곰의 방에 다다랐다. 셔츠는 찢어졌고 바지와 함께 약간의 품위도 사라진 모습이었다. 그가 지나가기에는 역부족인 좁은 구멍이 많았다. 두 아들 뒤에서 조심스럽게 모습을 드러낸 앙리는 들소 조각 앞에서 숨을 몰아쉬었다. 그는 조각의 세밀한 부분들을 하나하나 살펴보았다. 말라붙은 점토 가죽에 난 실금, 끄트머리가 부러져 나간 뿔과 꼬리, 인간의 지문이 찍힌 채 바닥을 뒹구는 점토 덩어리. 그리고 그 아래, 절반만 완성된 세 번째 동물의 유령 같은 형체.[3]

---

3   앙리는 실제로 종유석 때문에 바지를 버렸다. 내가 꾸며 낸 이야기가 아니다. 암수로 이루어진 들소 한 쌍은 길이가 각각 61센티미터와 63센티미터로 파리 국립 고고학 박물관에 가면 모형을 볼 수 있다. 좀 더 단순한 형상인 세 번째 들소는 나중에 발견되었다.

그날 밤 들뜬 앙리는 동료이자 저명한 프랑스 선사시대 학자인 에밀 카르타이야크에게 편지를 썼다. 에밀이라면 동굴과 그 안의 보물들을 연구하는 데 도움이 될 것 같았다. 큰아들 맥스가 편지의 맺는말을 썼다. 편지에 담긴 맥스의 열정은 이후에도 사라지지 않고 평생 연구를 이어 갈 동력이 되어 주었다.

수 세기 동안 아무도 들어가지 않은 성소를 발견한 제 기분이 어땠을지 선생님은 상상이 되시겠지요. 주술사들이 자리를 비운 지 얼마 되지 않았고 곧 다시 돌아와 점토를 주무르며 형상을 빚을 것 같은 분위기였습니다. 기뻐서 어쩔 줄을 모르겠습니다. 선생님께 어서 보여드리고 싶어 안달이 납니다!

베구엔 가족은 훗날 훨씬 더 기이한 동굴 짐승들의 보고를 발견한다. 선조들의 풍부한 상상력이 낳은 짐승들이다. 이런 괴물들이 어떻게 인간의 깊은 욕구를 채워 주었고 지금도 채워 주고 있는지 이제부터 살펴보자.

삼 형제 동굴의 발견

2년 후, 제1차 세계대전이 발발하기 직전 맥스와 루이, 자크 삼 형제는 하나로 부족했는지 또 다른 중대한 고고학 유적을 발견한다. 튀크 도두베르 동굴 입구에서 2.4킬로미터가량 떨어진 곳이었다. 여름의 억센 풀들을 헤치고 가던 형제는 동물이 사는 굴처럼 보이는 곳을 발견했다. 가까이 갈수록 더 깊어지는 듯했다. 어귀에 도착하자 동물의 잠자리가 아니라 동굴임이 분명해졌다. 움푹 파인 이 구멍도 튀크 도두베르 동굴과 마찬가지로 언덕의 검은 심장으로 향하는 또 다른 입구일 가능성이 있었다.

굴을 따라 들어가니 상상 밖의 공간이 나왔다. 굴은 볼프 강이 형성된 초기에 만들어진, 튀크 도두베르 동굴과 완전히 별개인 또 다른 복합 동굴이었다.[4] 동굴 벽에는 짐승의 모습이 여기저기 그려져 있었다. 선사 시대에 이 동굴을 방문한 사람이라면 익히 알았을 오록스, 동굴곰, 큰뿔사슴, 말, 그리고 먹이를 찾아 어슬렁거리는 사자 등의 그림이었다. 붉은 점으로 채워지거나 손자국으로 채워진 부분도 있었다. 거대한 암사자가 다른 암사자들을 거느리고 선 그림과 부엉이 세 마리와 매머드의 모습이

---

4   이 동굴 시스템에는 총 세 개의 동굴이 있다. (이미 잘 알려져 있었던) 앙렌, 튀크 도두베르 그리고 트루아 프레르(삼 형제)이다. 트루아 프레르는 둘째 자크가 병역을 마치고 돌아온 뒤인 1914년 7월 21일 발견되었다. 이 복합 동굴의 가장 말단에 있는 동굴은 들소가 발견된 튀크 도두베르 동굴의 이른바 '들소의 방'에서 몇 미터밖에 떨어지지 않았다.

오싹하게 새겨진 공간도 있었다.

제1차 세계대전이 끝난 뒤 앙리 베구엔과 세 아들은 저명한 앙리 브뢰이유 신부를 포함한 전문 고고학자들과 이 새로운 복합 동굴을 조사하기 시작했다. 그들은 동굴을 발견한 형제에게 공을 돌리고자 이름을 '삼 형제 동굴Caverne des Trois-frères'이라고 지었다. 이곳은 방문하기 매우 어렵기 때문에 지금도 조사 당시 상태 거의 그대로 보존되어 있다. 동굴 입구의 웅덩이 바닥에는 아직도 브뢰이유 신부의 의자가 있고 그가 올라갈 때 썼던 밧줄 역시 그대로다. 동굴을 방문하는 사람들은 여전히 이 밧줄에만 의지해서 가파른 첫 경사를 올라야 한다(너무 오래되고 낡아서 아마 정식으로 안전 점검을 한다면 통과하지 못할 것이다).[5]

동굴 속으로 더 깊이 들어가 조사를 시작한 베구엔 가족과 고고학자들은 놀라운 그림들을 더 많이 발견했다. 동굴을 따라 5백 미터 정도 들어가면 나오는 방에서 벽화는 절정에 달했

---

5 루이와 맥스는 여생을 동굴 연구로 보냈다. 심지어 맥스는 '고고학 로맨스' 소설 《진흙으로 빚은 들소Les Bisons d'argile》(1925)를 써서(1926년에는 영어판으로 출간되었다) 동굴 속에서 벌어졌을지도 모를 일들에 대한 상상을 담았다. 베구엔 집안은 대중의 관심으로부터 이 동굴을 치열하게 지켜 냈다. 루이는 1925년 앙렌 동굴을 매입하여 일반인들의 출입을 막았다. 이 복합 동굴을 방문한 사람들을 다 합해도 약 2천 명밖에 되지 않는다. 방문 시에는 구석기 시대의 발자국과 창작물이 손상되지 않도록 늘 관리자가 동행한다.

다. 오늘날 '성소'라고 이름 붙은 곳이다. 온갖 돌 틈에서 동물들이 튀어나왔다. 뿔이 언월도처럼 생긴 털코뿔소, 들소, 야생 당나귀, 아이벡스, 매머드 등의 생생한 형상에 돌의 혹과 균열이 녹아들었다. 수많은 창이 몸에 박힌 곰은 피 같은 것을 토하고 있었다. 괴이한 생물체들도 여기저기 보였다. 늑대 머리를 한 곰, 들소 꼬리를 가진 곰, 순록의 궁둥이를 가진 들소, 오리발이 달린 순록. 어슬렁거리는 사자가 방의 끄트머리를 지켰다.

이 큰 방의 가장 깊은 쪽 벽에는 셀 수 없이 많은 동물이 활개 치고 있다. 그 위로는 오늘날 '주술사'라고 부르는 형상이 뛰는 것도 서 있는 것도 아닌 모습으로 새겨져 있다. 돌에 새긴 뒤 어두운 안료를 입히는 방식으로 표현된 주술사는 바닥에서 약 4미터 떨어진 위치에 있다. 좁은 동굴 벽 사이로 체조하듯 팔다리를 벌려 올라가지 않으면 닿지 않을 것 같은 장소이다. 주술사 역시 존재할 수 없는 존재였다. 팔다리는 고양잇과 동물 같았고 몸통은 말, 뿔은 숫사슴과 비슷했지만 전반적인 모습은 분명히 인간이었다. 그리고 확실히 남성이었다. 휘날리는 말총 아래로 남근이 드러나 있기 때문이다. 그는 아래에 펼쳐진 동물들을 내려다보는 '반인반수'였다.

브뢰이유는 이 동굴 벽화 대부분이 약 1만 3천 년 전에, 튀크 도두베르의 점토 들소는 약 1만 4천 5백년 전에 만들어졌다고 추정했다. 그러나 일부 벽화는 그보다 1천 년 이상 더 되었을 수도 있다. 옛사람들은 긴 세월에 걸쳐 이 동굴에 여러 번 발걸음 했을 것이다. 수천 년에 걸쳐 덧입혀진 그림은 유럽 전역의 동굴 벽화에서 흔히 보인다. 역사와 맥락 속에 단단히 갇힌 우리들의 예술과는 딴판이다. 그게 단지 몇백 년의 세월이라도, 그러니까 르네상스 시대의 대작에 뱅크시를 덧입히는 일이라고 해도 오늘날에는 상상하기조차 어렵다. 선사 시대의 예술가들은 수천 년을 사이에 두고 동일한 바위 캔버스에 짐승을 겹쳐 그림으로써 우리가 상상할 수 없는 방법으로 시간을 가로질렀다. 사람들은 수천 년에 걸쳐 동굴 속으로 힘든 여정을 떠났고 그 이유는 늘 똑같았던 듯하다. 땅속 깊이 들어가 동굴 괴물을 만들고자 하는 변하지 않는 욕망을 공유하고 있었던 것이다.[6]

사라져 가는 거대 존재를 꿈꾸는

동굴 벽화의 주술은 미묘하지만 여기 한번 사로잡히면 빠져나오기 힘들다. 2010년, 나는 베르너 헤어초크의 영화 〈기억

[6] 벽 예술parietal art이라고도 하는 동굴 벽화는 대개 산화철, 산화망간, 목탄 등의 다양한 안료를 섞어 벽에 새기는 방식이다. '팔림프세스트'처럼 그림을 다른 그림 위에 겹쳐 그린 경우도 많은데 명확한 이유는 밝혀지지 않았다.

에서 사라진 꿈의 동굴The Cave of Forgotten Dreams〉을 보러 갔다. 프랑스 남부 쇼베 동굴의 벽화에 관한 영화였다. 과거의 불가지성, 그리고 세월 속에 사라진 과거 사람들의 상상을 이야기하는 헤어초크의 오르내리는 음성에 나는 어느새 꿈꾸는 듯한 상태에 빠졌다. 헤어초크는 구석기 시대 인간과 19세기의 낭만주의자들이 "내면의 풍경에 대해 비슷한 생각을 가지고 있었을지 모른다"고 말한다. 낭만주의 예술과 글에서 표현되는 깎아지른 산이나 바람이 스쳐 지나가는 고독한 황야 등의 풍경은 주관적인 정신 상태를 형상화했다. 헤어초크는 선사 시대의 내면 풍경은 좀 더 은밀했을 것이라고, 의식 깊은 곳으로의 접근은 현실 세상이 녹아 없어지는 아늑한 방에서 허용되었을 것이라고 생각한다. 이 영화에 덧붙인 마치 공상과학소설 같은 별난 후기에서 헤어초크는 '돌연변이 악어(실은 수입된 알비노 악어)'가 우리에서 나와 쇼베 벽화를 경이로운 눈빛으로 우러러보는 모습을 상상한다. "우리가 실은 시간의 심연을 들여다보는 악어일 가능성은 없는가." 나는 아무리 긴 세월이 지났어도 우리 인간이 돌연변이 파충류보다는 동굴 벽화의 의미를 좀 더 잘 알 것 같다.

　　　삼 형제 동굴처럼 벽화가 그려진 동굴은 전 세계에 약 4백 곳이 있고 대체로 프랑스와 스페인에 분포한다. 삼 형제 동굴 벽화는 가장 크거나 가장 뛰어난 벽화는 아니지만 특별한 매력이 있다. 처음 이 벽화 이야기를 접했을 때 먼저 벽화의 발견에 관한 모험담에, 그다음에는 수수께끼 같은 주술사와 짐승 무리에 끌렸다. 동굴에 왜 그림을 그렸고 상상 속의 동물들은 어떤 목적을 갖고 있었을까? 어쩌면 그 의미를 직관적으로 이해하는 일이 가능할 것 **같기도** 하다. 이 고대의 그림은 우리 안의 본능적이고 불변하는 어떤 부분에 호소하는 듯하다. 이러한 직감이 틀린 것만은 아니다. 동굴 벽화를 그린 이들은 아주 오래전 사람들이지만 결국 우리와 같은 호모 사피엔스였다. 인류학자들은 4만 년 전의 사람들이 우리와 똑같은 두뇌와 몸을 갖고 있었다는 데 동의한다.[7] 인류는 그 이후로 크게 달라지지 않았다. 단지 자신을 길들였으며 주변의 세상을 바꾸었을 뿐이다. 인류의 상상력은 언제

---

[7] 사실상 환경 변화로 인해 인간의 두뇌 크기는 지난 빙하기 이후로 더 작아졌다고 한다. 구석기 시대에 나타난 인류의 기술적·행동적 변화 역시 두뇌 기능 변화와 관련이 있다고 한다. 가령 2백만 년간 날카로운 돌을 쓰다가 주먹도끼를 만들기 시작한 사례가 그렇다. 전 세계 바위 표면에 가장 많이 그려진 그림은 동물로, 1백 개국 이상에서 발견된다. 유럽의 동굴에 그려진 동물 벽화가 세계에서 가장 오래된 벽화도 아니라는 사실 역시 짚고 넘어가야겠다. 다른 대륙에서, 가령 인도네시아 남南술라웨시의 마로스 팡켑 카르스트karst 지형에서 발견된 돼지 그림은 무려 4만 3천 9백 년 전에 그려진 것으로 여겨진다. 일부 학자들은 세계 여러 지역에 흩어져 있는 동굴 벽화들 간의 주요 유사성으로 볼 때 이런 습관이 훨씬 더 오래전에 시작되었고, 심지어 인류가 아프리카 대륙에서 나오기 이전에 형성되었다고 가정한다. 스페인에서는 현대 인류가 유럽에 도착하기 2만 년 전, 지금으로부터 약 6만 5천 년에 그려졌다고 추정되는 비조형적 그림이 발견되었는데 이것이 네안데르탈인의 그림이라는 주장도 있다.

나 다른 동물들의 모습으로 채워졌다. 그러니 조상들이 동굴 속 짐승들과 뒤얽혔던 나날의 흔적이 여전히 우리를 매혹한다는 사실은 놀랍지 않다.

삼 형제 동굴의 벽화를 그린 동기가 무엇이었는지 확실히 알 수는 없다. 그러나 주술사가 굽어보는 성소가 구석기 시대 사람들에게 신성한 장소였을 가능성은 있다. 사람들은 많은 힘을 들여 이곳에 다다랐고 어두운 동굴에 그림을 그릴 만반의 준비가 되어 있었다.[8] 동굴이 안전하거나 편히 쉴 수 있는 곳은 아니었고 동굴 벽도 그림을 그리기 쉬운 캔버스는 아니었다. 동굴에 **들어서는** 일, 그리고 동굴 깊이 남겨질 그림을 만드는 **과정**이 중요했다. 어떤 그림은 한 사람만 들어갈 수 있는 작고 후미진 구석에 그려졌고 어떤 그림은 여러 사람이 볼 수 있도록 넓은 바위 면에 그려졌다. 이는 예술을 위한 예술도, 성의 없이 끄적거린 그림도 아니었다.

동물을 사실적으로 묘사한 그림들은 있을 수 없는 괴물

---

[8] 동굴이 무너져 원래 입구가 막혔을 가능성도 있지만 과거에도 쉬운 여정은 아니었을 것이다. 튀크 도두베르에는 이 당시에 남겨진 발자국이 아주 잘 보존되어 있어 부시맨이라고도 하는 산속의 추적 전문 인력이 동원되어 흔적을 분석했다. 대부분의 발자국은 성인 남성의 것이었고 특히 25세에서 60세 사이의 남성 여덟 명의 발자국이 구분 가능했다.

그림들과 대비된다. 그림을 그린 이들은 관찰력이 뛰어났고 동물을 아주 잘 알았으며 동물의 특징을 간결하고 세련된 선으로 표현했다. 예를 들어 삼 형제 동굴에서 발견된 매머드 상아에는 가장 오래된 곤충 그림이 있다. 메뚜기 그림인데, 해부학적으로 정확해 이를 꼽등잇과로 분류 가능할 정도였다. 상아와 돌을 이용해서 현대 과학자들과 소통할 수 있을 정도로 분명하게 묘사한 것이다. 그러므로 주술사를 비롯한 한결 괴이한 생물체들의 그림을 단지 망상이나 무지의 산물이라고 보기는 어렵다.

동굴에 여러 종이 결합된 괴물 그림이 그려진 이유가 있을 것이다. 고고학자 앙리 브뢰이유는 삼 형제 동굴을 연구하면서 몇 가지 가설을 세웠다. 그는 주술사와 그가 거느린 동물 부하들을 '공감 주술'의 사례로 여겼다. 오늘날의 수렵 채집 공동체에서도 여전히 이런 주술을 행한다. 이 주술은 형상과 대상이 연결되어 있다는 믿음을 바탕으로 한다. 한쪽에 영향을 주면 다른 한쪽에도 영향이 미친다는 믿음이다. 가령 몽둥이와 창에 맞아 죽는 동물을 그리면 사냥에 성공한다는 믿음이다. 동굴에 사냥감을 풍부하게 그려 놓으면 툰드라에서도 사냥감이 늘어날 것이라는 생각 역시 그렇다. 플라이스토세의 막바지에 초대형 짐승들의 개체 수가 점점 더 줄어들었다는 증거가 있다. 아마도 빙하기가 끝날 무렵이었던 당시의 기후 변화와 인간의 사냥이 복합적으로 영향을 끼친 결과일 것이다. 옛사람들은 동물을 그리는 일종의 마법으로 사냥감의 숫자를 늘리려고 했을까?[9]

그러나 브뢰이유의 공감 주술 가설은 아주 적합하지는 않다. 동굴 괴물이 '사냥 주술' 의식의 일부였다고 가정하자. 그렇다면 구석기 시대 사람들이 주로 사냥한 동물이 벽화에 가장 많이 등장해야 한다. 사냥에 성공한 장면도 많아야 한다. 그러나 실제로는 그렇지 않다. 동굴에 그려진 동물과 당시 사람들이 가장 흔히 사냥했거나 먹은 동물 사이에는 연관성이 별로 없다. 사냥감을 조리해 먹은 흔적을 보면 이를 알 수 있다. 사냥꾼에게 죽임을 당하는 동물의 그림은 더욱 없다. 대개 사자나 곰 같은 포식자 그림이거나 털코뿔소처럼 거의 사냥당하지 않았던 동물의 그림이다. 그리고 동굴 안에만 존재하는 혼종 생물의 그림도 상당히 많다.

또한 그림이 그려졌을 당시 사냥감이 부족해 개체 수를 늘려야 할 필요가 있었다는 주장을 뒷받침하는 증거도 없다. 빙하기의 초원 지대에는 동물들이 넘쳐 났다. 생태계가 소진된 오늘날에는 상상하기 힘들 정도였다. 빙하기가 지나가고 거대 동

---

9 지질 분석 연구에 따르면 인간의 과도한 사냥이 빙하기 거대 동물이 감소한 원인은 아니다. 상당히 오랜 시간 동안 공존해 왔기 때문이다. 오히려 숲의 증가가 거대 동물의 소멸과 시기가 일치한다는 주장이 있다.

물들이 죽기 시작했을 때조차 사슴이나 물고기를 비롯한 다른 육류 공급원은 배로 늘어났다. 빙하기의 지형은 물리적으로는 거친 환경이었지만 동물만은 풍부했다. 아직 인간이 많지 않았다는 점도 부분적인 이유다. 구석기 시대 인간은 생태 다양성의 위기로 인해 굶주리는 상태가 아니었다. 그러므로 이 그림은 이차원적 부두 인형이나 성공적인 사냥을 기원하는 주술이 아니라 다른 목적을 가지고 그려졌다. 확실한 것은 이 지형에서 가장 우세한 포유동물이 되어 가고 있던 인간이 오히려 사라져 가는 거대 존재들에 대한 꿈을 꿨다는 점이다.[10]

어둠에 대한 공포

　동굴 예술가들의 동기가 무엇이었는지 더 잘 이해하기 위해 어느 쌀쌀한 1월 아침 대영 박물관의 영국, 유럽, 선사 시대 분야에서 일하는 소장품 관리인인 질 쿡과 영상 통화를 했다. 내가 머무는 노퍽의 산장은 숲으로 둘러싸여 있었고 이곳에서는 야생 복원 사업이 진행 중이었다. 통화가 진행되는 동안에 랩톱 너머로 시선을 가져가면 호수 저편에서 풀을 뜯는 물소가 보였다. 약

10　동굴 그림의 약 11퍼센트만이 화살을 맞은 모습이다.

3천 년 전 영국에서 사라진 육중한 오룩스를 대체할 녀석들이지만 오룩스보다는 크기가 작다. 그러나 오룩스와 마찬가지로 발굽으로 흙을 밟아 토양을 비옥하게 해 생태계를 풍부하게 만든다.

쿡은 수십 년 동안 동굴 벽화를 연구해 왔다. 기성 고고학자들과 달리 그는 우리가 인간의 유물을 보는 인간이기에 자신을 증거로 삼아야 한다고 말한다. 우리가 오래전 사람들과 공유하는 부분이 있다면 바로 인간성이므로 이 연결 고리에서 나오는 통찰을 신중하게 적용해야 한다는 것이다. 활기찬 유머 감각을 가진 쿡은 내게 여러 신비로운 구석기 유물을 화상으로 보여주었다. 그리고 이런 유물을 공포와 상상력 그리고 상징을 만드는 능력이라는 인류의 세 가지 본성과 연관 지어 설명했다. 유럽에서 약 4만 년 전에 시작된 조형 미술의 기저에 바로 이런 특성이 있다고 그는 주장한다.

대화하는 동안 쿡은 이렇게 물었다. "어둠이 무섭지 않으세요?" 공포가 가진 보편적인 힘은 당연하게 여겨진다. 1만 5천 년 전 우리는 단검 같은 치아를 가진 동굴사자와 같이 사는 가냘픈 유인원이었다. 동굴곰, 무엇이든 밟아 뭉개는 매머드는 말할 것도 없다. 공포가 표면으로 드러나기 매우 쉬운 삶이었다. 인류가 진화해 온 세월의 대부분 동안 우리는 모닥불 하나에 의지해 어둠에 대항했다. 밝은 아침 햇살이 산장 창문으로 들어오는 모습을 지켜보며 나는 쿡의 질문에, 일단 이론상 공감했다. 우리는 물론 아직도 어둠을 두려워하고 그 안에서 튀어나올 무언가를 두려워하니까. 달이 뜨지 않은 그날 밤, 저녁 식사를 하고 산장으로 돌아오는데 낯선 소리가 날 때마다 몸이 움찟거렸다. 작은 사슴이 수풀 사이로 좌충우돌하며 달리는 소리에 깜짝 놀라기도 했다. 그때 비로소 그의 질문을 본능적으로 이해했다. 나는 나무 사이에 무엇이 숨어 있을지 생각하지 않으려고 애썼다.

많은 현대인이 위험한 포식자와 마주치지 않는 삶을 산다. 그럼에도 불구하고 우리의 두뇌는 이러한 과거에 의해 형성된 그대로다. 공포를 조절하는 뇌의 편도체는 동물 형태에 따라 특정한 반응을 나타낸다는 신경학 연구도 있다. 한 연구에 따르면 환자들에게 풍경이나 사물, 사람이 아닌 동물 그림을 보여 주었을 때 뉴런의 반응이 급증했다. 요크대학교의 신경심리학 전문가 데릭 호지슨은 우리의 시각계가 빙하기 유럽의 툰드라 지형에서 포유류 포식자를 구별해 낼 필요에 의해 형성되었다고 말한다. 단순한 형태만 보고도 짐승을 상상하거나 동굴 벽에 비친 흐릿한 그림자만 보고도 짐승을 구별해 낼 준비가 되어 있었다는 것이다. 짐승이 아니라는 착각이 짐승이라는 착각보다 훨씬 더 위험하므로 우리는 동물일 가능성이 전혀 없는 것에서도

무언가 보인다고 여기는 경향이 있다. 쿡의 말에 따르면 "쥐를 보고 도망가는 일은 별로 도움이 되지 않을지 몰라도 사자를 봤을 때 도망가는 일은 **분명히** 도움이 되거든요". 발자국이나 냄새 같은 포식자의 흔적만 보여도 머릿속에 포식자가 떠오른다. 짐승의 형상은 우리 신경망 속에 얽혀 있어 인간의 두뇌에는 그들에 대한 공포가 이미 존재한다. 4장에서 살펴보겠지만 인류의 시각과 두뇌 형성에 영향을 끼친 동물은 포유류 포식자만이 아니다.

그렇다면 짐승을 인지하는 데 그치지 않고 어떻게 동굴 벽에 그리는 데까지 나아갔을까? 어느 시점에 편도체는 인간의 전전두엽피질에 있는 상상력, 창의력과 연결되었다고 쿡은 주장한다. 생각하고 상징을 만들고 상상하는 능력이 우리로 하여금 생생한 공포를 처리하게 도와주었다. 그 결과 우리는 두려워하는 대상을 그리려는 욕망, 예술적으로 표현하려는 욕구를 갖게 되었다. 다만 이는 유럽에서 처음 나타난 현상은 아닐 것이다. 동굴의 바위벽은 거대한 로르샤흐 잉크 반점 검사지, 머릿속의 형상을 쏟아붓는 표면이 되었다. 인간은 포식자나 위험한 동물을 가장 자주 그렸다. 그림을 그린 사람들은 동굴 벽을 아무렇게나 칠하지 않았다. 그들은 바위의 돌출부나 바위가 가진 특징 자체를 그림의 일부로 삼았다. 작은 혹은 눈이 되었고 약간 굴곡진 부분은 등이나 꼬리가 되었다. 때로는 동굴곰의 발톱 자국처럼 동물이 직접 만든 질감이 그림에 포함되기도 했다. 몇 개의 단순한 선이 짐승에게 생기를 불어넣었다.

불빛이 던진 그림자는 이런 그림들을 역동하게 만들었다. 많은 동물 벽화가 바위와 그림을 두고 적절하게 불빛이 배치되어야 짐승의 모습을 드러냈다. 그림을 그린 사람들은 이 동물들을 특정한 지형 속에 배치하지 않았다. 크기를 가늠할 수도 없었고 맥락도 없었다. 그저 자유롭게 유영하는 원시 동물이었다. 오직 빛을 특정한 각도에서 비추었을 때만 온전하게 드러나는. 동굴 벽의 튀어나온 부분 혹은 굴곡이 적당한 부분에 그림자를 드리워야 동물의 형상이 완성되었다. 불빛을 치우면 형상은 곧바로 사라진다. 어두운 숲속으로 스르르 녹아드는 생물체처럼.[11]

영웅이 용이나 기타 괴물을 물리치는 전설 속에서도 악한 짐승은 동굴 같은 잠자리나 어둡게 우거진 숲속에서 영웅을 맞이한다. 환경학자 조지 몬비오는 괴물과 싸우는 영웅의 신화가 실은 거대한 빙하기 짐승과 싸웠던 우리 선조들의 이야기일 수 있다고 말한다. 시대에 걸쳐 전달된 공포가 문화적 기억으로 남

---

11 프로이트의 이론에 따르면 생각하고 상상하는 능력은 날 것의 감정과 충동에 대한 완충 작용을 한다. 연구자들은 선사 시대 인간들의 경험과 회화를 더 잘 이해하고자 동굴에서 다양한 종류의 빛을 이용해서 실험도 했다. 심지어 영화의 기원이 모닥불과 동굴 벽화의 결합이 만들어 낸 역동성에 있다는 주장도 있다.

은 사례일지도 모른다. 깊은 의미가 있다는 뜻이다. 동굴 벽화는 인류가 예술 활동을 하기 시작한 순간부터 상상 속의 짐승들이 우리에게 중요한 존재였으며, 유럽에서뿐만 아니라 훨씬 광범위한 지역에서 그러했다는 의미이다. 이 짐승들은 그림을 그린 사람들에게 매우 깊은 의미를 지녔고 사람들이 삶에 관해 꾸며 낸 이야기들의 일부였다. 옛사람들이 동굴 속에서 느낀 두려움 그리고 거기서 상상해 낸 상징은 공통된 신화로 이어졌다. 그 덕분에 사람들은 서로 단합해 삶을 더 살 만한 것으로 만들었을지 모른다. 주술사와 그가 거느린 기이한 동물들이 그 과정을 좀 더 자세히 보여 줄 수 있을 것이다.

수수께끼 주술사가 감추고 있는 것

주술사 그림을 이해하기는 쉽지 않다. 그림 자체도 아리송하다. 동굴을 연구하던 앙리 브뢰이유는 주술사를 따라 그렸는데, 이 그림은 책과 논문을 대표하는 이미지로 자리 잡았다. 그러나 이후에 찍힌 주술사 그림의 사진과 이 스케치를 비교해 보면 기이한 차이가 나타난다. 예를 들자면 브뢰이유의 스케치에 있는 뿔과 얼굴은 사진에서 나타나지 않는다. 브뢰이유가 자신의 상상력을 이용해서 그림이 연상시키는 형상을 구체화했을까? 고고학자들은 여전히 그림의 '실제' 모습이 무엇인지에 대해 의견을 달리한다. 은하계부터 분자 구조까지 시각화할 수 있는 현대 영상 장비도 이 그림만은 제대로 담지 못한다. 마치 바위의 직조 속에 얽힌 상태로만 존재하고 대낮의 환한 빛 아래에서는 사라져 버리는 듯하다.

주술사 자체도 특이하다. 유럽 전역에 선사 시대의 바위 그림이 있는 현장은 360곳이 넘는다. 실제 동물 또는 혼종 동물이 자세하게 묘사되어 있거나 여러 그림이 결합된 다양한 형태가 있지만 인간을 닮은 형상은 놀라울 만큼 적다. 인간은 대개 단순한 막대 형태로 나타난다. 초기 인간은 우리와 달리 자기표현에 깊은 관심이 없었거나 그림을 그릴 필요가 없었을지도 모른다. 모닥불이 만든 그림자가 인간의 형상을 대신했다. 인간의 실루엣은 동굴 벽 위에서 춤을 추다가 불이 꺼지는 순간 어둠으로 녹아들었다.

주술사 그림 같은 반인반수, 그러니까 인간과 동물이 혼합된 중간 단계의 그림은 더 희귀하다. 이런 그림이 발견된 곳은 손에 꼽을 정도다. 이 같은 그림은 매우 중요했던 것으로 보인다. 반인반수 그림들은 동굴의 핵심적인 위치에 그렸거나 아주 공들여 제작되었다. 조형 미술의 가장 오래된 사례 가운데 하나인 호흘렌슈타델의 사자 인간은 4만 1천 년 전에서 3만 9천 년 전 사이에 매머드 상아로 만들어졌다. 다리는 인간의 것이고 날씬한 허리와 어깨는 사자이며 인간의 손이 달려 있다. 머리는 위엄 넘치는 사자의 것이다. 이를 만드는 데에는 엄청난 조형 기술이 필요했을 뿐만 아니라 약 4백 시간이 소요되었을 것이다. 연구자들은 사자 인간이 의례와 관련된 중요한 물건이었기 때문에 그런 노력을 들였다고 추측한다. 이 형상에는 툰드라의 최상위 포유류들에게서 따온 세 가지 요소가 드러난다. 매머드의 크기, 사자의 사나움, 인간의 창의력이다. 혼종 동물은 동물의 힘을 흡수하고 그 위험을 누그러뜨리기 위한 방법이었을 것이다. 사자 인간 같은 괴물을 만드는 일 자체가 일종의 주술 행위였을 수도 있다.[12]

주술사 그림이 상징하는 바는 모호하다. 그는 초자연적인 존재일까? 아니면 동물의 가죽과 뿔을 걸치고 동물의 자세를 취한 인간일까? 주술사가 신이거나 무아지경에 빠져 영적 세계와 소통하는 샤먼이라고 생각하는 사람도 있다. 혼종 동물이 되

---

[12] 삼형제 동굴에는 또 하나의 '주술사'가 있다. 똑바로 서서 피리로 보이는 것을 연주하는 소의 형상이다. 라스코 동굴에는 새의 머리를 한 사람이 화살을 맞은 들소에게 쫓기는 그림이 있다. 약 2만 1천 년 전에서 1만 4천 년 전 사이에 그려졌을 것이다. 삼형제 동굴의 북동쪽에 있는 쇼베 동굴에는 '베누스와 주술사'라는 그림이 있는데 반은 남자 반은 사자인 형상이 여성의 치골을 감싸고 있는 그림이다. 세계적으로 가장 오래된 반인반수 그림은 술라웨시의 레앙 테동게 동굴에 있는 사냥꾼 그림이다.

는 것은 대체 현실로 들어가는 방법일지도 모른다. 동굴 벽의 서로 뒤얽혀 있는 온갖 동물들 위에 놓인 주술사는 이 괴이한 공동체의 지배자였을 수도 있다.

이제 주술사의 의미를 밝혀 줄 구체적인 단서를 알아 보자. 삼 형제 동굴에서 수백 마일 떨어진 노스요크셔에는 스타 카Star Carr라는 발굴 현장이 있다. 1만 2천 년 전인 중석기 시대의 유적인데, 유럽에서 빙하가 사라지고 그 결과 새로운 지형이 생긴 시기(약 1만 5천 년 전에서 5천 년 전)이다. 스타 카의 발굴단은 호숫가 야영지 유적에서 머리 장식 24개를 발견했다. 붉은사슴의 뿔 달린 두개골을 정교하게 다듬어 만든 각각의 머리 장식은 산성을 띠는 호수의 미사 속에 보존되어 있었다.[13] 이 머리 장식 가운데 하나가 대영 박물관에 있다. 유리 상자 속에 놓인 장식은 그 의미를 파헤치려는 나를 당당하게 노려본다. 삼 형제 동굴의 주술사도 이러한 머리 장식을 쓰지 않았을까?

---

13 고고학자들은 오늘날의 붉은사슴 두개골로 이런 머리 장식을 재현했다. 현대의 붉은사슴 두개골은 빙하기 선조의 두개골에 비하면 무른 편이다. 연구 결과 옛사람들은 사슴의 머리를 잘라 불에 태웠을 것으로 추정된다. 뼈가 그을릴 때까지 태웠고 두개골 상부를 열기로부터 보호하기 위해 진흙을 발랐다. 부싯돌로 만든 도구를 이용해 깎고 다듬은 뒤 구멍 두 개를 뚫어 머리에 고정시키기 위한 줄을 매달았다. 무게를 줄이기 위해 뿔도 깎아 냈다. 스타 카의 머리 장식은 해수면 상승으로 영국이 유럽 대륙으로부터 완전히 분리되기 이전에 만들어졌기 때문에 이러한 유적은 영국에 국한된 것이 아닐 가능성이 높다.

중석기 시대 사람들은 사슴의 몸과 밀접하게 연결되어 있었다. 숲이 점점 늘어나는 환경에서 사슴은 생존에 필수였다. 인간으로 살기 위해서는 어느 정도 사슴으로 살아야 했다. 사슴 뼈로 만든 투창은 팔의 연장이었고 뿔로 만든 송곳과 사슴 힘줄을 이용해 사슴 가죽옷을 기웠다. 사슴을 표현한 장신구를 달았고 사슴 고기로 영양분을 얻었다. 그들에게 동물과 사람의 경계는 지금처럼 뚜렷하지 않았다. 인간이 자연으로부터 스스로를 격리하기 전이었으며 지금과 달리 인간과 '비인간' 사이에 확실한 선이 없었다. 사슴의 형상을 하고 인간과 동물의 영혼을 합치시키는 행위는 중요한 관계의 완성을 의미했을 수 있다.

시베리아와 극동 러시아의 에벤족이나 북아시아의 에벤키족은 너른 스텝 지대에서 순록을 방목하고 샤머니즘 문화를 실천했다. 20세기 들어 이 민족 대부분이 정주 생활을 강요당하기 전까지 남녀 샤먼은 스타 카에서 발견된 것과 매우 비슷한 머리 장식을 쓰곤 했다. 동물의 신체 일부로 샤먼의 복장을 만들 때는 대개 부위를 맞춘다. 머리 가죽으로는 모자를 만들고 다리의 털가죽으로는 바지를 만드는 식이다. 선사 시대 사냥꾼들에게 사슴이 중요한 사냥감이었다는 사실로 미루어 짐작하건대 삼 형제 동굴의 주술사는 사슴 가죽과 뿔을 착용한 샤먼이 아니었을까. 경험을 넘어선 영역을 직접 여행하기 위해 인간성을 내려놓은 것이다. 앞으로도 살펴보겠지만 이것은 우연이 아니다. 주술사와 동굴 괴물들은 인류를 형성한, 좀처럼 손에 닿지 않는 역사의 일부였다.[14]

정신의 동굴과 샤머니즘

우리는 선사 시대 샤먼들이 삼 형제 동굴에서 무얼 했는지 추측할 수 있을 뿐이다. '샤먼'이라는 말은 시베리아와 북동 아시아에서 기원한 '알고 있는 사람'이라는 의미의 만주 퉁구스어 샤만^{šaman}에서 왔다. 이후 수렵 채집 사회에서 영적 세계와 소통할 수 있는 인물을 중심으로 한 영적 행위들을 가리키는 일반적인 표현으로 자리잡았다. 그러나 '샤머니즘'은 광범위한 시간과 공간에 걸쳐 다양하게 행해진 활동을 포함하는 인위적인 범주로, 각각의 활동에는 고유한 특징이 있었다. 편의를 위해 가장 넓은 의미에서 말하자면 샤머니즘은 세계적으로 가장 널리 퍼져 있고 역사적으로도 가장 끈질긴 형태의 영적 활동이다. 이런 활

---

14 시베리아 샤먼에 대한 가장 오래된 목격담은 리처드 존슨이라는 여행자의 일화로 그는 1557년 1월 1일 "악마적인 의식"을 보았다고 적었다. 시베리아 샤먼을 처음으로 시각화한 사람은 니콜라스 빗선인데 그가 1692년에 만든 판화(1705년 공개)를 통해 '샤먼'이라는 말이 유럽에 처음 가닿았을 것이다.

동은 인간 본성과 생리의 근본 요소들을 바탕으로 인간사의 대부분에 걸쳐 매우 중대한 역할을 해 왔다.[15]

샤머니즘 의식은 뇌의 신경 화학 반응을 다양한 방식으로 강탈하여 색다른 의식 상태를 야기한다. 환각제나 호흡법, 의식ritual 중에 울리는 타악기 소리나 반복하는 기도문, 단식 등으로 무아지경의 상태를 유발한다. 이러한 상태에서 샤먼은 일상의 현실보다 높은 곳, 혹은 낮은 곳에 존재하는 영혼들의 대체 세계로 들어갈 수 있다고 여겨진다. 이 때 의식은 종종 특정 위치에서 행해지는데 그곳을 다른 차원의 실재로 들어가는 물리적 입구라고 생각했기 때문이다. 문화에 따라 이런 대체 현실은 축축한 땅 밑의 지하 세계이거나 초월적인 천상의 영역이었다.

선사 시대 사람들이 이런 종류의 의식을 위해 삼 형제 동굴로 들어갔다면 그들의 경험에 동굴 자체도 영향을 끼쳤을 것이다. 베구엔 형제가 처음 동굴을 탐험할 때 깨달았듯 좁고 긴 터널에 몸을 구겨 넣으며 동굴 내부의 연결된 여러 개의 방으로 들어가는 일은 다시 태어나는 경험에 비할 만하다. 이 공간을 지나는 과정 자체가 무아지경의 상태로 들어가는 데 도움이 되었을

---

[15] 찰스 포스터는 《인간으로 살기 Being Human》(2021)에서 선사 시대 인간의 삶에 최대한 가깝게 살아 본 경험을 토대로 샤머니즘이 어떤 방식으로 일상에 녹아 있었는지에 대해 매우 흥미로운 관점을 제시한다.

것이다. 조용한 어둠 속을 나아가다 보면 손에 닿는 세상은 사라진다. 이제 상상의 영역이 하품하듯 입을 벌려 우리를 삼킨다. 남아프리카공화국 고고학자 데이비드 루이스-윌리엄스와 프랑스 선사학자 장 클로트는 동굴은 "지하 세계의 뱃속"으로, "벽, 천장, 바닥 등 동굴 표면은 위험을 무릅쓰고 동굴로 들어간 사람을 지하 세계의 존재와 동물 영혼에게서 분리하는 얇은 막"으로 여겨졌을 것이라고 설명한다. 이 취약한 경계를 넘으려고 시도했던 사람들은 삼 형제 동굴에 증거들을 남겨 두었다. 그림을 그린 이들은 손에 안료를 칠함으로써 재료와 하나가 되려고 했다. 바위 너머에 존재할 영적 세계에 메시지를 보내려는 듯 벽에 손자국을 남겨 두거나 돌 틈에 상아 조각, 부싯돌 따위를 끼워 두기도 했다.

무아지경의 정도에 따라 환각의 종류도 달라진다. 이 사실이 동굴 괴물의 기원을 밝히는 단서가 될 수도 있다. 가벼운 무아지경에서는 기하학적 모양, 즉 그물 모양이나 동심원, 점 등이 보이는데 이것은 우리의 시각계와 신경계의 특성에서 기인한다. 좀 더 깊은 상태에서는 동물, 영혼, 괴물 등 감정이 실린 환영이 보인다. 원정에 나선 샤먼을 돕는 수호 동물이나 동물 심부름꾼으로 나타나기도 한다. 이러한 상태를 지나는 경험은 마치 터널이나 소용돌이로 들어가는 일과 비슷하다. 루이스-윌리엄스는 이것이 "새로운 영역으로 이어지며 그곳에 사는 존재들이 따로 있다"고 말한다. 바위 위에 그려진 괴물들은 선사 시대의 상상 속에 기거했던, 무아지경의 환시에서 나온 짐승이었을 수 있다. 루이스-윌리엄스는 "이 모든 것이 인간의 신경계 속에 설계되어 있다. 정신 속에 동굴이 있다"고 말한다. 물리적 동굴은 정신의 지하 세계로 이어진다.[16]

그렇다면 정신의 깊은 구석으로 파고드는 이유는 무엇인가? 인간이 언제나 새로운 공간을 탐험하는 이유와 같을지 모른다. 알지 못했던 것을 알고 자신을 더 잘 이해하기 위해, 그리고 삶을 전과는 다르게 경험하기 위해. 무아지경은 일상 속 공포가 견딜 만해지고 의미를 갖는 상태, 우리가 힘을 발휘할 수 있는 상태였다. 동굴에 모인 이들은 대체 불가능한 무언가를 만들어 냈다. 수렵 채집을 하던 사람들은 넓은 땅에 흩어져 작게 무리 짓고 살았지만 공동체 의식을 공유함으로써 함께 또 다른 세상으로 길을 떠났다. 그들을 위협하고 사냥하는 괴물들이 사는 세계에

---

16   동물 그림은 여러 가지 방법으로 해석 가능하다. 예를 들어, 동물을 표현한 것이 아니라 샤먼의 토템, 즉 상징물일 수 있다. 의식에서 음악이 사용되었음을 보여주는 후기 신사 시대의 피리들도 있다. 이 유물은 남부 독일의 가이센클뢰스테클레, 홀레펠스, 포겔헤르트에서, 그리고 남서 프랑스의 이스투리츠 동굴에서도 발견되었다.

서 평범한 일상의 고민과 의견 차이는 사라지고 유대가 강화되었을 것이다. 앞으로도 살펴보겠지만 이 길들지 않은 지하 세계에서 얻은 경험은 인류가 더 큰 문명을 건설하기 위한 근본적인 토대였다.

동굴의 마법, 악마가 된 주술사

2019년 말, 팬데믹으로 세상이 문 닫기 직전 나는 런던의 어느 오래된 철교 밑에서 열리는 아주 특별한 행사에 참가했다. 버닝맨이나 레이브에 갈 법한 사람들이 주로 모인 파티였다. 주제는 '종교'였다. 일찍 도착한 나는 화려하게 치장한 사람들이 공간을 채우는 장면을 지켜보았다. 사람들은 금칠한 뿔이나 공작 깃털이 펼쳐진 머리 장식을 썼고, 조개 껍질로 뒤덮은 장식도 보였다. 죽마를 탄 사람이 이끼와 나뭇잎으로 엮은 태피스트리로 온몸을 감싼 채 마치 원시 동물인 양 천천히 돌아다녔다. 나뭇가지로 만든 뿔이 몽롱한 불빛 아래 기이하게 뻗어 있었다. 곁에는 희고 반짝이는 레이스로 치장한 요정 같은 소녀가 있었는데 이따금 손을 뻗어 죽마 탄 동물의 긴 두개골 얼굴을 쓰다듬었다. 이런 이교도적 형상을 하고 흥청거리는 사람들 말고도 가짜 사제, 여☆제사장, 신, 여신, 괴물 들이 흥겨운 축제 분위기 속에서 믿음과 의식의 표상을 겹겹이 두르고 있었다. 이러한 제2의 자아들은 샤머니즘 주술의 힘을 환기시켰다. 사람들은 인간이 아닌 모습으로 반인반수가 되는 행위에 집단적으로 몰두했다. 테크노 음률의 파도를 탄 복합적, 향락적 괴수들은 다 함께 또 다른 지각 세계에 다다르고자 애쓰는 중이었다.

역사적으로 인간은 또 다른 현실에 접근하기 위해 동굴 같은 공간으로 들어가기를 반복해 왔다. 좀 더 큰 규모로 모여 정주 생활을 시작한 인간은 자연 동굴에서 멀어진 대신 거대한 바위로 구조물을 만들거나 목재로 넓은 공간을 지었다. 영국 남부의 크고 육중한 스톤헨지에서는 오늘날에도 동지나 하지마다 이교도 신자들이 모여 노래를 하고 북을 친다.[17] 우리는 여전히 자연과의 일치, 보다 큰 연결감을 추구한다. 쿡의 주장에 따르면 겨울에 "해가 지고 음식이 남아돌면 사람들은 즐겁게 잔치를 벌이고 춤을 춘다. 가족이 아닌 사람과 짝을 맺기에도 좋다". 시간이 좀 더 흘러 교회와 성당이라는 숭고한 공간이 생겼다. 오늘날 종교가 없는 사람들에게는 웅장한 바로크풍의 콘서트홀이나 레이저 광선이 가득한 창고에서 열리는 레이브가 있다. 돌이나 가지

---

17 중석기 후기 유적에서도 반인반수의 샤먼 형상이 그려진 벽화가 나타나 수렵 채집 시절의 우주관이 남아 있었다는 주장을 뒷받침한다.

그리고 벽돌로 만든, 자궁처럼 안락한 이런 동굴들은 여전히 우리의 상상력을 자극한다.

집단적으로 고양되는 일은 항상 인간에게 아주 유용했다. 이는 인간이 점점 더 큰 무리를 이루고 살 수 있게 해 주었고 그럴 때 생기는 필연적인 어려움을 견디며 고난을 잊도록 도와주었다. 우리는 함께 모여 노래를 하거나 음악을 만들거나 춤을 출 때, 영적 경험을 공유할 때, 우리 조상이 경험했던 초월적인 상태와 비슷해진다. 인간의 진화와 역사에서 집단적 초월의 역할을 이해하기 위해 수년간 연구를 이어 온 옥스퍼드대학의 진화 심리학 명예 교수 로빈 던바는 최근 저서 《종교의 진화에 대하여 How Religion Evolved》(2022)에서 집단 무아지경이 인간 사회와 종교의 발달에 근본적인 역할을 했다고 주장한다. 의례와 초월적 상태는 엔돌핀을 증가시키고 집단의 연대와 단결을 가져온다.[18] 이런 짜릿한 단결감은 사회적 접착제로 작용한다. 우리는 잠시나마 더 크고 초월적인 무언가의 일부가 되기 위해서 불편을 무

---

[18] 로빈 던바의 "사회적 뇌 가설"에 따르면, 영장류의 경우 사회적 집단의 크기와 신피질 크기는 연관이 있고 인간의 경우 약 150명 크기의 집단이 적당하다. 더 큰 집단을 이루기 위해서는 다른 기제가 요구된다. 던바는 종교적 경험의 초월성을 강조하기 위해 이 가설을 만들었다. 종교가 불가피한 갈등을 해결하고 개별적 특성을 중재하여 더 큰 집단의 발달을 가능하게 했다는 것이다. 다만 조직화된 종교의 경우 인류 역사에 비해 그 역사가 비교적 짧다.

릅쓰고 답답한 오페라 극장에 앉아 있는다. 또는 교회 내 정치를 견디거나 어두운 행사장에서 낯선 사람들과 몸을 부딪히고, 바가지 요금과 길고 긴 대기 줄을 감수한다.

    이런 경험을 위해서는 반드시 동물적 본성이 필요하다. 내면의 동물과 소통하는 일은 문명화된 인간 의식의 한계를 벗어나게 돕는다. 그러나 오늘날 우리의 정신이라는 동굴 속에 존재하는 동물들은 선사 시대 인간의 동물과는 다를 수 있다. 한 친구는 얼마 전 스페인 이비사섬에서 환각을 일으키는 남미의 페요테를 섭취했다며 이렇게 설명했다. "갑자기 내가 사라지고 없었지. 동물이 되어 있었는데 달을 쫓아가지 **않으면 안 되는** 동물이었어. 나는 갑자기 뛰쳐나가 홀로 어둠 속에서 밤하늘을 보면서 경이로움을 느끼는 동물이었어." 터무니없기도 하고 충분히 있을 만한 일 같기도 했다. 현대의 도시에서 살아가는 인간이라도 이런 약물에 취하면 한 마리 동물이 된 것 같은, 아주 광포한 존재가 된 것 같은 기분을 절감한다. 그래서 이비사섬에 간 그 많은 사람이 자신을 샤먼이라고 생각하는지도 모른다.

    동굴의 마법은 아직도 건재하다. 그것은 인간 진화사의 일부이며 종교적 도그마와 유신론에 앞선다. 그러나 소규모 인간 집단을 초월적 경험으로 이끌었던 사슴뿔 주술사들에게 기이한 일들이 벌어졌다. 사람들이 좀 더 큰 농경 공동체를 이루게 되자 주술사들은 신이 되었다. 켈트 문명의 케르눈노스가 그 예다. 뿔이 달리고 사슬 목걸이를 한 "야생의 신" 케르눈노스는 영혼 세계를 들락날락하였다. 로마 시대 브리타니아에서 섬긴 전쟁과 사냥의 신 코키디우스도 있다. 그리고 고대 야생의 신 판^{Pan}, 그리고 판의 망나니 시종 사티로스도 그렇다. 소수만이 알던 샤먼은 여러 사람에게 신으로 알려졌고 샤먼의 힘은 보다 광범위하게 퍼진 종교 의식 그리고 공유된 믿음을 통해서 전파되었다. 이런 반인반수 형태인 신들은 자연 세계의 모든 사물에 영혼이 있다는 애니미즘 신앙 체계의 일부로 자리 잡아 창조성이라는 무의식의 힘을 폭발시켰다.

이후 초기 기독교를 비롯한 거대 조직 종교가 대두하자 이런 야생의 반인반수 신들은 영적 경험에서 퇴출당했다. 사회가 더 커지고 복잡해지면서 동물성과 연결되려는 정신적 욕구와 정신의 초월적 능력은 새로운 의식 절차에 흡수되었다. 도처에서 영적 세계에 대한 믿음이 일신론에게 밀려났다.[19] 야생 신들에

---

19 기원전 1세기경 만들어지고 덴마크 힘머란트의 이탄 습지에서 발견된 뛰어난 은세공품인 군데스트룹 가마솥에는 뿔과 사슬 목걸이를 착용한 신이 새겨져 있다. 아마도 케르눈노스라고 하는, 영적 세계를 들락날락하던 켈트족의 신으로 보인다. 그로부터 약 1세기 후 로마 지배 하의 갈리아 지방에서 만들어졌다고 추정되고 노트르담 성당의 기단 아래서 발견된 뱃사공의 기둥에도 케르눈노스가 새겨져 있다.

게 향하던 숭배는 고대 신앙의 찌꺼기가 되어 변두리에서만 이루어졌다. 이제 초월적인 상태는 저급한 동물적 본성, 나아가 인간 본성에서 자유로운 순수한 이성을 의미했다. 인간은 더 이상 동물들의 세계에 포함된 존재가 아니었다. 우리는 동떨어진 존재였다. 더 특별하고 나은 존재였다.

고대의 뿔 달린 신들은 어두운 그림자가 되었다. 주류 종교가 우리를 자연 세계로부터 떼어 놓았지만 두려움과 상상력의 결합은 계속해서 기이한 존재들을 만들어 냈다. 그러나 이 존재들은 우리가 공포와 한계를 극복할 수 있도록 돕는 영적 인도자가 아니었다. 괴물이 도사린 어둠 속으로 유혹하고 혼돈을 일으키는 악한 세력이었다. 이들은 유대교와 기독교에서 말하는 사탄처럼 갈라진 발굽과 뿔이 달린 무시무시한 악마가 되었다. 다음 장에서는 용을 무찌르는 전설을 통해 우리가 어떻게 삶의 무질서를 설명하고 질서의 필요를 강조했는지 살펴볼 것이다.

제2장: 혼돈의 용

"그들은 깊이를 가늠할 수 없는 거대한 심연을 보았다. 그것은 형언할 수 없는 바다^{sea}. 어둡고 황폐하며 길들지 않은."

존 밀턴

우주를 만들어라

우주는 어떻게 시작했을까? 우리가 아는 이 모든 존재가 어떻게 생겨났을까? 대부분은 '빅뱅'이라고 대답한다. 우주의 역사상 가장 납득하기 어려운 사건을 요약하는 아주 간단한 말이다. 이 말은 어떻게 만물이 존재하게 되었는지 설명하는 오늘날의 이론을 축약한다. 밀도와 온도가 극한에 달한 원시 물질이 폭발을 일으켜 현재의 우주가 되었다는 이론이다.[1] 우주에서 관찰되는 모든 것을 설명하지는 않지만 지금으로서는 최선의 작업

---

1 138억 년이 지난 지금에도 이 폭발의 반향은 우주 마이크로파 배경 복사에 여전히 감지된다. 우주는 최초의 폭발 이후로 계속해서 확장되고 있으며 이론적으로는 언젠가 '빅 크런치'(대수축)에 이르러 내부로 함몰할 수도 있다.

가설이다.

'빅뱅'은 20세기 중반, 이 이론에 반대하는 사람들이 어처구니없는 소리라고 생각해서 지은 이름이다. 그러나 이론이 널리 받아들여진 이후에도 이름은 남았다. 말 그대로 빵 터진 것은 아니겠지만 에너지와 물질의 대'폭발'이라는 관념은 우리의 생각과 언어로 소화 가능한 수준이다. 사실 우리의 생각과 언어는 우주적 사건보다는 규모가 작은 유기체의 삶에 더 적합하다. 어쨌든 대부분의 사람들에게 빅뱅은 과학적인 세계관 내부에 위치한 기원 이론이다. 우리는 더 이상 신의 피조물이 아니다. 우주물리학자 닐 디그래스 타이슨이 말했듯 "우주는 우리 안에 있다. 우리는 비유로나 글자 그대로나 별 가루이다".

어떤 면에서 빅뱅은 우주가 급작스러운 대격변에서 시작했다는 여러 고대의 창조 신화와 닮아 있다. 19세기 후반 독일 학자 헤르만 군켈은 여러 창조 신화에서 공통된 주제를 발견하고 이를 '카오스캄프Chaoskampf'라고 칭했다. 말 그대로 "혼돈과의 투쟁"이라는 의미이다. 우주('질서' 또는 '세계'를 의미하는 그리스어) kosmos의 형성 시기에 일어나는 신과 원시 혼돈 간의 싸움을 뜻한다. 혼돈과 그것을 길들인 힘은 치고받는 괴물과 신의 이미지로 나타난다. 아시리아학자 조앤 스컬록은 "고대 세계의 모든 신화에는 괴물 때리기가 나타난다"고 했는데 창조 신화에서는 특히 그렇다. 여러 문화와 시대에 걸쳐 인간의 상상력은 우주의 혼란을 상징하는 괴물을 만들어 왔다. 이러한 원형 괴물은 거대하고 화려하다. 주로 용 혹은 용을 닮은 거대한 짐승인데, 머리는 열 개에 불을 뿜는 주둥이가 있다거나 포효하는 소리가 무시무시하다거나 발톱은 길고 치아는 큰 낫처럼 날카롭다거나……. 나열하자면 끝이 없다.[2]

고대 그리스 신화의 티타노마키아, 즉 올림포스 신들과 괴물 같은 티탄족 간의 전쟁을 예로 들어 보자. 제우스와 다른 올림포스 신들은 우주를 지배하기에 앞서 태초부터 우주를 지배했던 오래되고 잔인한 존재들과 싸워야 했다. 바로 제 자식을 잡아먹는 관습을 가진 티탄족이었다. 신들이 구세대 티탄족과 싸워 이기자 어머니 대지인 가이아는 새로운 괴물 무리를 낳았다. 이들의 우두머리는 티폰으로 "어깨에 뱀의 머리 1백 개가 자라난 공포스러운 용"이었다. 티폰은 "검은 혀를 날름거렸고 경이로운 머리들에 박힌 눈에서는 불이 번쩍였다"고 고대 그리스 시인 헤시오도스는 말했다. 제우스와 형제 신들이 이 끔찍한 신세대 티

---

[2] 군켈은 심지어 성경의 창세기에서도 이 패턴이 나타난다고 주장했다(군켈이 이러한 주장을 최초로 제기한 사람은 아니다). 군켈의 주장에 대한 찬반 의견은 다양하다. 13세기의 우가리트의 바알 주기 Ba'al Cycle(바알이라는 신의 이야기를 중심으로 한 신화적 서사시—옮긴이) 같은 새로운 발견도 찬반 토론의 주제이다.

탄족을 무찔르고 타르타로스라고 하는 지옥 감옥에 구세대 티탄족과 함께 가두었다. 그런 뒤 올림포스를 차지하고 비교적 정돈된 세상을 다스렸다.

오늘날 우리가 잘 모르는 신화 중에는 하늘 신 바알 하다드가 바다 신 얌과 그의 뱀 하인 로탄을 물리치는 레반트 지역 가나안의 신화도 있다. 아마도 영화나 동화책으로 만들어지지 않은 까닭일 것이다. 또 고대 북유럽의 신 토르가 미드가르드의 뱀 요르문간드와 싸운 이야기도 있다. 하지만 이 장에서 주로 다룰 이야기는 암용^{dragoness} 티아마트와 폭풍 신 마르두크 신화다. 마르두크는 티아마트와 괴물 군대를 무찔르고 최고의 자리에 오른다. 2천 년 전 고대 바빌로니아에서 전해지던 신화인데, 이를 포함한 고대 메소포타미아 신화의 여러 타래가 지금까지 전해져 온다. 이 모든 다채로운 창조 설화들에는 형태 없는 세상을 지배하는 괴물과 하늘 신이 나오고 종종 젊고 못생긴 골칫덩이도 등장해 굴욕을 당한다.[3]

카오스캄프 신화는 내용이 비슷해 보이지만 다 같은 방식으로 작동하는 것은 아니다. 신화에는 언제나 당대의 정치적·사

---

3 '우주적 뱀'은 여러 신화에서 창조신으로 널리 등장하는데 이후에 창조자에 저항하는 무질서의 상징으로 바뀐다. 심지어 제우스도 벼락을 내리는 하늘 신이자 뱀을 죽이는 신이 되기 전에는 이따금 뱀으로 그려지기도 했다.

회적 울림이 녹아든다. 이 이야기들은 본질적으로 혼돈이 어떻게 질서 있는 세상으로 형성되었는지 말한다. 물질적인 세상뿐만이 아니다. 이런 신화는 인간 정신의 발달과 인류가 공유하는 집단적인 경험 형성이 극화된 결과로 이해할 수 있다. 혹은 창의력 자체의 본질에 대한 이야기로 해석할 수도 있다. 이 장에서는 티아마트와 마르두크의 싸움이 어떻게 우리 삶에 혼돈 괴물의 피를 흐르게 했고 우리를 복잡하고 창의적인 존재로 만들었는지 살펴본다. 이 신화는 우리의 존재가 완성되는 과정에서 발생하는 불가피한 상실을 말해 주며 창조와 파괴 모두 삶에서 필수적인 부분이라고 이야기한다.

베를린의 이슈타르 문

2019년, 코로나 바이러스의 첫 물결이 유럽을 장악하기 직전 나는 신과 괴물이 벌인 태고의 싸움을 기리는 기념비를 방문했다. 베를린의 동구권 건축물 사이에 자리한 페르가몬 박물관에 가면 푸른 타일로 장식된 긴 통로 끝에 이슈타르 문이 있다. 이슈타르는 메소포타미아 신화 속 사랑과 전쟁의 여신이다. 통로를 따라 걸으면 실물 크기의 사자 부조^{bas-relief}도 곁에서 따라오는 것 같다. 문 자체도 경이롭다. 문을 뒤덮은 용들은 섬세한 목과 머리, 사자를 닮은 앞다리, 뱀을 닮은 혀를 갖고 있다. 이슈타르의 신성한 애완동물 무슈슈(무슈후슈)mušḫuššu이다. 이 문은 기원전 6세기 신新바빌로니아에서 건설했는데 대략 오늘날의 이라크 위치쯤이다. 테크노 음악 사이로 군중이 북적이는 때 문은 시내와 대비되는 고요한 박물관은 이 기념비의 실제 의미를 감춘다. 베를린으로 옮겨지기 한참 전, 그러니까 2천 년 전 이 문은 혼돈과 질서 간의 우주적인 드라마를 재연하는 연례 축제인 아키투Akitu의 중심이었다.[4] 나는 이슈타르 문을 지나면서 축제 날 조각상을 들고 황금 사원을 향해 이 길을 지나갔던 고대 바빌로니아 사람들을 떠올렸다.

메소포타미아 사람들의 이야기는 고대 그리스나 로마의

4 　무슈슈는 악을 물리치기 위해 입구에 놓는 보호 정령이었다. 바빌로니아 제국은 고바빌로니아와 신바빌로니아로 나뉜다. 고바빌로니아는 기원전 1894년경에서 1595년경까지 이어졌으며 1755년경에는 메소포타미아 전역으로 뻗어 있었다. 고대 바빌론은 세계에서 가장 큰 도시였고 이름도 유명한 함무라비 왕이 다스렸다(기원전 1810~1750년). 기원전 1595년에 히타이트인에게 공격을 당했고 1570년에는 카시트인이 왕국을 점령해 4세기 동안 다스렸다. 그동안 카시트인들은 바빌론을 문화의 중심으로 만들고 마르두크를 주신으로 받들었다. 아시리아를 포함한 이웃 세력들과의 정쟁과 전쟁이 여러 세기 동안 이어지다 네부카드네자르 2세의 통치 아래(기원전 605/604~562년) 다시 제국을 세웠다. 신바빌로니아는 기원전 539년에 페르시아군에 멸망했다. 아키투 축제 당시 왕은 티아마트와의 싸움을 재현하며 며칠 동안 칩거했다. 칩거가 끝난 뒤에는 신성한 역할을 새롭게 맡기 위해 군중 앞에서 겸손한 태도를 취했다. 또 티아마트의 배우자이자 아들 킹구를 나타내는 양을 제물로 바치기도 했다.

이야기처럼 친숙하지는 않다. 약 1천 년 동안 소실된 상태였던 탓도 있다. 원래 많은 이야기가 고대 메소포타미아의 가장 큰 도서관에 기록으로 남아 있었다. 아슈르바니팔 왕이 니네베에 세운 이 도서관에 보관된 점토판은 '설형 문자'로 기록되었다. 이집트의 상형 문자보다도 오래된, 쐐기 모양과 선으로 이루어진 정교한 문자이다. 점토판은 종이나 양피지였다면 불가능했을 방식으로 문자를 보존했다. 기원전 6세기 니네베가 침탈당했을 당시 도서관 건물이 무너지면서 저절로 가마가 되었고 그때 점토판이 구워져 온전하게 유지된 것이다.

1800년대에 이르러, 폐허가 된 도시의 유적 아래 묻혀 있던 아슈르바니팔 왕의 도서관에서 부서진 점토판 조각 3만 개가 발견되었다.[5] 고고학자들은 이를 유럽의 박물관들로 날라 열심히 이어 붙였다. 불가사의했던 설형 문자를 해독하자 우리도 미처 모르는 새 사라졌던 세상이 다시 나타났다. 공식 상거래 기록이나 장부 이외에도 우주 용에 맞선 싸움, 지하 세계로의 도주,

---

[5] 아슈르바니팔은 메소포타미아 최초로 니네베에 체계적인 도서관을 세운 아시리아 왕이다. 점토판은 영국 고고학자 오스틴 헨리 레이어드가 1849년에 처음 발견했다. 이를 해석한 학자들은 메소포타미아 역사의 흔적과 성경 속 이야기들의 기원을 찾던 사람들이었다. 메소포타미아의 문서들은 아카드어 그리고 (기원전 3400년경 수메르에서 만들어진) 고대 수메르어로 기록되었다.

원소의 결합, 종말을 예고하는 홍수, 불멸을 추구하는 영웅의 모험 등을 담은 이야기들이 여전히 그곳에 있었다.

창조시, 《에누마 엘리시Enūma Eliš》는 점토판 일곱 개에 새겨졌다. 메소포타미아 세계의 시작을 설명하는 이 서사시는 도시를 에워싼 범람원 지형과 밀접한 연관이 있었다. 페르시아만으로 향하는 티그리스강과 에우프라테스강은 메소포타미아인들에게 생명줄이었다. '메소포타미아'라는 이름 자체도 '두 강의 사이에 놓인 땅'이라는 의미이다. 강어귀에는 곱고 비옥한 흙이 퇴적되어 농사가 발달했고 새로운 땅이 만들어졌다. 메소포타미아 사람들은 두 강이 세계 전체를 만들어 냈다고 생각했다.[6]

《에누마 엘리시》는 이 서사시의 첫 행에서 가져온 제목으로 "그때 높은 곳에서"라는 뜻이다. 이야기는 세상이 창조되기 전 존재 자체가 물에서 탄생한 시점부터 시작된다. 잘 알려지지 않은 이야기이므로 이야기 속 괴물을 해부해 보기 전에 먼저 이

---

[6] 아슈르바니팔 도서관에서 발견된 《에누마 엘리시》는 우리에게 전해지는 가장 완전한 상태의 판본이다. 기원전 7세기경에 만들어졌지만 이야기 자체는 훨씬 오래되었다. 적어도 기원전 1200년경 고바빌로니아에서 시작되었다고 추측한다. 《에누마 엘리시》는 메소포타미아의 아트라하시스 홍수 서사시와 같은 기존의 신화를 가져다가 이어 붙인 이야기로서 이후의 신화 전통, 즉 성경 등에 영향을 미쳤다고 추측된다. '메소포타미아'는 그리스어 메소스(중앙)와 포타모스(강)에서 온 말로 티그리스강과 에우프라테스강 사이에 있다는 의미이다. 이 지역은 정주 농경이 발달하기 시작한 "비옥한 초승달 지대"의 일부였다.

꿈 같은 신화의 세계로 들어가 보자. 원문은 운문이지만 산문으로 바꾸었다. 좀 더 읽기 쉽도록 생략한 내용도 있으나 최대한 원문의 느낌을 살리고자 노력했다. 읽는 동안 머릿속에서 인물과 배경 간의 구분이 흐릿해져도 괜찮다. 토벽으로 성을 쌓은 도시에서 이야기를 듣고 있다고 상상해 보자. 주변은 너른 범람원이고 하늘에는 언제든 천둥과 장대비가 쏟아질 듯한 짙고 농후한 비구름이 잔뜩 걸려 있다. 점토로 빚은 판에 갈대 펜을 든 필경사들이 문자를 새기는 모습을, 이야기를 고이 간직한 채 불에 구워진 점토판이 태양 아래 묻혀 있는 모습을 상상해 보자.[7]

그때 높은 곳에서

세상이 빚어지기 이전, 만물은 물이었고 모양이 없었다. 그뿐이었다. 만물에는 이름도 목적도 없었다. 오로지 민물과 짠물만이 구분되었다. 땅 밑 담수의 신 아프수는 바다의 잠자는 암용이자 연인 티아마트가 있는 깊은 바닷물로 흘러들었다. 둘이 합쳐진 혼돈의 소용돌이에서 처음으로 존재가 생겨났다. 두 신의 결합은 새로운 세대의 신들을 낳았다. 라흐무와 라하무, 진흙

---

7   스테파니 댈리의 1989년 번역을 바탕으로 정리했다.

과 미사였다. 이들은 열정적인 물의 결합 이후 뒤따른 고요 속에 가라앉은 비옥한 퇴적층의 신이었다. 이들도 서로 즉시 결합하여 그다음 세대의 신, 안샤르와 키샤르를 낳았다. 이 쌍둥이 신은 하늘과 땅이 만나는 지평선의 신이었다. 둘은 밤낮을 가리지 않고 함께 서서히 움직이며 끝없이 서로에게 접근하다가 동틀 녘 은은한 새벽빛 속에서, 하늘을 지배하게 될 신 아누를 낳았다.

아누는 이 당시 가장 위대한 신이었지만 더 위대한 아들을 낳았다. 냇물과 강물 사이로 흐르는, 꾀가 많은 에아였다. 에아는 때로 증조부 아프수의 지하수 속으로 들어가 증조모 티아마트의 짠 바다 품으로 흘러나오기도 했다. 어리고 기운찬 신이었다. 언제나 제힘을 시험해 보려 했던 에아는 새로 생긴 다른 신들과 하늘 꼭대기에 모여, 우주의 첫새벽에 태어난 젊은 신답게 마음껏 까불었다.

이들의 소란은 티아마트 뱃속의 짠물을 휘저어 놓았다. 뱃속이 부글부글 뒤집어지자 불편함을 느낀 티아마트는 몸을 뒤척였다. 법석을 피우는 신들 때문에 티아마트의 몸통을 덮은 비늘이 흐트러졌고 귀가 아팠지만 차마 꾸중할 수 없었다. 티아마트의 깊은 물속에서 태동한, 사랑스러운 선물 같은 존재들이었기 때문이다. 그러나 아프수는 참을 수 없었다. 제멋대로인 자식들을 없애 버리고 세상을 혼란하게 하는 무리를 제거해 고요를 되찾고자 했다. 아프수는 티아마트의 만류도 듣지 않았다. 티아마트가 간절히 막아섰지만 아프수의 속은 분노로 들끓었다.

그러나 눈치가 빠르고 영리한 에아는 이를 알아차렸다. 새로 생긴 힘에 취한 상태였지만 감각이 무디어진 것은 아니었다. 지하 세계를 흐르는 빠른 냇물과 강물은 아프수가 속삭였던 숨은 계획을 에아에게 전달해 주었다. 에아는 주문을 외워 아프수의 물에 마법을 걸었다. 마법은 늙은 신의 단물을 깊은 잠으로 흠뻑 적셨다. 아프수가 잠들자 에아는 그의 목을 베어 죽였다.

승리를 자축할 여유는 없었다. 에아는 아프수 위로 아내 담키나와 함께 살 궁전을 지었다. 궁내의 화려한 침실과 넓은 방, 탑은 에아의 교활한 잔꾀처럼 정교하게 꾸며져 있었다. 이 시원한 물속 오아시스에서 담키나는 아들 마르두크를 낳았고 마르두크는 여신들의 젖을 먹고 쑥쑥 자라났다. 마르두크의 생김새는 완벽했다. 멀리까지 잘 보이는 눈이 네 개나 있었고 네 개의 귀는 듣지 못하는 소리가 없었으며 입에서는 천상의 불이 뿜어져 나왔다. 그가 인식하지 못하거나 알지 못하는 것은 없었다. 할아버지 아누는 마르두크에게 뱀의 꼬리를 가진 바람 넷을 놀잇감으로 주었다. 마르두크는 이들을 가지고 놀면서 먼지로 돌풍을 일으키고 티아마트의 뱃속에서 폭풍을 이끌어 냈다.

아프수를 죽인 자식들을 더 이상 용서할 수 없었던 티아마트는 복수심을 키웠다. 우주 최초의 대전쟁을 계획한 티아마트는 물로 가득한 배를 열어 이때까지 창조된 그 어떤 존재보다 끔찍한, 온갖 형태의 괴물을 낳았다. 죽은 연인 아프수의 물을 씨앗 삼아 원수를 갚아 줄 군대를 낳은 것이다. 그중에는 피 대신 독이 흐르는 뱀도 있었고 용의 머리에 날카로운 엄니를 가진 반신도 있었다. 무기를 든 악마, 전갈 인간, 광포한 개, 반은 물고기거나 황소인 인간도 있었다. 그리고 티아마트는 무시무시한 아들이자 배우자인 킹구를 이들의 우두머리로 세웠다.

암흑의 군대가 결집하고 있다는 소식은 지하 세계의 시내와 급류를 타고 에아의 귀에 가닿았다. 에아는 티아마트를 찾아가 달래 보려고 했지만 티아마트의 물속에서 들끓고 있는 끔찍한 괴물 무리 때문에 돌아갈 수밖에 없었다. 에아는 신들을 모아 회의를 열고 킹구와 왕비 티아마트가 무시무시한 혼돈으로 덮쳐 올 것이라고 말했다. 신들은 번갈아 가며 티아마트의 물결을 잠재우려 애썼으나 매번 끔찍한 광경을 목격하고 벌벌 떨며 돌아왔다. 그러자 에아가 목소리를 높여 말했다. "내 아들 마르두크가 이 아버지를 위해 싸워 줄 것입니다." 신들은 환호성을 질렀고 술을 마시며 잔치를 벌였다. 신들의 몸이 자랑스러운 마음으로 부풀었다. 그들은 마르두크의 말이 곧 법이 되리라는 데 동의하며 외쳤다. "마르두크가 왕이다!"

젊은 폭풍의 신 마르두크는 화려하게 치장하고 전투를 준비했다. 몽둥이와 깃털을 단 활로 무장하고 티아마트를 붙잡을 그물도 준비했다. 독을 없애 줄 약초도 챙겼고 끔찍한 주술도 외웠다. 아누는 뱀의 꼬리를 한 네 개의 바람에 더해 거친 돌풍이 마르두크의 뒤를 따르도록 했다. 마르두크는 독을 뿜는 준마 네 마리가 끄는 폭풍 전차에 올라탔다. 가문의 신들이 전차를 에워쌌다. 왕관을 쓰고 무장을 한 마르두크는 티아마트의 권력을 처단하러 떠났다.

바다의 암용 티아마트는 마르두크가 다가오자 몸을 일으켰다. 그리고 그 뒤로 모여 선 자손들을 보고는 검은 쓸개즙을을 뱉으며 조롱했다. "신들에 둘러싸인 모습이 아주 눈부시구나, 마르두크." 마르두크는 티아마트를 노려보았다. "티아마트 여신이여, 그대의 수면은 잔잔하지만 깊은 곳에는 악의가 도사리는군요. 자식이자 신들을 상대로 음모를 꾸미고 지독한 아들 킹구를 왕으로 만들다니. 바로잡을 것입니다. 부하들은 놔두고 나와 대결합시다." 화가 치솟은 티아마트는 격한 배신감을 담아 귀가 찢어질 듯한 고음으로 날카롭게 비명을 질렀다. 그런 뒤 한발 물러서서 검은 물기둥으로 솟아올랐다. 물기둥에 마르두크의 눈에 서린 불꽃이 반사되어 반짝였다. 비늘로 뒤덮인 티아마트의 얼굴이 흰 이를 드러내며 마르두크를 휩쓸기 위해 덮쳤다. 그러나 마르두크는 그물로 티아마트의 몸을 감았고 무엇이든 삼키는 티아마트의 힘을 역이용했다. 아누가 준 바람을 티아마트의 열린 입으로 불어 넣어 괴물로 가득 찬 자궁과 분노한 물결을 잔뜩 부풀게 만든 것이다.

이어서 마르두크는 화살 한 발을 쏘았다. 이는 부풀어 오른 티아마트의 배에 단번에 명중했다. 화살은 티아마트의 심장도 꿰뚫어 빗발치던 분노와 그 안에서 소용돌이치던 고통의 물결을 잠재웠다. 강하게 몸부림치던 티아마트는 곧 축 늘어졌다. 티아마트의 슬픔이 만들어 낸 끔찍한 잡종 괴물 무리는 밖으로 튀어나와 바람에 흩어졌다. 마르두크는 자비를 베풀지 않았다. 몽둥이로 티아마트의 용 머리를 깨고 몸 깊은 곳에 있던 동맥을 끊어 짜디짠 피가 뿜어져 나오게 했다. 티아마트의 몸을 내동댕이치고 그 위에 두 다리를 벌리고 선 마르두크는 티아마트의 부하들도 위협하며 그들을 소떼처럼 밧줄로 줄줄이 엮었다. 그런 다음 느긋하게 앉아 티아마트의 거대한 시신을 보며 궁리했다. 이 괴물로 놀라운 무언가를 만들 수 있을 것 같았다.

마르두크는 생선의 배를 갈라 내걸어 말리듯 티아마트의 시신을 반으로 갈랐다. 그리고 그 절반으로 하늘을 만들었다. 각각의 신들을 위해 반짝이는 별로 사원을 지었고 입구의 가장자리는 티아마트의 갈비뼈로 장식했다. 이어서 형태가 없던 광활한 우주를 시간과 공간이라는 일정한 리듬으로 나누었다. 12개월의 1개월마다 별 세 개씩, 총 서른여섯 개가 주어졌다. 시간의 흐름은 달의 주기로 나타냈다. 초승달이 바로 티아마트의 뿔로 만든 것이다. 마르두크는 또 구름과 비도 만들었다. 그리고 바람이 그 길을 따라가도록 했다. 티아마트의 남은 절반으로는 땅을 만들었다. 악취가 나는 유방은 산이 되었고 마르두크는 이 산에 구멍을 뚫어 거친 사면으로 계곡물이 흘러 내려오도록 했다. 비늘로 뒤덮인 긴 꼬리로는 하늘과 땅을 묶어 고정시켰다. 마지막으로 티아마트의 머리를 높은 곳에 세우고 눈에 구멍을 뚫어 티그리스와 에우프라테스강의 풍요로운 물이 영원히 흐르도록 했다.

형태가 없는 세상에 형태를 부여한 마르두크는 신들에게 자신이 기거하며 지배할 도시를 만들어 달라고 했다. 그렇게 탄생한 바빌론의 문을 마르두크가 무찌른 티아마트의 부하 괴물들로 장식하였다. 마지막으로 신들은 티아마트의 아들이자 배우자 킹구를 데려가 칼로 베었다. 쏟아진 피가 땅에 흩뿌려졌다. 에아는 저항했던 괴물들의 사체에서 뼈를 가져다가 작은 골격을 만들었고 이 암흑의 재료들로 인간을 빚었다. 신과 닮은 작은 생물이었지만 일부분에만 신성이 부여되었고 나머지는 심해만큼 검었다. 이 존재들은 영원히 신 대신 노동하고 짧은 인생을 사는 내

내 신에게 조공을 바치게 되었다.

혼돈에서 질서로

실로 기괴한 내용으로 가득한 심각한 이야기이다. 근원적 신들로 이루어진 가문이 가부장을 죽이고 이에 복수하려는 어머니가 만든 괴물 군대와 전쟁을 벌인다. 표면적으로《에누마 엘리시》는 물질 세상, 인간 세상이 어떻게 도래했는지 설명해 준다. 그리고 당시 가장 강력했던 도시 국가의 폭풍 신 마르두크가 그 세상을 지배하는 일의 정당성을 주장한다. 이야기에 등장하는 신들은 분명 메소포타미아 사람들이 경험했던 특정한 자연의 힘, 즉 미사와 점토, 홍수, 폭풍우 등을 나타낸다. 그러나 이 신화를 단지 과학을 몰랐던 사람들이 만들어 낸 환상으로 치부할 수는 없다. 이것은 **인간** 경험의 기원, 인간 삶의 달고도 씁쓸한 본질에 대한 이야기이다. 앞으로 살펴보겠지만 현시대의 기원 신화인 빅뱅 이론과 달리 고대의 기원 신화《에누마 엘리시》는 좀 더 인간적인 관점에서 세계를 설명한다.

《에누마 엘리시》는 창조의 본질에 있어 중요한 지점을 이야기한다. 무엇이든 생성되기 위해서는 생산하는 혼돈 그리고 질서를 세우려는 힘이 공존해야 한다. 또한 창조는 분열과 손실을 수반한다. 이 이야기에서 혼돈은 무시무시한 용의 여신이고 질서를 세우려는 힘은 권위적인 하늘의 남신이다. 그러나 티아마트는 평범한 괴물이 아니었다. 다산의 신이며 파괴의 신이었다. 돌보는 어머니이자 열정적인 연인, 무서운 것들을 낳는 자이자 무시무시한 복수심을 가진 자였다. 삶의 동기가 되고 자연을 움직이는 강력하고 포용적인 모든 힘이다. 고대 그리스 신화 속의 가이아처럼 티아마트는 경계를 긋거나 분리하지 않고 창조했다. 미사를 이용해 유동하는 원형 신들을 만들었고 형태가 섞인 기괴한 괴물들도 만들었으며 아들을 연인으로 삼는 근친상간도 저질렀다.

  이 강력하고 어지러운 혼란은 세상에 형태를 부여하기 위해 바뀌어야 했다. 누군가 선을 그어야 했고 힘을 휘둘러야 했다. 마르두크는 힘이 넘친다. 무기를 들어 다산의 요람인 티아마트의 배를 가른다. 그런 다음 숨을 고르고 생각을 가다듬는다. 마르두크는 성마른 성격이 아니다. 마르두크가 냉정하게 티아마트의 사체 위로 다리를 벌리고 서서 어떻게 할지 궁리하는 모습은 잔인하다. 혼돈을 부위별로 가르자 티아마트가 가진 풍요의 힘도 단절된다. 티아마트는 더 이상 아무것도 창조할 수 없다. 그저 재료일 뿐이다. 마르두크의 창조에는 손실이 많다. 잠재력, 가능성, 지속성의 손실. 그 재료가 **무엇이든** 그것으로 **무엇인가**를 만들면 그 재료는 더 이상 본 모습이 아니게 된다.

이미 눈치챘겠지만 현대적인 관점, 페미니즘의 관점에서 이 신화는 악몽이다. 남성적 힘이 여신의 창조적 힘을 가차 없이 빼앗아 간다. 암용의 모습을 한 왕비가 우주를 비옥하고 근원적인 혼돈으로 채운다. 그러나 아버지 같은 신들의 지지를 등에 업은 마르두크가 위풍당당하게 전투에 임해 티아마트의 비옥한 물을 난폭하게 빼앗은 뒤 여신을 무자비하게 토막 낸다. 메소포타미아 신화가 다 이런 것은 아니다. 이슈타르와 탐무즈의 이야기에서, 세계에 질서를 세우고 자연이 규칙적인 주기에 따라 돌아가도록 만드는 쪽은 여신이다. 그러나 《에누마 엘리시》는 교묘한 선전이었다. 고대 바빌론의 수호신을 다른 도시들의 신들보다 높은 위치에 놓음으로써 지역 내에서 갈수록 커지던 바빌론의 세력에 정당성을 부여하고자 했다.[8] 반면 아수르에서 발견된

---

[8] 아시리아학자 제레미 블랙에 따르면 "마르두크 숭배의 대두는 도시 국가였던 바빌론이 제국의 중심으로 정치적으로 성장한 상황과 밀접한 연관이 있다…… 마르두크의 중요성이 계속해서 커지자 바빌로니아 창조시의 저자는 마르두크가 신들의 왕일 뿐만 아니라 다른 신들도 마르두크의 여러 양상에 불과하다고 주장할 수 있었다". 마르두크가 대체한 아수르 역시 그 이전에 알려져 있던 판본에서 에아 혹은 엔릴^{Enlil}의 역할을 대체했을 것이다. 유난히 가부장적인 메시지는 함무라비 왕의 재임(기원전 1850~1750년) 당시의 정치적 상황과 연관이 있을 수 있다. 함무라비 왕은 "백성의 아버지"를 자임했고 특별히 엄격하게 법을 변경해 여성의 권리를 심각하게 제한했다.

이야기에서는 아수르의 수호신이 주인공이다. 폭풍 신의 정체는 이야기를 하는 주체에 따라 달라졌다. 바빌론이 세력을 넓히고 매우 가부장적이며 여성 혐오적인 국가가 되면서 마르두크는 시골의 농사 신에서 신들의 왕으로 격상되었다. 《에누마 엘리시》에서 마르두크는 유연하고 보편적인 가모장제를 질서 있고 정치적인 가부장제로 바꾸어 놓는다.

저 깊은 수면 아래에

《에누마 엘리시》는 정치적 역사보다 더 깊은 곳으로 이어진다. 신화학자 조지프 캠벨은 이렇게 말했다. "셰익스피어는 예술이 자연을 비추는 거울이라고 말했는데 정말 그렇다. 자연은 나의 본성이고 신화 속의 이 모든 시적인 이미지는 내 안에 있는 무언가를 가리킨다." 신화는 우리의 내면세계를 나타내며 삶의 진실로, 그리고 잘 사는 삶으로 우리를 인도한다. 정신분석학자 칼 융도 신화와 지형, 정신의 관계에 대해 비슷하게 생각했는데 이는 《에누마 엘리시》를 해석하는 데도 적용된다. "여름이나 겨울, 달의 주기, 우기 등 신화에서 언급되는 자연 상태는 사실 실재하는 현상을 비유하지 않는다. 정신 내부 무의식에서 펼쳐지는 극적 사건들을 상징한다고 보아야 한다." 실제로 우리 정신은 상당히 극적인 현상들을 겪는다.

신화적 영역은 자연이라는 무대에 펼쳐진 인간 조건에 대한 이야기이다. 융의 제자인 에리히 노이만은 세계의 기원을 담은 신화는 인간 의식의 탄생에 관한 이야기이기도 하다고 주장했다. 폭풍 신, 땅속을 흐르는 물의 신, 바다의 용 같은 등장인물은 물질적 배경에서 차용했지만 이들은 정신 내부에서 일어나는 사건들을 연기한다. 《에누마 엘리시》는 처음에는 형태가 없다가 곧이어 경계가 그어지는 정신세계의 형성에 대한 이야기이다. 혼돈의 괴물로부터 정신적 질서가 형성되는 과정을 말한다. 혼란스러운 유아기의 경험이 어떻게 질서 있고 성숙한 의식으로 성장해 현실과 상호 작용하는지 설명한다.[9]

물은 가장 널리 퍼진 무의식의 상징이다. 태고의 물과 종말을 예고하는 홍수는 전 세계의 신화에서 나타난다. 이 연관성은 6장에서 더 자세히 살펴볼 것이다. 태초에 티아마트의 짠물과 섞이는 아프수의 단물은 아기들이 경험한다고 여겨지는 자궁

---

9 독일 심리학자 에리히 노이만은 이것이 수동적인 과정이 아니라고 말한다. 질서를 위해 싸워야 한다는 것이다. "영웅에게 가진 것을 놓지 않는 어머니 대지는 싸워 이겨야 할 용으로 보인다……용은 마치 태아를 쥐듯 영웅을 꼭 쥐고 그가 태어나는 것을 막는다." 마리루이제 폰 프란츠 같은 융학파의 다른 분석학자들도 비슷한 주장을 한다.

안 아늑한 물의 세계를 닮았다. 정신 분석학자 지그문트 프로이트는 자아가 주변의 세상과 무한히 연결되는 기분인 "대양적 느낌"에 대해 썼다. 외부 세계와 단절되지 않았고 타인과 내가 구분되지도 않는 상태이다. 이 상태에서는 시간도 경계도 없다. 엄마와 아이는 서로 완전한 연속성을 느낀다. 또 다른 정신 분석학자인 멜라니 클라인은 모유가 끊어지는 시점에 이런 연속성에 대한 착각이 갑작스럽게 깨지며 이 비극적 상실은 기억 깊숙한 곳에 남아 사라지지 않는다고 한다.

《에누마 엘리시》속의 사건은 이런 정신적 발달과 일치한다고 볼 수 있다. 적어도 아주 흥미로운 사고 실험임은 분명하다. 먼저 태곳적 물의 신들이 분화되어 바다와 구름, 호수와 강의 신으로 갈라진다. 이는 시력이 발달하고 소음에 의미가 부여되면서 정신이 세계를 구분하기 시작하는 과정과 닮았다. 이어서 티아마트가 자식에게 분노하고 복수를 꾀한다. 꿈만 같던 대양적 느낌은 난폭하게 깨지고 사랑을 주던 어머니 티아마트는 혐오스러운 용으로 변한다. 정신적인 관점에서 티아마트는 베푸는 이상적인 어머니에서 베풀지 않는 잔인한 어머니로 바뀐다. 어머니가 만들어 내는 괴물은 아이가 겪을 수 있는 결여와 상실이라는, 힘겹고도 압도적인 경험의 구체화이다. 갓난아기가 겪는 답답하고 무서운 일들은 모두 어머니의 잘못이 된다. 세상이 모든 일을 어머니 탓으로 돌린다는 것은 누구나 아는 사실이다.

이러한 상실과 함께 하늘 신, 활기찬 이성이 주도권을 쥔다. 아버지 역할을 하는 이 신은 잠재의식의 혼돈으로부터 질서 있는 정신을 이끌어 낸다. 일체감의 상실은 개인성과 경계, 구조의 자각으로 이어진다. 마르두크는 하늘에 별을 두어 시간을 재고 바람을 각자의 궤도에 올려놓으며 법칙을 만든다. 티아마트를 여러 부분으로 찢으며 모든 것을 감싸는 물 같은 존재를 이원화한다. 관성과 작용, 액체와 고체, 땅과 하늘, 지배자와 백성. 질서와 혼돈의 괴물을 가르는 이런 분리는 정신의 발달을 허락하여 외부의 끔찍한 것들과 맞설 수 있게 한다. 킹구의 피가 인간이 되는 것처럼 이것들도 우리의 일부가 된다. 인간의 일부는 신이고 일부는 괴물이자 땅이다. 신적인 부분과 괴물적인 부분의 결합을 통해 우리는 섬세하고 균형 잡힌 시각으로 세상을 볼 수 있다.

같은 방식으로 부모와 사회가 우리의 경험에 구조를 부여함으로써 초기 단계의 의식에 쏟아져 들어오는 압도적인 양의 자극이 의미를 가진다. 폭넓은 범위의 감각은 어디로 흘러가야 할지 분명한 지시를 받게 된다. 성장하면서 인간의 정신은 세상을 다루기 쉬운 단위로 논리적으로 분할하는 능력을 얻는다. 그 과정에서 유연한 창의력을 잃지만 대신 그럭저럭 기능하게 된다. 질서와 혼돈 간의 균형이 잡히면 우리는 놀라운 일들을 할 수 있다. 내면의 괴물을 잘 눌러두기만 한다면.

혼돈과 엔트로피, 창조의 근원

창조된 세계가 피할 수 없는 또 한 가지 특성은 만물이 부서진다는 사실이다. 과학에서는 이를 엔트로피라고 한다. 단순하게 말하면 모든 물질이 무질서가 증가하는 상태를 향해 계속해서 움직인다는 생각이다. 같은 원리로《에누마 엘리시》속 괴물의 세계는 해체될 위험이 들끓는다. 용의 몸을 토막 내 세상의 기초를 세운다. 그곳에 괴물의 잔해로 만들어 낸 인간을 살게 한다면, 모든 것이 계속해서 잘 돌아가도록 보장해야만 한다.[10] 마르두크가 세상을 창조하고 시간의 메트로놈을 작동시킨 직후부터 살아 있는 모든 것은 부패와 죽음의 위험에 노출되었다. 지켜보는 마르두크가 없다면 모든 것이 변할 터였다.

바빌론, 우루크, 아수르 등 메소포타미아 도시 국가들은

---

[10] 덴마크 역사가 토르킬드 야콥센은 메소포타미아에는 항상 혼돈에 대한 두려움이 있었다고 강조한다. "메소포타미아에서 자연은 가만히 있지 않는다. 온 힘을 다해 인간의 의지를 누르고 꺾으며 인간이 얼마나 하찮은지 뼈저리게 깨닫도록 만든다." 개인과 가문, 국가에 대한 우주적 의지와 법치를 지속적으로 행사하는 것이 우주적 질서를 유지하는 유일한 방법이었다.

언제나 이런 덧없는 상태에 놓여 있었다. 흙으로 빚은 도시였기 때문이다. 건축도 예술도 국가 공문서도 전부 흙이었다. 주변 땅에서 짓는 농사는 해마다 찾아오는 건기와 우기에 좌우되었다. 우기에는 홍수와 폭풍우가 토양을 다시 비옥하게 해 주었다. 무자비한 폭풍 때문에 세상이 일시적으로 엉망이 되더라도 물의 혼돈으로 되돌아갈 필요가 있었다. 폭풍 신의 대리인인 태양과 바람이 곧 넘친 물을 다스려 건기를 만들고 농사가 다시 시작될 수 있게 해 주었다. 언제 깨질지 모를 균형이었다. 이러한 주기가 지속되고 창조의 위태로운 질서가 유지되려면, 즉 세상이 제대로 돌아가려면 폭풍 신의 손이 필요했다. 세상은 언제든 다시 물과 진흙으로 돌아갈 수 있었다.[11]

   인간을 구성하는 재료 역시 심각한 결과를 낳을 수 있었다. 신들은 배신과 흙, 괴물의 피로 최초의 인간을 만들었다. 인간은 큰 결함을 가진 존재였고 자신과 상대 안에 존재하는 혼돈에 주의해야 했다. 이 혼돈은 아프수와 티아마트가 상징하는 고요하고 형태 없는 니르바나 nirvana와 다른 종류였다. 신적인 세계 질서를 뒤엎겠다는 끊이지 않는 위협이다. 이러한 혼돈을 '크라

---

11 물론 자연의 주기를 일정하게 유지하도록 돕는 신은 마르두크뿐만이 아니었다. 바빌론에서도 엔키, 닌후르사그, 탐무즈, 이슈타르 등 계절의 변화를 관장하는 신들이 등장하는 여러 다른 신화들이 전해졌다.

토제닉kratogenic' 혼돈이라고 한다. 플레이스테이션 게임 '갓 오브 워'를 해 본 적이 있다면 주인공 '크레토스(크라토스)Kratos'를 알 것이다. 신들에게 원망을 품은 크라토스는 잔인하게 복수하고자 신화의 세계를 가로지른다. 크라토스는 모든 것을 엉망으로 만들고 싶어 한다.

분별력이 뛰어난 마르두크는 반란의 위험을 없애기 위해 여러 안전 장치를 만들어 놓는다. 티아마트를 굴복시키기 전에 다른 신들로부터 충성 약속을 받아 낸다. 마르두크가 혼돈을 다스려 주기를 원한다면 그의 위계질서 안으로 들어와야 한다. 마찬가지로 크라토제닉 혼돈을 막고 문명이 존속하려면 우리 모두 사회의 규칙에 따라 움직여야 한다. 요즘에는 통치권자나 정치인을 대수롭게 여기지 않는 사람들이 더 많지만 그런 이들도 사회 질서에는 대부분 복종한다. 우리는 남들이 우리를 어떻게 생각하는지 신경 쓰고 대체로 법을 준수하며 일터에서 요구받는 일들을 한다. 종교적 규율을 비롯한 여타 도덕규범에 따라 행동하는 경우도 있다. 활발한 문명의 일부가 되어 필요한 것들을 공급받기 위해 우리는 주어진 역할을 다하고 희생을 한다. 살아남으려 협업하는, 유기체 내의 특화된 세포들처럼 말이다.

우리는 혼돈 괴물을 막기 위해 우리가 가진 잠재력을 대가로 치른다. 무엇인가를 정말 잘하려면 거기에 헌신하고 자신의 다른 부분은 방치해야 한다. **무엇이든 다** 잘할 수 있는 사람은 없다. 그래서 우리는 만족감을 주고 돈을 벌게 해 주고 세상에 기여하도록 해 주는 일, 가장 가치 있다고 생각하는 일을 하는 데 자신의 왕성한 창조적 힘을 쏟는다. 이것이 바로 인류가 만물의 유한성을 극복하고자 애쓰는 방식 가운데 하나이다. 끊임없이 창조함으로써 우리는 무질서한 세상에서 생의 주기를 유지하고 부서진 것을 교체한다.

심연을 들여다보고 있어

몇 년 전 나는 런던 중심부에 위치한 한 예술가 클럽의 흡연 공간에서 배우이자 작곡가이자 작가인 친구와 함께 있었다. 창의적이고 별난 사람들이라면 죄다 모이는 그런 광기 어린 장소였다. 말하는 도중 너무 열정적으로 손짓을 하다가 실수로 유명한 코미디언의 얼굴을 치기도 했다(그 코미디언은 매우 영국인다운 방식으로 도리어 나에게 사과를 했다). 이슬비가 내리고 우리 둘은 세상을 바로잡고 싶은 기분을 느끼는 중이었다. 좁은 천막 아래서 비를 피하며 나는 예술가의 삶이 어떠한지 물었다.

"글쎄…… 많은 사람이 중간에 살지. 익숙하고 안전한 곳. 다소 따분해도 안정된 직장이 있고 앞을 보고 나아가는. 거긴

살기 좋아. 우리는…… **이쪽으로** 완전히 치우쳐서 심연을 들여다보는 거야. 다른 이들은 무시하는 것들이 보여. 덕분에 중요한 것들을 이해하기도 해. 하지만 그 안으로 빠질 위험도 있지."

이 장을 쓰면서 나는 이 대화를 여러 번 곱씹었다. 내 친구는 재능을 포함한 그 무엇도 아쉬울 게 없는 사람이다. 그럼에도 끊임없이 애를 써야 한다. 자신의 능력을 사랑하는 동시에 그 능력으로 인해 고통받는다. 매우 창의적인 사람은 무시하지 못할 소명을 받은 사람이기 때문이다. 질서 있는 세상, 그리고 자기 자신의 정신 이면에서 몸부림치는 혼돈 괴물과 끊임없이 싸워야 한다. 마주해야 하고 먹이를 주어야 하고 통제할 줄 알아야 한다. 조심하지 않으면 지배권을 빼앗긴다.

메소포타미아 사람들이 혼돈을 바다에 사는 용으로 상상한 것은 놀랍지 않다. 모든 동물이며 그 어느 동물도 아닌 용은 자연의 모든 힘을 제힘처럼 휘두른다. 티아마트는 바다처럼 모든 것을 에워싼, 만물의 기원이었다. 창조의 동력이 되는 본질적이고도 불안정한 존재였다. 니체의 철학 소설 《차라투스트라는 이렇게 말했다》(1883)에서 주인공 차라투스트라는 선언한다. "춤추는 별을 낳으려면 혼돈을 지녀야 한다." 마법 같은 무언가를 창조하기 위해서는 내면 속 혼돈이라는 동기가 있어야 한다는 것이다. 메리 셸리는 《프랑켄슈타인》의 서문에서 다음처럼 주장했다. "발명은 무에서 나오지 않고 혼돈에서 나온다는 사실을 겸허히 인정해야 한다. 일단 재료가 주어져야 한다. 어둠과 형태가 없는 물질에 형태를 줄 수는 있지만 물질 그 자체를 존재하게 할 수는 없다." 무에서 유를 창조하기란 불가능하다. 예술품으로 빚어낼 원재료 덩어리가 필요하다. 괴물의 토막 난 사체이든 경험의 과잉이든 무엇이라도 있어야 책을 쓰거나 그림을 그리거나 조각상을 만들 수 있다.

심도 있는 창의력을 발휘하려면 바다 같은 내면에서 유독 깊은 곳을 탐험할 줄 알아야 하고 그 농도를 평가할 줄도 알아야 한다. 윌리엄 워즈워스는 시를 "압도적인 감정의 갑작스러운 범람"이라고 하며 이것이 "고요 속에 기분을 돌아보는" 데서 나온다고 했다. 시인은 잠잠한 표면을 벗겨 내 그 밑에 있는 것을 숙고함으로써 "숙고의 대상과 닮은 감정이 서서히 만들어져 내면에 실제로 존재하게" 한 뒤에야 비로소 쓰기 시작할 수 있다는 것이다. 워즈워스에게 시는 심오하고 신중한 사유와 정제되지 않은 강력한 감정 사이를 오가는 여정이었다. T. S. 엘리엇은 이런 감정의 핵을 마치 원시 용의 알과 같은 "암흑의 배아"라고 말했다.

바로 이 과정에 마르두크의 폭력이 필요하다. 진정으로 창조하기 위해서는 여러 갈래로 폭주하는 가능성이 해체되고 재

배치되어야 하기 때문이다. 창작을 할 때 우리는 지성을 사용하여 정제되지 않은 감정과 생각에 고삐를 맨다. 그리고 무자비하게 조형해 무엇인가를 만들어 낸다. (확실하지는 않지만) 파블로 피카소는 이렇게 말했다고 한다. 예술은 "형태가 지어지는 혼돈"이다. "모든 창조 행위는 일단 파괴 행위에서 시작한다"는 말도 했다. 혼돈으로는 충분치 않다. 도구를 들고 혼돈과 마주해 무엇인가로 만들기 위한 싸움을 벌여야 한다. 혼돈을 질서로 만들어야 한다.

과학에서도 마찬가지이다. 철학자 에릭 호퍼는 창의력을 "자연의 임의성에 질서를 부여하는 능력"[12]이라고 말했다. 자연은 엄청나게 복잡하고 절망스러울 정도로 변화무쌍하다. 자연 현상, 특히 생리 현상은 우리가 변칙으로 가득한 정보에서 걸러 내는 규칙에 따르지 않는 경우가 많다. 유기적인 세계를 설명하기 위해 분류학을 정립하려면 먼저 동식물의 종과 집단이 우리가 생각하듯 깔끔한 범주로 나뉘지 않는다는 사실과 마주해야 한다. 그러나 우리는 의미를 찾으려는 우리 정신의 욕구를 채우기 위해 자연에 폭력을 가한다. 용을 토막 내 용을 구성했던 짐승들을 떼어 놓는 것이다. 이렇게 하면 자연의 진정한 다양성을 이

---

12   에릭 호퍼가 말했다는 것이 중론이지만 원출처는 불분명하다.

해하는 일은 어느 정도 포기해야 하지만 그럴 만한 가치는 있다. 혼돈의 무의미는 우리를 매우 불편하게 만들기 때문이다.

현시대는 혼돈에 형태를 부여하기보다 혼돈을 제거하는 방향으로 움직이고 있다. 우리가 들여다보는 화면은 날씨와 기차 시간을, 발 빠른 음식 배달 기사가 어디까지 왔는지도 알려 준다. 뉴스와 소셜 미디어로는 단순해진 메시지를 전달받는다. 세계가 틀에 갇힌 느낌을 받을 때 사람들은 자신의 괴물과 소통할 방법을 찾는다. 일상에서 벗어나 혼돈을 찾으려는 현대인의 방식은 자신을 집어삼키기도 한다. 난폭한 비디오 게임을 하거나 테크노 파티에서 춤을 추는 일, 온라인 광장의 토끼 굴에 빠지는 일, 불법 약물로 정신을 흐릿하게 하는 일 등등.

굉장히 창조적인 많은 사람이 혼돈으로 가는 이런 지름길로 빠져 결국 매몰되었다. 심연과의 밀고 당기기는 언제나 위험하다. 폭풍 신은 닿지 못하는 티아마트의 물결 속으로 곤두박질친다는 것은 괴물을 막아 줄 그 무엇도 없는 곳으로 뛰어든다는 의미이다. 이곳에서 창의력은 완전히 소진될 수 있다. 많은 사람이 뛰어들기 자체를 거부한 채 질서 있고 익숙한 중앙에 머물고 싶어 한다. 놀랍지 않다. 반면 용감하게 심연으로 뛰어들어 괴물의 사체를 끌고 나온 사람들은 우리 모두에게 말을 건네는 경이로운 창조물을 만들어 낸다. 티아마트와 마르두크의 신화는 우리가 잠재력으로 가득한 괴물 같은 물질로 만들어졌으며 우리에게 그것을 통제할 능력이 있다고 말해 준다. 삶의 불가피한 상실을 수용함으로써 두 가지 요소를 모두 길들여야 가장 충만하고 창의적인 삶을 살 수 있다.

제3장: 미노타우로스와 미로

"미노타우로스는 미로의 존재를 정당화하고도 남는다."

호르헤 루이스 보르헤스

미노타우로스와 피카소

열두 살 무렵 가족과 함께 남부 프랑스로 휴가를 갔다가 이때껏 본 가장 괴이한 광경을 목격했다. 헤엄을 치거나 식구들끼리 티격태격 테니스 경기를 하며 며칠을 보낸 우리는 지역 문화를 체험해 보기로 했다. 투우 경기가 벌어지는 아를까지는 차로 얼마 걸리지 않았다. 우리는 원형 경기장에 놓인 나무 객석에 일렬로 들어가 앉았다. 투우사가 몸에 꼭 맞춘 화려한 브로케이드 의상을 입고 당당하게 경기장 내를 돌자 객석에도 활기가 돌기 시작했다. 아나운서가 스페인어로 관중의 호응을 부추겼다. 곧 첫 싸움이 시작되었다. 문이 열리고 황소가 모래 위로 미끄러지듯 나왔다. 나는 왠지 소가 훨씬 더 클 줄 알았다. 실제로는 황소의 어깨 높이가 투우사의 가슴 정도에 지나지 않았다. 날씬한 다리 끝에 단정한 발굽이 있었고 뿔은 치명적으로 보였다.

끝나지 않는 술래잡기였다. 투우사와 달리 황소는 이 놀이를 별로 하고 싶어 하지 않는 것 같았다. 황소가 신경을 끄고 경기장 가장자리로 갈 때마다 투우사는 화려한 동작을 하며 황소를 쫓아갔다. 처음 창이 꽂힌 장면은 충격적이었다. 투우사가 황소의 목 뒷부분 오목한 곳에 보란 듯 창을 꽂아 넣자 관객석에서 박수가 터져 나왔다. 반데리예로^{banderillero} 창의 자루에 달린 파란색과 분홍색 프릴이 화가 난 황소가 땅을 박찰 때마다 아래위로 움직였다. 황소의 옆구리로 피가 흘러내리기 시작했다.

약 10분 후 소는 온갖 창에 찔려 마치 바늘꽂이 같은 모습이었다. 소가 흘린 피는 모래 위에 자취를 남겼다. 나는 소가 움직일 때마다 살에 박힌 창 때문에 얼마나 아플까 하는 생각만 들었다. 투우사는 관객의 환호에 고무되어 발끝으로 빙 돌며 더 가열차게 공격을 이어 나갔다. 열광하는 지역민들과 불편함에 어쩔 줄 모르는 관광객들 사이에서 나는 더 보고 싶은 마음이 사라졌다. 우리는 최후의 치명타가 있기 전에 자리를 떴다.[1]

---

[1] 투우 경기는 대개 20분 정도이며 세 개의 테르시오로 이루어진 3막 비극 형태를 취한다. 세부적으로 살펴보면 매우 복잡하며 의례화되어 있고 미신적인 요소도 많다.

결국 황소가 죽게 되는 이런 코리다^{corridas} 방식의 투우는 점점 논란이 되고 있다. 놀랍지 않다. 피를 보는 스포츠는 현대인의 감성과 잘 맞지 않는다. 여전히 황소를 죽이는 투우 경기가 벌어지는 지역은 아를을 포함해도 손에 꼽는다. 아주 긴 문화적 실타래의 끝에 위치한 곳들이다. 지워 버리기에 황소 도살 의례는 너무 많은 의미를 내포하고 있으므로 지역민들은 금지 법안이 상정될 때마다 강력히 저항한다. 1923년 처음 투우 경기를 본 어니스트 헤밍웨이는 이렇게 말했다. "투우 경기는 스포츠가 아니다. 그것은 비극이며 인간과 짐승 간의 싸움을 상징한다." 투우는 인간과 다른 동물 그리고 우리 내면의 짐승들 사이 껄끄러운 관계를 극화한 것이다.

이 싸움을 최고의 구경거리로 만들기 위해 사람들은 황소를 교배하는 데에도 정성을 들인다. 헤밍웨이는 경기에 나온 황소를 보고 말했다. "믿을 수 없을 정도로 엄청난 황소다. 선사 시대를 거닐었던 거대한 짐승 같다. 엄청나게 치명적이고 엄청나게 사나워 보인다." 코리다의 세상에서 "잘 싸우는 황소는 구제불능의 아주 못된 소"라고 헤밍웨이는 덧붙였다. 반면 투우사는 완벽을 추구한다. 흠결 없는 싸움을 하려고 한다. 헤밍웨이에 따르면 "스페인 사람들이 투우사에게 할 수 있는 가장 거친 비난은 '저급한' 경기를 한다는 비난이다". '괴물'과 '영웅'이 함께 추는

춤이 의미 있는 기술이 되려면 반드시 우아해야 한다.[2]

투우 경기는 인간과 짐승의 대결처럼 느껴지지만 사냥이라고 할 수는 없다. 인간이 자신을 압도하는 자연과 마주하는 보다 단순한 행위가 사냥이라면 투우는 짜여진 안무에 따르는 전투이다. 교훈이 담긴 한 편의 이야기를 풀어놓는 투우 경기에서 소가 꼭 죽어야 할 필요는 없다. 우리 부모님이 원래 딸들에게 보여 주려고 했던 투우는 '라즈퇴르'raseteur라고 하는 방식이었다. 사람들이 황소를 뛰어넘거나 그 주변을 맴돌면서 소를 해하지 않고 피하는 형태로, 아를 고유의 투우 문화이다. 좀 더 멀리 가면 볼 수 있는 미국의 로데오 역시 목적은 같다. 카우보이들은 등을 구부리며 땅을 박차는 수소에 최대한 오래 타고 있으려고 버티는데 잘못하면 짓밟힐 수도 있다. 심지어 어린아이들도 동물

---

[2] 오늘날에도 스페인, 프랑스, 포르투갈, 멕시코, 콜롬비아, 베네주엘라, 페루, 에콰도르에서 투우 경기가 벌어진다. 휴메인 소사이어티 인터내셔널Humane Society International, HSI에 따르면 매년 18만 마리에서 25만 마리 정도의 황소가 투우 경기에서 죽지만 추정치는 정확하지 않다. 현재 멕시코시티에서는 투우가 금지되었고 콜롬비아에서도 금지 법안을 추진 중이나 지지자들이 반발하고 있다. 이 피비린내 나는 스포츠를 둘러싼 논란은 새롭지 않다. 1567년에도 교황 비오 2세가 소를 살상하는 투우를 금지했으며 이를 어길 경우 파문당할 수 있었다. 그러자 지하 투우 조직이 생겨 근근이 맥을 잇다가 다음 교황이 금지령을 취소하자 다시 공개된 장소에서 경기가 열렸다. 심지어 성일 축제의 행사로 자리 잡기도 했다. 오늘날 투우 경기 시즌은 부활절 일요일에 시작한다.

의 힘에 도전장을 내민다. 나는 콜로라도에서 유소년부 로데오, 이른바 '머튼 버스팅(양 길들이기)mutton busting'을 볼 기회가 있었다. 울타리로 에워싼 모래판에 양을 풀어놓으면 양은 당황한 나머지 하찮게 질주한다. 이 양에 올라탄 겁 없는 아이들은 떨어지지 않기 위해 양을 붙잡고 안간힘을 쓴다. 마침내 양이 아이들을 거추장스러운 감자 포대처럼 털어 낸다. 원기가 왕성한 털북숭이를 가장 오래 붙들고 탄 아이가 챔피언 머튼 버스터라는 명예를 거머쥔다.

사람들은 왜 소와 싸우려고 할까? 헤밍웨이가 말한 인간과 짐승 간의 싸움은 왜 필요할까? 인류는 언제나 짐승과 함께 그리고 짐승을 타고 살아왔기 때문에 우리와 가까운 동물에 대한 지배력을 연극하듯 과시해 왔다. 매우 밀접한 관계라야 뛰어난 전투 기술을 발휘할 수 있다. 그뿐이 아니다. 우리가 곧 짐승이다. 투우는 인간과 인간의 괴물성이 벌이는 싸움이다. 내면의 동물, 문명 안에 가두어진 동물을 어떻게 할 것이냐는 끈질긴 문제를 다루기 위한 압력 밸브가 바로 투우이다. 투우는 인간의 폭력성이 분출되는 현장이다. 투우사 영웅은 희생 제물로 바쳐질 황소, 내면의 짐승의 상징인 소를 무찌르고 관객은 카타르시스를 느낀다. 이 광경은 남유럽의 투우 도시들에서 강력한 신화로 자리 잡았다. 피비린내 나는 경기장에 거리를 두는 사람들에게도 여전히 황소 괴물이 출몰하여 상상 속을 거닌다.

남프랑스에 살면서 투우를 보았던 피카소의 머릿속에는 황소와 투우사 영웅에 대한 경외심이 자리 잡았다. 피카소는 황소를 가져다가 자신의 일부로 삼았다. 황소와 싸우는 인간들만 그린 것이 아니라 황소 인간도 그렸다. 유럽이 20세기 초기 전쟁으로 황폐해지자 피카소는 자신만의 신화를 곁들여 투우 문화와 고대 세계의 미노타우로스를 연결하는 연작을 제작했다. 바로 이것이 런던 가고시안 갤러리에서 열린 전시 〈피카소: 미노타우로스와 투우사 Picasso: Minotarus and Matadors〉(2017)에서 탐구한 주제이다. 가장 잘 알려진 작품인 〈미노타우로마키 La Minotauromachie〉(1935)에서는 근육이 울퉁불퉁한 미노타우로스가 벌거벗은 채 누워 있는 여성 위에 서서 위협을 가하는 모습을 보여 준다. 황소를 가로막은 존재는 촛불을 든 가녀린 소녀이다. 피카소의 다른 작품에서 미노타우로스는 축 늘어진 여인을 살며시 들어 배 boat 위로 옮기는 보호적이고 남성적인 힘을 보여 준다. 비참한 모습도 있다. 화살을 맞은 채 마치 태아처럼 웅크린 소를 물의 요정 나이아스 무리가 배 위에서 바라보는 작품이다.[3]

---

3   순서대로 〈미노타우로마키〉(1935, 에칭 판화, 뉴욕 현대 미술관 소장), 〈여성을 구하고 배를 타는 미노타우로스 Minotaure dans une barque sauvant une femme〉(1937, 나무판에 리폴린 페인트, 과슈, 펜, 인도 잉크, 개인 소장), 〈배를 탄 나이아데스와 상처 입

저명한 예술사가이자 피카소의 친구로, 가고시안 갤러리 전시회를 기획한 직후 사망한 존 리처드슨은 2008년에 피카소의 어두운 감성을 이야기한 바 있다. 리처드슨의 주장에 따르면 피카소는 초기에 예술 비평가들로부터 부당한 대우를 받았고 이후 비평가들을 괴롭히기를 즐겼다. 그가 모래사장에 복잡한 그림을 그려 놓으면 비평가들은 값을 매길 수조차 없는 예술이 파도에 지워지는 모습에 당황한 표정을 짓곤 했다. 피카소는 집어삼키고자 하는 에너지로 충만한 사람이었다. "약간은 흡혈귀처럼" 주변 사람들로부터 날 것의 감정을 끌어내고 싶어 했다. 또 주변 여성들의 삶을 파괴한 것으로도 악명이 높다.⁴ 깊은 관계를 줄줄이 맺고서 바람을 피우기로 유명했다. 그러나 피카소는 자신이 그린 처량한 미노타우로스처럼 "불행과 비극의 희생양"이었다고

은 짐승Barque de naïades et faune blessé〉(1937, 캔버스에 오일, 목탄; 개인 소장). 소녀가 미노타우로스를 막아선 〈미노타우로마키〉 말고도 피카소의 미노타우로스 그림에는 부드러운 여성적인 힘이 자주 나타난다. 〈소녀의 인도를 받는 한밤의 눈먼 미노타우로스Blind Minotaur Guided by a Girl in the Night〉(1934, 애쿼틴트, 에칭, 드라이포인트, 스크레이핑, 버니싱, 루이스 E. 스턴 컬렉션) 역시 그런 그림이다.

4 리처드슨은 남부 스페인에서 13세때 부터 사창가를 드나들었던 피카소의 여색과 성 편력에 대해서도 이야기했다. 프랑스 화가 프랑수아즈 질로는 1944년부터 1952년까지 피카소와 깊은 관계를 맺었다. 질로는 1962년에서 1963년까지 50개의 작품을 연이어 제작한 뒤 미로 시리즈라고 이름 붙였다. 이 연작은 심리적인 관점에서 미노타우로스와 미로의 신화를 탐구한다. 이 내용을 쓰기 8일 전, 질로는 향년 101세로 별세했다.

리처드슨은 지적한다.

피카소가 만든 여러 미노타우로스는 자신의 모습을 비추어 보는 거울의 방이었다. 오스카 와일드의 도리언 그레이는 저열한 욕구에 탐닉하면서 다락에 그림을 두고 자기 대신 나이 들게 했다. 피카소는 자신의 작은 몸에 담을 수 없는 강력한 힘을 표현하고자 우락부락한 소의 모습을 잔뜩 만들어냈다. 투우사들이 훈련 때 사용하는 황소 머리 탈을 쓴 모습으로 카메라 앞에 서기도 했다. 그야말로 미노타우로스가 된 것이다. 1960년에는 피카소 자신도 인정했다. "내가 갔던 모든 길을 지도에 표시하고 선으로 잇는다면 미노타우로스가 보일지도 모른다." 인간 피카소의 여정은 짐승의 발자취로 남았다.[5]

자신을 인간의 몸에 갇힌 반쪽짜리 짐승이라고 생각하는 사람은 많지 않지만 누구에게나 짐승의 흔적이 있다. 크든 작든, 누구나 현대 사회라는 미로에 갇히고 억눌린 짐승과 싸워야 한다. 이 장에서는 정신이라는 미로 속에 굳게 갇힌 미노타우로

---

5 1968년, 사진가 욘 밀리가 프랑스의 코트다쥐르 지방의 골프 주앙으로 피카소를 찾아갔다. 여기서 〈라이프LIFE〉지에 실릴 사진을 찍었는데, 투우사 훈련용 소머리 탈을 쓴 피카소의 이 모습은 미노타우로스에 대한 피카소의 집착을 단적으로 보여 주는 이미지가 되었다(현재 〈라이프〉 사진 컬렉션 소장). 바다를 배경으로 한 이 사진들은 크레테 섬의 해안을 헤매는 미노타우로스의 모습을 상기시킨다.

스를 다루는 방법 그리고 미노타우로스를 억누르기 위해 치러야 하는 비용을 파헤쳐 본다.

미로에 갇힌 아스테리온

피카소가 황소 인간을 그리기 얼마 전 그리스 크레테섬의 도시 이라클리온 근교의 크노소스에서는 젊은 고고학자 아서 에반스가 한창 고대 궁전 유적을 발굴 중이었다. 에반스 이전에도 여러 그리스 고고학자들이 이곳에서 발굴을 시도하였다. 그러나 그리스 고고학자들의 출신 배경에 비하면 에반스야말로 고대 유적 발굴에 관한 전형적인 20세기 영웅 서사에 어울리는 인물이었으므로, 지금도 에반스의 업적이 더 조명을 받는다.

에반스 역시 크노소스가 미노스 왕의 궁전과 미로가 있던 곳이라는 가설을 익히 알았다. 크노소스와 미노스 왕을 연결한 것은 고대 로마 작가들의 상상력이었지만 여러 세기에 걸쳐 이 믿음이 되살아났다. 그 결과 20세기 초 유럽에서 이 가설은 거의 사실처럼 받아들여졌다. 에반스는 원래 이 연관성에 회의적이었다. 고전 그리스어 문헌에서 크노소스는 언급도 되지 않았다. 그러나 크노소스 발굴 현장에서 서로 연결된 구불구불한 통로와 실내 공간들을 발견하자 그 역시 흥분을 주체할 수 없었다. 에반스의 상상력은 유적을 보고 미로와 미노스 왕의 궁전을 떠올렸다. 그는 이 신화 속 왕의 이름을 따서 새로 발굴한 유적을 미노스 문명이라고 불렀다.

에반스는 둘의 연관성에 집착했고 뒤따라온 고고학자들도 이 생각에 사로잡혔다. 그러나 미로의 흔적을 찾아 크노소스를 방문하는 일이야말로 어리석다. 이 믿음은 크레테 관광 산업의 주 수입원이기는 해도 크노소스에서 미로가 실제로 발견된 적은 없다.[6] 나는 역시 크노소스를 방문했을 때 이 사실을 잘 알고 있었다. 언덕 위에 자리잡은 유적은 하늘로 뻗어 있고 주변을 에워싼 희멀겋고 울퉁불퉁한 봉우리에는 짙은 나무들이 듬성듬성 박혀 있다. 신화 속 장소에 온 것 같은 **기분은** 든다. 나 또한 마음 깊은 곳에는 이번 장의 영감이 되어 준 미노타우로스의 냄새와 자취라도 만나고 싶은 은근한 바람을 품은 채였다. 그러나 이

---

[6] 1878년, 크노소스를 제일 처음 발견한 사람은 크레테의 상인이자 골동품 수집가 미노스 칼로카이리노스였다. 창고 두 개를 발굴했지만 땅 주인이 막아 계속할 수 없었다. 에반스는 옥스퍼드에 있는 애시몰리언 박물관의 소장 목록에 추가할 고대 크레테 동전과 인장을 발견할 수 있다는 약속에 이끌려 땅을 매입했고 발굴을 시작했다. 에반스는 또한 자연친화적인 모계 사회의 그림을 완성시켜 줄 고대 문자 체계를 찾고 있었다. 그는 크노소스에서 찾은 것들을, 자기가 찾고자 했던 것들의 관점에서 보았다. 미노스 문명에 대한 자신의 생각에 맞추어 궁전을 '복원'한 것이다. 그러나 에반스가 찾은 '미노스 문명'의 대표적인 예술 작품들은 대부분 완전히 다른 시대에 만들어졌다.

는 카프리섬에서 바다의 요정 세이레네스를 찾아 바가지를 써가면서 쇼핑가를 헤매는 일만큼이나 허황되다.

오늘날의 아를과 마찬가지로 고대 크레테의 정신이 황소로 가득했다는 사실은 의심할 여지가 없다. 궁전을 장식한 벽화와 조각상의 주제는 황소 그리고 몸부림치는 근육질의 황소를 뛰어넘는 인간들의 우아한 모습이었다. 이런 증거가 에반스의 미로 찾기에 더욱 불을 지폈다. 더 나아가 에반스는 유럽의 가장 오래된 문명 가운데 하나인 크레테 문명에 대한 가설을 세우기 시작했다. 기원전 약 1450년경까지 번성했던 크레테는 에게해뿐만 아니라 메소포타미아, 나아가 북부 유럽까지 무역 상대로 삼았고 매우 부강해져서 근방의 모든 지중해 섬들을 지배했다. 고대 문헌에 따르면 이 같은 성장은 미노스 왕의 야망과 권력 덕분이었는데 그러한 개인이 실제로 존재했는지 여부는 영원히 알 수 없을 것이다.[7]

고대의 이야기들은 왕의 궁전 아래 어두운 비밀이 숨어

---

7 미노스 왕이 처음 언급된 문헌은 기원전 약 8세기 호메로스의 《일리아스》와 《오디세이아》로 트로이 전쟁이 벌어진 시점에서 약 3대를 거슬러 올라가는 인물로 나온다. 미노스 왕은 말도 안 되게 긴 기간 동안 통치한 것으로 여겨지기 때문에 실존했던 여러 명의 왕을 가리킬 가능성도 있다. 크노소스에서 가장 정교하고 아름다운 유적은 황소 머리 모양의 라이톤(뿔잔)으로 사람을 취하게 만드는 디오니소스 신의 음료와 황소의 이미지를 결합한 의례용 술잔이다.

있었다고 말한다. 그 비밀은 돌을 쌓아 만든 통로 여러 개가 빙빙 돌거나 반대 방향으로 꺾이거나 하면서 서로 마구 뒤얽혀 있는 미로였다. 입구는 하나이고 통로는 모두 미로의 중앙으로 이어진다. 이 미로를 만든 꾀 많은 명장 다이달로스는 탈출이 불가능한 미로를 만들 능력을 가진 유일한 사람이었다. 미노스 왕은 이 미로에 사는 존재가 영원히 볕을 볼 수 없도록, 이 존재에 대해 아무 말이 나오지 않도록 하고 싶었다. 그 존재는 바로 미노스 왕의 의붓아들이었다.[8]

아이의 이름은 아스테리온이었다. "별처럼 빛나는 아이"라는 뜻이다. 하늘을 거의 보지 못하고 살았다는 점을 떠올리면 꽤나 얄궂은 이름이다. 미노스의 왕비 파시파에가 낳은 아스테리온은 눈부신 흰 소에 대한 왕비의 뜨거운 욕망의 소산이었다. 소금기 어린 바다의 물거품에서 태어난 이 소는 바다 신 포세이돈이 미노스에게 희생 제물로 바치라고 준 선물이었다. 그런데 미노스가 탐욕을 부려 이 황소를 자기가 키우던 무리 속에 숨기고 포세이돈에게는 다른 멋진 소를 바쳤다. 포세이돈은 미노스 왕을 벌하고자 왕비가 흰 소에게 참을 수 없는 욕구를 느끼도록

---

[8] 이 이야기는 내가 어릴 적 매우 아꼈던 신화 책에 실린 내용을 바탕으로 각색한 것이다. 출처: Roger Lancelyn, *Green's Tales of the Greek Heroes* (1958); Edith Hamilton, *Mythology: Timeless Tales of Gods and Heroes* (1942).

했다. 왕비는 소를 가둔 우리에서 떠나지 않고 소의 희고 매끈한 옆구리를 보며 애를 태웠다. 그러나 소와 인간이 맺어질 수는 없는 법이었으므로 왕비는 명장 다이달로스에게 도움을 청했다. 다이달로스는 파시파에를 위해 암소 모형을 만들었다. 속은 비었고 겉은 소가죽으로 감싼 이 모형을 들판 한가운데에 가져다 놓은 다이달로스는 왕비가 모형 속으로 들어갈 수 있게 도왔다. 그리고 왕비가 사랑하는 황소와 수상쩍은 환희의 시간을 보내는 동안 이를 모른 척했다.[9]

    이 둘 사이에서 태어난 아기는 몸은 인간, 머리는 황소인 괴물이었다. 아이는 남들의 눈이 닿지 않는 곳에서 빠르게 성장했고 곧 난폭해졌으며 인간답지 않게 힘이 세졌다. 그래서 미노스 왕은 젊은이로 성장한 괴물을 미로의 어둠 속에 가두었다. 보이지 않는 괴물이 울부짖는 소리만이 궁전 바닥을 미약하게 울렸다. 하지만 괴물에게 먹이는 제공해야 했으므로 9년마다 아테네의 젊은 남녀 열네 명이 배에 실려 왔다. 미노스 왕의 군대가 요구한 조공이었다. 공물로 온 젊은이들에게는 첫날 밤 진수성

---

[9] 미노스 왕의 어머니 에우로파도 페니키아의 아름다운 공주였는데 황소로 둔갑한 제우스에게 붙잡혀 바다를 건넜고 크레테 해안에서 제우스와 잠자리를 했다. 미노스의 왕비까지 황소와 사랑에 빠진 것은 잔인한 아이러니였다. 파시파에는 태양신 헬리오스와 마녀요정 키르케의 딸이다.

찬을 베풀고 꽃 장식을 선물하는 등 융숭한 대접을 해 주었다. 다음 날 그들은 미로 입구의 돌문을 마주하고 벌벌 떨어야 했다. 어둠에 파묻히기 직전 마지막으로 보는 광경이었다.

뒤엉킨 통로로 들어오는 존재들을 감지한 아스테리온을 상상한다. 그 고약한 어둠 속에서 벼려진 아스테리온의 감각은 아주 작은 변화도 느낄 수 있었다. 돌에 간 금이 지독히도 천천히 벌어지는 소리, 쥐들이 달아나며 일으킨 작은 먼지 바람까지도. 아스테리온의 눈은 어둠에 적합하지 않았지만 보드라운 검은 귀는 인간들을 사로잡은 공포의 미세한 메아리를 포착했다. 축축한 코는 희미한 체취도 일일이 들이마셨다. 미로에 갇혀 흐르지 않던 공기는 젊은이들이 들어선 순간 유독한 공포의 땀 냄새로 진동했을 것이다. 아스테리온은 사냥에 나서지 않았다. 그들이 제발로 올 터였으니까. 미로의 모든 통로는 중앙으로 이어졌다. 달아나려던 제물은 방향 감각을 상실했고 두려움을 향해 직진했다.

미로에 갇힌 지 21년이 지났을 때 미노타우로스는 미로의 입구가 세 번째로 쿵 닫히는 소리를 들었다. 익숙한 공포의 향기가 났다. 그러나 그 공포 속에는 또 다른 게 있었다. 의도였다. 처음으로 그의 분노에 불길한 예감이 섞였다. 무언가가 그를 잡으러 오고 있었다.

바로 포세이돈의 아들이자 아테네 왕의 의붓아들 테세우스였다. 아테네 사람들을 미노스 왕의 폭정으로부터 해방할 작정이었던 테세우스의 손에는 미로에서 빠져나올 비법이 있었다. 아스테리온의 아름다운 이복누이 아리아드네가 준, 피처럼 붉은 실이 감긴 실꾸리였다. 전날 밤 만찬에서 춤을 추던 젊은 왕자를 본 아리아드네는 사랑에 빠졌고 테세우스를 잔인한 운명으로부터 구해 내기로 결심했다. 술에 취한 사람들이 소란을 피우는 틈을 타 테세우스 곁으로 다가간 아리아드네는 따뜻한 향기로 그를 감싸더니 손안에 실꾸리를 쥐어 주었다. 아리아드네는 테세우스에게서 자신을 멀리 데려가 주겠다는 약속을 받은 뒤 탈출의 열쇠를 건넸다.

다음 날 아침 미로의 입구가 열렸다. 다른 아테네 젊은이들이 두려움에 떨며 어둠 속에서 움칫거릴 때 테세우스는 실끝을 입구에 단단히 묶은 다음 실꾸리를 풀면서 어둠 속으로 걸음을 옮겼다. 이 선명한 빛깔의 실은 테세우스의 발걸음을 따라 괴물의 잠자리가 있는 곳까지 이어졌다. 이윽고 괴물을 무찌르고 피를 뒤집어쓴 테세우스는 다시 실을 따라 밝은 곳으로 나왔다. 젊은이 열넷은 돌로 된 문을 천천히 움직여 열고 밤의 어둠을 가르며 몰래 항구로 갔다. 어두운 미로의 정중앙, 모래 바닥에 쓰러진 검은 둔덕은 움직이지 않았다. 아스테리온의 두 눈은 뿌옇게

변하더니 서서히 어두워졌다.[10]

미노타우로스와 재해석된 신화

수천 년에 걸쳐 되풀이되면서도 본질을 잃지 않는다면 그 이야기는 신화가 된다. 신화 속의 괴물도 그렇다. 계속해서 재생산되며 긴 세월이 지난 후에도 여전히 알아볼 수 있다. 미노타우로스는 아마 3천 년 이상 되었을 것이다. 괴물이 되기에 적당한 나이다. 미노타우로스는 기원전 1천 년부터 길고 화려한 삶을 살았다. 플루타르코스나 디오도로스도 그리스 역사와 시 속에서 미노타우로스를 이야기했다. 오늘날의 재해석에서는 고대 작가들의 무뚝뚝한 묘사에 살을 붙이고 있지만 괴물 자체는 크게 변하지 않았다. 미로 속 황소 인간의 무엇이 우리의 관심을 끌었고

---

10 테세우스는 여기서부터 꽤나 형편없어진다. 그는 아테네에 가는 도중 들른 낙소스섬에서 아리아드네를 버렸거나 잃어버렸다. 디오니소스가 잠든 아리아드네를 보고 사랑에 빠져 데려갔다. 게다가 테세우스는 목적을 달성해 아테네 젊은 남녀들을 데리고 돌아갈 때 음침한 검은 돛을 흰 돛으로 바꾸어 달기로 의붓아버지인 아테네의 왕 아이게우스와 약속했지만 이를 깜빡한다. 테세우스의 복귀를 간절히 기다리던 아이게우스 왕은 검은 돛을 보고 테세우스가 죽었다고 생각해 절망에 빠져 바다에 뛰어든다.

계속해서 끌고 있다.[11]

에게 문명 학자 니콜레타 모밀리아노에 따르면 미노타우로스는 19세기 에반스의 발굴 작업 이후 시작된 크레테의 미노스 문명에 대한 폭넓은 집착의 일부분이었다. 피카소와 지그문트 프로이트를 포함해서 예술가와 작가, 사상가 들을 골고루 사로잡은 이 열렬한 관심에는 '크레토마니아'라는 이름이 붙었다. 모밀리아노는 이러한 관심이 크레테의 미노스 문명에 대한 **환상**에서 나왔지 물증에서 나오지 않았다고 지적한다. 신화는 그 어떤 역사보다 더 많은 것을 제공하기 때문이다. 그의 설명에 따르면 "미노타우로스 이야기는 다른 그리스 서사와 (그리고 그리스 외 서사와) 마찬가지로 다양한 시대와 다양한 맥락에서 다양한 인간 조건의 양상을 설명하기 위해 끊임없이 재해석되었다".

크레테의 미노스 문명 신화에 역사적 현실을 견주려는 시도는 많았다. 신화를 들으면 그 이야기가 어디서 나왔는지, 씨앗이 된 구체적인 현실이 무엇인지 궁금한 법이다. 6장에서 살펴볼

---

11 카툴루스나 오비디우스 같은 이후의 로마 작가들도 미노타우로스 이야기를 전한다. 현대에 재해석된 사례로는 호르헤 루이스 보르헤스가 쓴 《아스테리온의 집 House of Asterion》, 2016년 캐서린 눈이 연출하고 게티 빌라에서 상연된 연극 〈아스테리온 Asterion〉이 있다. 데이비드 엘리엇의 2017년작 《황소 Bull》는 어두운 유머를 가미한 운문 소설로 청소년을 위한 작품이다.

바다 괴물 이야기의 경우에도 그렇지만 빵 부스러기를 따라가 호기심을 해결하고 싶은 충동은 물리치기 힘들다. 미노타우로스 이야기가 과거 실제로 있었던 일과 연결되었을 가능성을 언어적으로 규명해 볼 수도 있다. '미노스'가 '파라오'처럼 '왕'을 가리키는 단어였을 가능성과 마찬가지로 '미로(라비린토스)labyrinthos' 역시 언어 유희일 가능성이 있다. 양날 도끼 라브리스labrys는 크노소스 궁전의 문간 위에 흔하게 나타나므로 미로는 '양날 도끼의 집'이라는 뜻일 수도 있다. 그러나 모밀리아노는 이 관점을 인정하지 않는데 석공들이 남긴 라브리스가 크노소스에 국한되지 않았기 때문이다.[12]

신화와 미노스 종교가 연관되었을 수도 있지만 증명하기는 매우 어렵다. 신화학자 조지프 캠벨은 파시파에 왕비와 황소 애인의 이야기가 미노스 종교 전통을 신화화한 것으로, 달의 여신과 우주적 황소의 결합을 의미할 수 있다고 생각한다. 미노스의 생활상 전반과 마찬가지로 우리는 미노스인들이 행한 종교적

---

12 모밀리아노는 크레테의 미노스 문명을 '증명'하려는 사람들이 제시하는, 헤로도토스나 투키디데스의 역사 같은 고대 후기의 오래된 기록마저도 '크레토마니아'의 초기 형태에 지나지 않는다고 지적한다. 크레테에서 사용한 문자는 선형문자 A와 B인데 선형 문자 A는 번역이 불가능하다. 선형 문자 B의 경우 이후 그리스 본토에서도 사용했으며 번역이 가능하다.

의식에 대해 아는 바가 매우 적기 때문에 캠벨의 말이 사실인지 판단하기는 조심스럽다. 캠벨은 유력해 보이는 가설을 만드는 데 탁월한 능력이 있었으므로 사실일 가능성도 있다.[13]

미노타우로스의 울부짖음이 섬 아래에서 일어나는 지진 활동으로 인한 울림이고 그것이 생동하는 자연 배경 속에 묻힌 짐승이라는 상상을 낳았다고 해석하기도 한다. 또한 미노타우로스는 짐승 같은 사람이었을 수 있다. 그리스 철학자 플루타르코스는 파시파에 왕비와 불륜을 저질렀던 타우루스 장군에 대해 기록을 남겼다. 아테네의 젊은 남녀는 크레테에서 열리는 경기의 상품이었던 노예를 의미하고 이 경기에서는 늘 당연하게 타우루스 장군이 이겼다고 한다. 그는 상으로 얻은 노예들을 자신의 쾌락을 위해 잔인하게 부렸는데 칼리굴라 황제도 능가할 정도였다고 한다. 플루타르코스의 이야기에 따르면 타우루스는 마

---

13   캠벨의 설명에 따르면 "황소는 달의 짐승이다. 차고 기우는 달은 밤이슬의 마법으로 초목을 되살린다. 조석의 주인이자 생산적인 땅의 힘을 다스리고 여성 그리고 자궁의 리듬을 다스린다". 역사 소설가 로버트 그레이브스 역시 '미노스'가 "기원전 2000년대 초 크레테를 다스렸던 그리스 왕조의 왕명"이었을 수 있다고 말한다. "각 왕은 달의 신을 섬기는 크노소스의 여사제와 혼인 의식을 치러 여신으로부터 '달의 존재'라는 지위를 받았을 것이다." 그레이브스는 심지어 '크레테'Crete라는 지명도 "강한 여신 혹은 지배하는 여신이라는 의미"의 그리스어 크라테이아crateia에서 왔을 수 있다고 한다. 이것은 미노스 신화에 가부장제에 의한 정치 권력 탈취라는 의미를 부여하는 해석이기도 하다.

침내 레슬링 경기에서 젊은 영웅 테세우스에게 패배했다.

사실 미노스 유적에는 딱히 미노타우로스라고 할 만한 그림은 없다. 유적에서 발견된 소수의 인장과 동전에 황소 인간이 그려져 있었을 뿐이다. 그러므로 아마도 이 괴물은 신화 속 고향과는 먼 곳에서 만들어졌을 것이다. 고대 그리스인들이 미노타우로스를 만든 동기는 무엇일까? 독재 권력의 몰락을 상징할 수도 있다. 미노스인들은 오랫동안 에게해의 자원을 착취해 왔는데, 신화 속에 나오는 젊은 아테네 남녀들로 이루어진 피의 조공이 바로 이런 자원 착취를 의미할지도 모른다. 화산 폭발의 영향으로 약해진 크레테의 미노스 문명은 기원전 1450년경 그리스 본토에서 온 미케네군에 점령당했다. 그러므로 젊은 아테네 영웅의 손에 죽는 미노타우로스가 그리스 본토에서 온 병력에 함락된 고대 크레테를 상징한다고도 보인다.

이 중 무엇이 진실인지, 아니면 전부 진실인지 알 도리는 없다. 역사적 사건은 신화와 달리 세월을 잘 이겨 내지 못한다. 오히려 역사 속에서 단서를 찾으려는 노력이 시간을 초월한 미노타우로스의 힘을 무시한다. 미노타우로스가 문학 속에서 갖는 상징적인 의미가 더욱 많은 점을 시사한다. 오비디우스의 《변신 이야기》에서 아스테리온의 황소 머리는 미노스가 쓴 수치스러운 판토마임(무언극) 가면이고 미노스를 조롱하는 장치이다.

오비디우스는 미노스의 "불명예가 커졌다. 흉측한 이 혼종 야수는 왕비의 저속한 간음을 만천하에 선언하고 있었다"라고 썼다. 엄격한 로마 철학자 세네카는 "괴물을 낳은" 파시파에가 "음탕한 행위로 자신을 더럽혔고" 그 "악행이 혼종 아기의 짐승 같은 모습에서 드러났다"고 썼다.

한참 후 14세기에 단테 알리기에리는 《신곡》의 〈지옥〉편 제12곡에서 미노타우로스로 하여금 지옥의 일곱 번째 고리를 지키게 했다. 이 존재는 불타는 피의 강을 지키는데 난폭한 죄를 지은 죄인들이 이 강에서 영원히 타오른다. 단테와 베르길리우스는 지옥 관광 중 박식한 대화를 나누다가 미노타우로스를 보고는 말을 멈춘다. 둘은 뿔까지 달린 이 우락부락한 덩치 곁을 지나가기 위해 미노타우로스의 화를 돋운다. 짜증이 솟구친 미노타우로스는 자신의 살을 물어뜯고 터무니없는 분노로 으르렁거리느라 침입자의 존재도 까맣게 잊는다.

미노타우로스의 끈질긴 힘은 동시에 여러 의미를 가진다는 데 있다. 그는 욕정, 분노, 화뿐만 아니라 그 뒤를 따르는 불명예와 수치도 상징한다. 우리는 모두 이와 같은 충동을 가지고 있지만 타인과 그리고 나와 잘 지내기 위해 충동을 억누를 방법을 찾아야 한다. 미로는 이러한 문제에 하나의 해결책을 제시한다.

미로와 실꾸리

미로는 속을 알 수 없는 미노타우로스의 주둥이 뒤에 무엇이 있는지 이해하도록 길을 열어 준다. 미로는 인간이 그림을 그리기 시작한 이래로 유구하게 신비로운 의미를 지녀 왔다. 그 형태도 똬리처럼 감긴 동물의 내장이나 거미줄의 그물망과 닮아 자연적이다. 선사 시대 동굴 벽화에도 소용돌이 모양의 나선이 그려져 있다. 1장에서 보았듯 이는 샤먼의 환시에 나타났던 형태일 수도 있다. 복잡다단한 미로 문양은 온갖 곳에서 나타난다. 만다라부터 연금술 기호, 시골 저택의 산울타리 미로, 파리 노트르담 대성당의 장미를 닮은 창까지. 논리적 사고의 선형성이 제거된 구불구불하고 복잡한 길로 우리를 이끈다. 그러나 어떤 길을 택하든 모두 중앙으로 이어진다. 미로는 사실 미로가 아니라 한 지점으로 가는 수많은 길이다.

미로의 영적·명상적 쓰임을 논하는 책은 수없이 많다. 예술가 리즈 심슨은 이렇게 썼다. "미로는 영적 발달과 완성을 향한 우리의 인생 여정을 보여 주는 원형, 혹은 주제로 누구에게나 각인되어 있다." 미로는 미지에 대한 복종이나 변화하는 삶의 여정을 상징한다. 혹은 잃어버린 어린 시절을 되찾거나 자연의 그물망 속에서 다시 제자리를 찾는 등 자아 성찰을 위한 정신 깊은 곳으로의 탐험을 반영할 수도 있다. 미로로 들어가는 일은 어떤 방식으로든 변화한 모습으로 다시 태어나는 여정이다. 이 변화는 내부로 들어가 거기 있는 것과 마주하는 데서 온다.

미노타우로스의 미로는 단지 자기 변화를 위한 명상의 도구가 아니다. 그 안에는 사람을 잡아먹는 괴물이 있다. 명장 다이달로스가 만든 것은 탈출이 불가능한 감옥이었고 그 감옥을 만든 이유는 괴물을 보이지 않는 곳에 산 채로 가두기 위해서였다. 그토록 똑똑한 다이달로스조차 미로를 만들면서 길을 잃을 뻔했다. 미로에 들어간 테세우스가 나올 수 있다는 보장은 없었다. 모든 길은 안으로 이어졌을 뿐, 밖으로 이어지는 길은 없었다.

미로의 이리저리 꼬인 통로들은 정신 깊은 곳의 뒤틀린 지형을 나타낸다. 프로이트는 종종 잠재의식을 방향 감각을 상실하게 만드는 미로에 비유했다. 정신적 방어 기제가 중앙에 있는 괴물들을 막고 있다는 생각이었다. 작가 루스 파델은 미로가 "땅속에 숨은 난폭한 황소 같은 자신의 부끄러운 모습"을 숨기고 있다고 했다.[14] 다이달로스가 만든 라비린토스는 정신적 지형 속에 지어진 화려한 구조물의 은유, 잠재의식 속 괴물에 대항하는

---

14 "프로이트의 무의식과 정신적 억압의 발견은 에반스의 크노소스 발굴과 시기적으로 그리고 언어적으로 기이하게 일치한다"고 파델은 주장한다. 이 시기는 "과학이 인간 정신을 그리스 신화에서 나타나는 양상에 따라 정리하고 정의한" 시기였다. '다이달로스'는 그리스어로 '능숙하게 빚어진' 사람이라는 뜻이다.

방패였다. 천재적인 장인은 의식을 상징한다. 어두운 중심부 주변으로 이성적 방어물을 세우는 지성이다. 그 정신적 공간의 내부 깊은 곳에서, 문명화된 인류는 밖으로 내보내기에는 너무 큰 위협인 어떤 원시적이고 동물적인 것에 굴복한다.

이런 방어물은 얼마나 효과적일까? 욕정이나 분노와 같은 감정은 정신 속에서 횡포를 부린다. 간단히 가두거나 무시할 수 없다. 먹이를 주거나 마주해야 한다. 미노스는 직접 괴물과 상대하지 않고 인간을 먹이로 보내 괴물의 식욕을 채워 주려 한다. 미노타우로스는 젊은 남녀를 뜯어먹기 전에 먼저 겁을 준다. 괴물은 라비린토스 안의 폭군이다. 그러나 동시에 포로이다. 그는 자기 자신의 동물적 충동과 함께 갇혀 더욱 괴물이 되어 간다. 바로 이 지점에서 코리다 투우가 필요하다. 괴물의 힘을 약화해서 다시 굴복시키는 것이다. 투우는 잠시나마 내면 깊은 곳에 도사린 본능을 채워 준다. 그러나 피의 공물은 임시방편일 뿐이다.[15]

우리 자신의 이런 부분들을 가두고 피하면 더 무시무시해지고 더 굶주린 상태가 된다. 이는 1980년 스탠리 큐브릭이 스티븐 킹의 소설을 바탕으로 제작한 영화 〈샤이닝〉에서도 드러난다.

---

15 라비린토스를 미노스가 크노소스에 지은 궁전 그 자체로 보는 이야기도 있다. 그가 "여생을 빠져나올 수 없는 미로 속에서" 보냈으며 "그 중심에는 파시파에와 미노타우로스를 숨겼다"고 말한다. 불명예라는 미로에 갇힌 것이다.

잭 니콜슨이 연기하는 잭 토런스는 무명작가이다. 그는 가족을 데리고 오리건주의 외딴 오벌룩 호텔로 간다. 잭이 맡은 일은 겨우내 호텔을 관리하는 것으로, 따분한 일상으로부터의 반가운 탈출구였다. 여기서 잭은 작가이자 아버지로서 이중으로 실패한 자신을 잊을 수 있다. 토끼굴처럼 얽힌 호텔은 물리적으로 불가능해 보이는 규모를 자랑하고 주위로는 거대한 산울타리 미로가 있다. 그러나 얼음 속에 갇힌 이 구불구불한 감옥에서 잭은 "무엇인가 **해낼** 것 같은" 기분이 든다. 그는 고립된 상태를 즐기며 키보드를 맹렬하게 두들긴다. 아내와 어린 아들이 힘겹게 호텔을 돌보는 동안 잭은 점점 야성을 드러내기 시작한다.

킹의 소설도 호러물이었지만 큐브릭의 영화는 더 섬뜩하다. 융의 정신 분석 이론에 나오는 원형으로 가득하다. 오벌룩 호텔에는 귀신들이 산다. 복도에는 그 유명한 쌍둥이 소녀가 있다. 과거로 돌아간 듯한 화려한 파티와 눈치 빠른 바텐더가 있고 가족을 죽인 전 관리인도 있다. 237호 욕실에서는 옷을 벗은 아름다운 여인이 이내 시체로 변해 낄낄거린다. 영화에서 이들은 호텔에 머무는 사람들의 정신에서 비롯된다. 잭의 아들이 가진 능력인 "샤이닝", 즉 살해당한 소녀들과 피의 강을 보여 주는 텔레파시 같은 통찰은 트라우마에서 유래했다. 잭의 아내는 터무니없는 말이 끊임없이 반복되는 남편의 원고를 발견한다. "일만 하고 놀지 않으면 잭은 따분한 사람이 된다." 잭이 오벌룩 호텔에 온 목적이 글쓰기가 아니라는 점이 명백해진다. 잭의 진정한 바람은 내면의 미로 저 깊이에 풍덩 빠져 괴물이 되는 것이다. 잭은 그곳에 "영원히" 머물고 싶어 한다.[16]

그리고 실제로 그렇게 된다. 등장인물들은 호텔의 복잡한 통로에 갇히고 호텔은 잭의 지배 아래 놓인다. 호텔은 잭의 내면에 있는 무언가를 풀어놓는다. 산울타리 미로의 모형 위에 선 잭은 그것을 보고 있는 동시에 거기 빠져 있다. 잭의 광기는 시간이 지남에 따라 서서히 고조되고 분노나 혼란, 입에 문 거품 등과 함께 격렬하게 폭발한다. 영화의 최고조는 괴물과의 마지막 대결로, 잭의 가족이 괴물의 목표가 된다. 잭이 도끼를 들고 화장실 문을 부수는 동안 아내가 공포에 질려 비명을 지르는 장면이 이 영화의 가장 대표적인 장면이다. 잭은 이어서 가족을 구하러 오는 호텔 주방장을 살해한 뒤 광분한 상태로 눈으로 뒤덮인 미로

---

[16] 스티븐 킹은 큐브릭이 만든 영화를 좋아하지 않았다고 알려져 있다. 〈샤이닝〉은 비평가들을 집착하게 만들었다. 영화의 '진정한' 의미를 이해하기가 불가능하다고 느낀 비평가들은 괴로웠다. 여러 가지 해석이 가능하기에, 이론가들은 큐브릭이 제공한 시각적 단서를 세부적으로 분석하며 끝없이 미로 안을 헤맨다. 홀로코스트의 악몽일 수도 있고 미국 엘리트층에 대한 사회 비평일 수도 있으며 신화의 재구성일 수도 있다. 아마도 이런 모호함이자 다면적인 울림이 이 영화를 더욱 공포스럽게 만드는지 모른다.

안에서 제 아들을 추격한다. 아들은 눈에 남긴 발자국으로 잭을 속여 그를 피한다. 다음 날 아침, 히죽 웃으며 하늘을 바라보는 잭의 몸은 굳어 있다. 미노타우로스 인간은 영영 미로 속에 얼어붙어 버렸다.

큐브릭의 영화에는 여러 해석이 있다. 그러나 내 관점에서 이 영화는 미로가 괴물을 만든다는 이야기이다. 미로는 우리가 문명화된 삶을 살 수 있도록 우리의 괴물 같은 부분들을 억제하는 지성의 산물이다. 미로는 우리가 성장하고 나이들수록 더 복잡해지고 괴물을 더 깊은 곳으로 묻거나 심지어 더 강하게 만들기도 한다. 그러나 우리가 미로와 괴물에서 모두 벗어날 수 있다면 좋지 않을까?

정신적 미로로 들어간다는 것

아르헨티나 작가 호르헤 루이스 보르헤스가 쓴 미로 이야기 《아스테리온의 집》(1947)에서 달변이면서 문맹인 미노타우로스는 갇히지 않았다. 미로가 그의 집이다. 한번은 밖으로 나가 보기도 했지만 만나는 모든 사람들이 겁에 질렸으므로 그는 안전한 미로로 되돌아왔다. 자신의 집에서 미노타우로스는 빈둥거리며 궁전을 송장으로 장식하거나 하는 시시한 영주이다. 불빛 아래에 서면 그가 변종임이 드러난다. 예를 갖추는 사교계 내에 그가 있을 자리는 없다. 고독과 끊이지 않는 마음속 독백에 맥이 빠진다. 그래도 생각 많은 이 괴물에게는 희망이 남아 있다. "고독은 고통스럽지 않다. 구원자가 있음을 알기 때문이다 …… 그가 나를 방과 문이 적은 곳으로 데려갔으면 좋겠다. 나는 자문한다. 나의 구원자는 어떻게 생겼을까? 소일까, 인간일까?"

보르헤스에게 미로 속의 황소는 인간 조건을 형상화한다. 황소는 자기 자신만의 정신이라는 미로에 갇힌 개개인의 경험을 반영한다. 미로는 인간을 난해한 세상으로부터 떨어뜨려 놓고 보호해 준다. 미노타우로스를 구원할 이가 누구인지는 명확하지 않다. 구원자가 남이 아니라 그 자신일 수도 있지만 그는 여전히 구원을 기다린다.[17]

어떻게 하면 우리 정신 속의 미로, 그리고 그 안의 괴물로부터 벗어날 수 있을까? 한 가지 방법은 미로를 더욱 견고하게 만들고 괴물을 더 깊이 가두는 것이다. 다른 방법은 미로 속으로 몸을 던져 그 안의 괴물을 만나는 것이다. 이것은 위험한 과제이다. 내 안에 사는 괴물과의 만남은 무서운 일이다. 테세우스는 아

17　보르헤스의 이야기는 인간 생과 구원의 갈망에 대한 비유로 읽을 수 있다. 저자는 영웅과 괴물의 적대 관계를 뒤집어 둘의 싸움을 해방으로 향하는 길의 정점에 놓았고 미노타우로스는 이 순간을 애타게 기다린다.

리아드네가 준 선명한 실의 도움을 받아야 했다. 실타래가 없었다면 그 역시 다른 포로들과 마찬가지로 뒤얽힌 통로 안에서 스러졌을 것이다. 정신의 복잡한 내부를 탐험하고 거기 있는 것과 마주하려면 신중하게 인내심을 가지고 인도해 줄 누군가 필요하다. 또한 다시 바깥세상으로 나갈 방도도 알아야 한다. 프로이트는 보통 사람의 경우 해답은 정신 분석이라고 했다. 그는 1927년 인터뷰에서 이렇게 말하기도 했다. "정신 분석은 삶을 단순하게 만들어 줍니다. 우리는 분석 이후 새로운 합에 이르게 됩니다. 정신 분석은 길을 잃고 뒤얽힌 충동을 풀어 주고 원래 있어야 할 타래에 감아 줍니다. 바꿔 말하면 우리가 우리 자신의 무의식이라는 미로에서 탈출할 수 있는 실을 제공합니다." 그러나 도중에 미노타우로스와 싸워야 할 때도 있다.

아나이스 닌의 자전적 소설 《미노타우로스의 유혹Seduction of the Minotaur》에서 릴리언이라는 여성은 자아 발견을 위한 여정을 떠난다. 풍성하고 깊은 통찰이 담긴 소설이지만 닌의 가장 인기 있는 소설은 아니었다. 자기 분석의 과정 만큼이나 복잡했기 때문이다. 릴리언은 자기 자신에게서 벗어나고자 멕시코로 여행을 떠났고 어려움을 겪는 의사와 사랑에 빠진다. 이 인연으로 인한 고통과 힘겨움 속에서 릴리언은 자신 그리고 자신의 과거와 마주해야만 한다. 미로 안으로 들어가는 것이다. 그리고 릴리언은 발견한다. "미로의 구불구불한 길은 환멸이 아니라 탐험하지 않은 차원을 드러냈다. 영혼의 고고학자들은 결코 빈손으로 돌아오지 않는다." 그때까지 릴리언은 "자신을 집어삼킬 미노타우로스를 만나기가" 두려웠다. 그러나 "마침내 마주한 미노타우로스는 익숙한 모습이었다. 괴물이 아니었다. 거울에 반사된 모습이었다…… 릴리언 자신이 알고 있지 못했던, 가면 뒤의 숨겨진 자신의 일부. 그 일부가 릴리언의 행위를 지배하고 있었다". 이 여정을 통해 릴리언은 자기 자신으로 되돌아올 수 있었다. 괴물과 친구가 된 것이다. "릴리언은 더 이상 자신을 해칠 수 없는 폭군을 향해 손을 내밀었다."

미로로 들어가는 일은 성장에 꼭 필요한 일이기도 하다. 어렸을 때 무의식의 괴물들은 안전하게 가두어져 있지 않다. 수치심과 지성이라는 견고한 통로로 아직 에워싸이지 못한 강력한 감정과 욕구는 세상의 냉정한 현실과 충돌한다. 현실은 기이하고 부당하게 느껴진다. 짐 헨슨의 1986년 컬트 영화 〈라비린스 Labyrinth〉는 청소년기 내면의 괴물이 어떻게 어른들의 현실과 화해하는지 탐구한다. 열여섯 살 사라에게 세상은 "불공평"하다. 친구들과 나가 놀고 싶지만 집에서 어린 동생을 돌봐야 한다. 사라는 동생이 사라지기를 간절히 빈다. 데이비드 보위가 연기하는 고블린 왕 제러드가 사라의 기도를 들어준다. 동생을 데리고

가 버린 것이다. 나일론 의상을 입은 매혹적인 제러드는 미노타우로스의 다른 모습으로, 사라의 이기적인 욕망을 들어주는 존재이다. 사라는 제러드의 미로 속에 사는 터무니없는 괴물들과 장애물을 헤치고 동생을 찾아와야 한다. 고블린 왕은 동생을 포기한다면 영원히 사라에게 충성하겠다고 유혹한다. 그러나 사라는 미로 밖으로 나와 의무를 다해야 하는 안전한 일상으로 돌아온다. 미로에서 만난 괴물들은 친구로 남는다.

대부분의 경우 정신적 미로로 들어가는 여정은 한 번에 끝나지 않는다. 우리 자신을 다듬는 긴 과정 동안 우리는 미로로 여러 번 돌아가서 다양한 괴물과 마주해야 한다. 때때로 이런 여정은 위기의 순간, 이별, 죽음, 배신 등의 재앙 같은 상황에 불현듯 찾아온다. 그런 사건은 세상을 견디기 힘들게 만들고 우리를 내면으로 몰고 가 거기에 있는 것과 마주하게 한다. 인생은 이런 일들을 반복해서 투척한다. 우리는 매번 두려움에 떨면서도 다시금 내면의 엉킨 미로를 풀어 우리의 미노타우로스를 조명하려 시도한다. 그리고 내 자신에게 입증할 기회를 얻는다. 나는 생각보다 괴물 같지 않다고.

2부

자연과 괴물

제4장: 뱀이 된 이브

"뱀은 이브의 모든 딸들이 바라보는 거울 속에 숨어 있다."

마리나 워너

뱀에 대한 극심한 공포를 일컫는 오피디오포비아는 백 명 중 두 명이 경험하는 가장 흔한 공포증이다. 이 공포증을 가진 사람들은 주변에 뱀이 없는데도 뱀에 대한 공포 때문에 일상 생활에 불편을 겪는다. 어린 시절 내 친구는 배수구에서 뱀이 나올까 봐 무서워서 목욕물에 몸을 담그기를 꺼렸고(우리는 런던에 살고 있었다) 나는 그런 친구를 놀린 기억이 있다. 공포증이 없다고 해도 뱀을 싫어하는 사람들은 많다. 그들은 뱀을 화면으로 보는 것조차 싫어한다. 2016년 방영된 다큐멘터리 시리즈 〈살아 있는 지구 2$^{Planet Earth II}$〉에서는 새끼 바다이구아나가 포식자인 검은채찍뱀을 피해 태어나서 처음으로 바다를 향해 달려가는 장면이 나온다. 그러자 어디선가 갑자기 수백 마리의 뱀이 나타나고 텅 비어 있던 해변은 뒤엉킨 몸부림으로 어지러워진다. 오피디오포비아가 없는 시청자들도 이 장면에 하나같이 충격을 받았다.

오늘날 도시에 사는 우리에게 그런 공포는 비이성적으로 보이기도 하지만 뱀은 초기 영장류의 가장 위협적인 포식자였다. 뱀에게 느끼는 공포는 인간 진화의 역사에 깊이 뿌리박혀 있다. 뱀은 우리가 만난 최초의 괴물이다. 만약 당신에게 오피디오포비아가 있다면, 그건 우리의 조상이 안경원숭이와 비슷했던 시절부터 내려온 유서 깊은 가문의 전통을 따르고 있는 셈이다. 이러한 깊은 관계로 인해 우리는 뱀 여성이라는 특별한 혼종 괴물을 만들어 내게 되었다. 이번 장에서는 뱀 여성이 어떻게 가장 강력하고 널리 퍼진 괴물이 되었는지, 그리고 우리가 자연의 잔혹한 현실을 감당하기 위해 어떻게 뱀 여성을 이용했는지 살펴볼 것이다. 이 중에는 잘 알려진 고르곤 메두사나 성경 속의 이브도 있고 비교적 덜 알려진 괴물인 라미아 그리고 멜뤼진도 있다.

과학자들은 실험을 할 때 원숭이를 놀라게 하기 위해 뱀을 이용한다. 뱀 사진으로도 충분하지만 고무 뱀은 좀 더 효과적이다. 영장류의 행동에서 공포의 역할을 연구하거나 영장류가 먹이에 대한 욕구와 안전에 대한 욕구 사이 균형을 어떻게 유지하는지 연구할 때 보통 뱀을 사용한다. 이러한 결정은 두뇌의 두 부분, 편도체와 안와전두피질의 연결에 영향을 받는다. 1장에서도 언급했던 편도체는 포유류의 뇌간 꼭대기에 자리 잡은 아몬드 모양의 덩어리다. 위협을 느꼈을 때 본능적인 반응을 일으키는 부분이다. 안와전두피질은 포유류 앞쪽 뇌에 자리하고 주관적인 의사 결정을 제어한다. 가령 쇼핑을 하면서 어떤 치즈를 살까 고민할 때는 안와전두피질이 어떤 치즈가 더 맛있을지, 소비할 수 있는 금액은 얼마인지, 포화지방 섭취를 줄여야 할지, 어떤 포장이 제일 마음에 드는지 등을 검토한다. 이렇게 나온 결론은 완벽한 계산 결과가 아니라 상당히 주관적인 의견이다.

이런 뇌의 두 부분이 어떻게 상호 작용하는지 연구하기 위해 마카크원숭이의 뇌 병변을 이용한 몇 가지 불편한 실험이 이루어졌다.[1] 건강한 마카크원숭이는 뱀이 보이면 맛있는 먹이가 보여도 쫓아가지 않는다. 안와전두피질이 맛있어 보이는 먹이와 편도체가 보내는 위험 경고를 비교 검토하기 때문에 원숭이는 조심하는 쪽을 택한다. 그러나 편도체가 손상된 마카크원숭이는 공포를 느끼지 않는 듯 뱀이 있어도 먹이를 쫓아간다. 반면 마카크원숭이의 안와전두피질을 손상시키면 원숭이는 공포에 지배당한다. 뱀이 없을 때도 마찬가지이다. 먹이는 안전한 곳

---

1   이러한 실험 중 다수는 우울증이나 양극성 장애 같은 인간의 병을 밝히기 위해 행해졌다.

을 벗어나기에는 충분한 보상이 되지 못한다. 이처럼 편도체와 안와전두피질은 인간 및 다른 영장류가 삶의 위험과 보상을 인식하는 방식을 결정한다.

가장 잘 익은 열매와 신선한 잎을 찾는 데서, 즉 맛을 따지는 데서 오는 이익이 크기 때문에 영장류는 삼원색을 알아볼 수 있도록 진화한 것으로 추정된다. 그러나 뱀은 우리의 진화에 훨씬 더 극적인 영향을 미쳤다. 캘리포니아대학 데이비스 캠퍼스 고고학과의 린 이스벨 교수는 수년간 인간과 뱀의 오랜 관계를 연구해 왔다. 2000년대 초반 영장류의 사회 체계에 대해 연구하던 이스벨에게 떠오른 아이디어는 이후 영장류 진화에 관한 주요 이론으로 자리 잡았다. 이스벨 교수의 뱀 탐지 이론에 따르면 영장류의 뇌는 포식자인 뱀을 피하려는 절박한 필요에 따라 진화했다. 뱀과 함께 진화하면서 우리의 지각 체계 그리고 시각에 지배를 받는 큰 두뇌가 극도로 발달했다는 것이다.[2]

2 　삼원색을 구분하는 삼색형 색각을 가지려면 망막에 각기 다른 빛의 파장을 감지하는 세 종류의 원뿔 세포가 있어야 한다. 세 종류의 세포가 함께 작용하면 가시광선의 모든 파장을 구별할 수 있다. 영장류의 삼색형 색각은 (늘보원숭이나 여우원숭이 같은) 원원류와 구세계 원숭이(협비원류) 그리고 신세계 원숭이(광비원류)에서 각각 다르게 진화했다. 독을 가진 뱀은 먹이를 감아 죽이는 뱀보다 늦게 진화했고 훨씬 더 위험하다. 독을 가진 뱀이 있는 지역에서 진화한 영장류가 뱀을 감지하는 능력이 훨씬 더 뛰어나다는 사실은 놀랍지 않다. 대부분의 다른 포유류는 망막에 두 가지 종류의 원뿔 세포만 있는 이색형 색각을 갖고 있다.

갑자기 뱀이 온몸을 휘감거나 독니로 찌를지 모른다는 두려움을 가진 영장류는 시각피질에 뱀에 민감한 특수 신경 세포가 발달했다. 덕분에 영장류는 기타 위험한 사물보다 뱀에 훨씬 더 빠르게 반응한다. 뱀과 닮은 것만 봐도 스트레스 호르몬이 증가하지만 과민한 원숭이가 죽은 원숭이보다 나은 법이다. 연구자들은 최근에 한 번도 뱀을 본 적 없는 인간 아기 역시 비슷한 신경 반응을 보인다는 사실을 발견했다. 그리고 다른 영장류의 경우와 마찬가지로 아기들이 뱀에 보이는 집착은 개구리나 애벌레에 대한 집착과는 다르다.[3]

이스벨 교수는 뱀의 정확히 어떤 점이 이 신경 세포를 활성화하는지 궁금했다. 팔다리가 없는 모양 때문일 수도 있고 구불구불 기어가는 모습이나 비늘 때문일 가능성도 있었다. 이스벨 교수는 보존 처리된 고퍼스네이크의 표피를 이용해 버벳원숭이를 대상으로 실험했다. 뱀의 표피를 잔디로 덮고 일부분만 조

---

[3] 2020년에 진행된 한 연구에서는 뱀을 본 적이 없는 7개월에서 10개월 사이의 아이에게 다양한 동물 그림을 보여 주었다. 전기생리학적 기록에 따르면 다른 동물을 볼 때보다 뱀을 볼 때 특정한 신경 반응이 증가했고 그 폭도 넓었다. 특히 후두에서 반응이 컸다. 이것은 뱀을 빨리 감지할 수 있도록 뇌가 특화된 방향으로 진화했음을 나타낸다. 2016년 실시된 한 연구에 따르면 실험에 참여한 사람들은 모자이크 처리된 뱀의 형상을 다른 동물의 형상보다 더 잘 포착했다. 새나 고양잇과 동물도 보호색을 갖고 있지만 다른 어떤 동물보다 보호색을 가진 뱀을 더 잘 포착할 수 있다는 의미이다.

금 노출시켰는데도 원숭이들은 복잡한 풀밭 속에서 움직임이 없는 뱀의 아주 작은 표피 조각을 재빨리 알아보았다. 뱀 비늘의 모양과 패턴은 자연에서도 매우 드물다. 도마뱀이나 악어, 물고기 비늘과도 매우 다른 시각 효과를 낸다. "원숭이들은 또 어디서 뱀을 보았는지 기억했어요. 그곳에서는 조심해야 한다는 점도 알았어요." 이스벨 교수가 덧붙였다. 또 수컷보다 암컷이 더 빨리 표피를 포착했다. 새끼가 있으면 뱀의 위험은 몇 배가 된다. 진화상으로도 아이를 잃느니 과민한 엄마로 사는 편이 낫다.[4]

　　진화의 관점에서 뱀은 영장류의 애물단지로, 우리 조상이 고성능 시각 하드웨어와 예민함이라는 소프트웨어에 투자하도록 강제했다. 이러한 진화의 유산은 우리에 대해서, 우리가 자연과 가진 관계에 대해서 많은 사실을 알려 준다. 인류의 두뇌는 잘 익은 열매로 가득하고 이따금 비늘을 가진 위험한 존재들이 나타나는 아득한 에덴동산에서 진화했다. 자연은 풍요롭고도 치명적이었다. 이러한 존재가 불어넣은 영감이 인류의 가장 깊고 근본적인 두려움을 뱀 여성으로 체화했다.

4　　이 연구에서 이스벨 교수는 뱀의 표피를 2.7센티미터만 노출했는데 실험 대상인 버벳원숭이 네 개 집단 모두에서 반응이 나타났다. 2014년 실시된 한 연구에 따르면 성인 여성은 뱀에 특화된 신경 반응을 보였고 이는 악어 같은 다른 파충류를 보았을 때와 다른 반응이었으며 혐오감과는 관련이 없었다.

뱀을 향한 지워지지 않는 공포

인류는 이제 뱀과 함께 살지 않는다. 뱀과 같이 사는 사람들도 나뭇가지에 매달려 밤을 보내던 초기 영장류의 공포를 마주할 걱정은 없다. 그러나 뱀과 공존했던 과거는 유전자에 공포스러운 기억으로 남아 뱀은 우리의 상상력 사이로 구불거리며 공포증, 신화, 이야기, 집착, 혐오를 생성한다. 인간은 창작을 시작하자마자 곡선과 비늘의 빗금만으로 뱀을 닮은 존재들을 그려냈다. 아이들은 고양이나 개를 그릴 수 있을 정도로 손의 근육이 발달되기 전에는 뱀을 그린다. 사행하듯 꺾인 뱀^{snake}의 'S'자만 봐도 쉭쉭거리는 뱀이 주위를 맴도는 듯하다.[5]

뱀의 똬리는 거의 모든 문화권의 신화에서 나타난다. 동남아시아 신화에서 반은 뱀, 반은 인간인 나가^{Naga}와 나기니^{Naginis}는 보석으로 뒤덮인 지하 세계의 동굴에 산다. 호주 원주민 신화에서 무지개 뱀은 원시의 창조 신이다. 북유럽 신화 속의 악한 뱀 니드호그는 생명의 나무 이그드라실의 뿌리를 탐욕스럽게 갉아먹었고 서아프리카의 뱀 신은 세계를 휘감아 잘게 쪼개지지 않

---

[5] 우리에게 알려진 가장 오래된 동굴 벽화는 남아프리카 공화국의 블롬보스 동굴에 있으며 약 7만 년 전으로 거슬러 올라가는데, 이 벽화에 뱀의 표피처럼 보이는 빗금 장식이 있다. 또 다른 좋은 예는 4천 4백 년 전에 만들어진 나무 뱀 모형이다. 2020년 핀란드의 한 신석기 유적 발굴 당시 발견되었다.

도록 지킨다.

    아야와스카 같은 강한 향정신성 물질로 인한 환각 상태 등의 변형된 의식 상태에서는 뱀 같은 것이 보인다고 한다. 스위스계 캐나다인 고고학자 제러미 나비는 1980년대 페루의 아마존에서 원주민들과 살며 이를 체험했다. 나비는 아야와스카를 생산하는 데 쓰는 덩굴로부터 식물과 생화학 관련 정보를 직접 습득했다는 원주민들의 주장을 검증해 보고 싶었다. 나비의 주장에 따르면 페루 원주민들은 심지어 DNA의 이중 나선 구조까지도 20세기 서양 의학이 이를 발견하기 전부터 알고 있었다. 아마존에서 직접 아야와스카를 체험한 나비는 환각 속에서 뱀을 잔뜩 보았다. 원주민들은 이러한 상태에서 숲속의 영험한 덩굴이 가르쳐 주는 앎을 습득했다. 처음에는 회의적이었던 나비도 뱀의 모양이 DNA의 이중 나선 구조를 구성하며 변형된 의식 상태가 자연에 대한 심도 있는 이해를 가져오기도 한다고 인정했다.[6] 나비는 뱀의 형상과 나선형 표상, 그리고 환각 물질의 관련성을 찾기 위해 분투했다. 나비의 탐구는 서구식 사유에 깔끔하게 들어맞지는 않지만 뱀이 우리 문화 속에서 가지는 울림, 우리의 상

---

[6]   개인적으로는 나비의 결론에 전적으로 동의할 수 없지만 유물론적인 사고방식을 초월해서 인간과 자연의 연결을 이해하려는 노력은 귀중하다.

상력에 끼치는 영향을 잘 보여 준다.

초자연적인 지능을 가진 뱀과 식물은 유대교와 기독교 전통의 중심에도 있다. 이스벨 교수는 인간의 진화와 뱀의 관계에 대한 책 《열매와 나무, 그리고 뱀The Fruit, the Tree and the Serpent》의 저자이기도 하다. 이 제목은 서양의 대표적 기원 신화를 떠오르게 한다. 구약 창세기에 나오는 에덴동산과 타락의 이야기이다. 이스벨 교수는 이 책에서 영장류의 진화와 인간 의식의 기원에 대한 주요 설화를 연결시킨다. 어릴 때부터 기독교인이었던 이스벨 교수에게는 당연했겠으나 이는 훌륭한 통찰이다. 영장류의 색각과 지각의 기원에 대한 이스벨 교수의 이론은 인간이 자의식을 습득한 과정에 대한 신화와 깊이 공명한다. 뱀과 열매와 공존한 결과 인류는 주변을 더 잘 살피고 위험을 아주 잘 포착하도록 진화했다. 성경 속 뱀은 여자에게 금지된 선악과를 주었고 여자는 더 이상 순진하지도 순수하지도 않게 되었다.

의미심장한 이야기이다. 뿌리 깊은 진화의 역사가 인간의 문화 전반에 미친 영향을 보여 주는 하나의 사례다. 초기 영장류는 원시 지구에서 가장 다디단 열매를 고를 수 있었을 뿐만 아니라 자기를 잡아먹으려는 뱀을 볼 수 있었다. 영장류의 뇌는 길죽한 모양이나 비늘로 덮인 매우 작은 표피, 잎이 부스럭거리는 소리 등 아주 사소한 징후에도 포식자를 떠올린다. 영장류의 두

뇌가 발달하고 뱀을 더 잘 알아보는 데 특화된 체계가 겹겹이 포개어지면서 인간의 자의식과 공포는 서로 뒤얽힌 상태로 발생했다. 온 사방에 비늘로 덮인 위험이 도사렸고 이는 영장류의 의식에 미리 입력되어 있었다. 죽음을 피하는 가장 효율적인 방법은 선제 방어였다. 생존에 더 적합하게 진화한 대가로 뱀의 무리가 머릿속에 둥지를 틀었다.

      물론 인간의 조상이 과당과 강박적 망상으로 움직이는 신경질 가득한 마모셋이었다는 말은 다소 과장이기는 하다. 영장류는 매우 사회적인 동물로 우리 뇌의 발달에 기여한 요소는 그 밖에도 수없이 많다. 그러나 생명의 열매와 죽음의 뱀이라는 근본적 이원성은 호모사피엔스의 세계에도 그대로 이어졌다. 과대 발달된 인간의 전두엽피질은 상징을 만들고 상상할 줄 아는 능력과 결합하여 자연의 이원성을 문화 속 관념으로 변환했다. 임신한 여성의 풍요롭고 둥근 몸을 닮은 잘 여문 열매는 다산과 생명의 매혹을 상징한다.[7] 반대로 뱀은 포식자를 뛰어넘는 상징이 되었다. 죽음이나 상처 뿐만 아니라 거기서 파생될 수 있는 모든 불길한 의미 또한 함축한다.

---

[7] 가령 석류는 다산의 상징으로 널리 퍼져 있다. 폴리네시아 신화의 빵나무 열매, 일본 신화의 복숭아 그리고 북유럽 신화의 사과는 모두 풍요와 젊음의 상징이다.

이 두 가지 표상이 에덴동산과 타락 이야기의 바탕이다. 창세기 편의 극히 일부이지만 다른 내용보다 훨씬 많이 논의되는 분석과 논란의 대상이다. 아담과 이브가 뱀의 꼬임에 넘어가 선악과를 먹고 세계의 자궁에서 쫓겨난다. 여자가 뱀의 말을 듣고 아담과 열매를 먹으니 세상은 전과 같지 않아졌다는 것이다.[8] 타락으로 인해 순수는 자의식으로 대체되었고, 불멸은 의미 있는 인생과 맞바뀌었다. 둘은 깨어났다. 눈이 "떠졌고" 다시는 감지 못했다. 아담과 이브는 자신들이 취약한 존재임을 깨달았다. 해를 입힐 수도 입을 수도 있었다. 둘은 고통을 느끼고 죽는다는 사실도 깨달았다. 그리고 세상에 사실상 그들뿐이라는 것도 알았다. 이러한 깨우침은 아기가 태어나는 순간, 모유를 끊는 순간에도 들이닥친다. 불쾌한 변화가 일어나는 청소년기에도, 삶이 던지는 온갖 고난과 마주하는 순간마다 찾아온다. 앎과 함께 에덴은 점차 사라지고 우리는 고통스럽게 세상으로 들어간다. 그리고 최후에 대해 점점 더 많이 알게 된다. 점차 충만한 삶에 접근할수록

---

[8] 다른 신화에서도 열매는 저항할 수 없는 유혹으로 나타난다. 가령 그리스 신화에서 페르세포네가 하데스에게 속아서 먹은 석류알 때문에 페르세포네는 1년에 6개월은 하데스의 왕비로 저승에서 살아야 한다. 헤라, 아테나, 아프로디테 세 여신이 탐했던 황금빛 '불화의 사과'는 트로이 전쟁의 씨앗이 되었다. 쾌락을 추구하는 야성의 디오니소스 신 역시 무화과 그리고 물론 포도와도 연관이 있다.

죽음과의 대면도 가까워진다.

여자와 뱀은 그날 에덴동산에서 아주 큰 사고를 쳤지만 그게 끝은 아니었다.

누가 이브를 타락시켰나

기독교 신학자와 학자들에게 에덴에서의 타락은 인간의 조건을 결정한 일이었다. 원죄로 인해 죽음과 고통이 시작되었으므로 정확히 이브가 무슨 잘못을 했는지 알아야 했다. 여러 이야기를 모은 성경이 만들어진 이후 수 세기에 걸쳐 이브의 죄는 여러 번 재해석되었다. 과학사 전문가 스티븐 그린블랫은 이런 해석의 변화를 주목해 왔다. 학자들은 이브에게 온갖 혐의를 줄줄이 씌웠다. 나약하고 어리석은 이브가 속임수에 넘어가 하느님의 규칙을 위반했다고 비난했다. 타락해서 관능적 욕구의 충족을 원했다거나 허영심이 커서 자기 자신의 모습에 매혹되었다고도 했다. 이브는 주도권을 쥔 남자들의 말을 듣지 않은 오만한 여자였다. 사탄에게 몸을 팔았다고도 했다. 그린블랫에 따르면 일부 중세 신학자들은 이런 이브를 단지 "사탄의 아군"이 아닌 "사탄과 몸을 섞는 추악한 의식을 거친 사탄의 애인"으로 여겼다.

중세 후기와 르네상스 시대의 화폭에서 뱀은 나무를 휘감은 모습에서 그치지 않고 인간의 얼굴이나 몸을 가진 드라코노피데스의 모습으로 나타난다. 예를 들어 미켈란젤로가 시스티나 성당에 그린 뱀은 사타구니까지는 여성이고 그 밑으로는 창백하고 누렇게 뜬 통통한 꼬리가 있다. 때때로 뱀은 이브의 얼굴을 했거나 뱀의 꼬리로 균형을 잡는 이브 자신의 거울상이다. 루카스 크라나흐 장로가 1500년경 제작한 목판화에서 뱀은 팔만 없을 뿐 묘령의 이브와 똑같은 모습을 하고 비늘에 뒤덮인 짧은 꼬리로 서 있다. 어떤 그림에서는 이브의 모습만 봐도 뱀이 연상된다. 이브가 곧 뱀이다. 열린 눈으로 세상을 보는 대신 이브는 거울 속 자신을 바라보는 죄를 저질렀다. 이브의 죄는 허영과 관능이었다. 세계의 균열을 야기할 이유로 삼기에는 다소 빈약한 죄이다. 그러나 르네상스 시대 사상가들에 따르면 여자들은 어쨌거나 그런 존재였다.[9]

그리고 여기 더욱 처참한 사실이 있다. 이브와 뱀이 한 몸이라면 이브는 피해자가 아니라 타락의 근원이다. 그린블랫의

---

[9] 미켈란젤로, 〈아담과 이브의 타락과 추방〉(1509, 벽화, 시스티나 성당, 바티칸). 루카스 크라나흐, 〈인간의 타락〉(1500, 목판화, 대영박물관). 마찬가지로 휴고 반 데르 고스의 〈아담의 타락〉(1470, 목판에 유화, 빈 미술사 박물관, 오스트리아) 그리고 마솔리노 다 파니칼레의 〈여성의 머리를 가진 뱀이 숨어 있는 선악과 나무 아래의 아담과 이브〉(1380, 다색 석판화, 웰컴 컬렉션) 속에서도 여성의 머리를 한 뱀이 선악과 나무 속에 숨어서 아담과 이브를 훔쳐본다.

주장에 따르면 여러 학자들에게는 사실상 남성의 욕망을 자극하고 남성을 자기 파괴로 이끄는 여성의 몸 그 자체가 유혹이었다. 이브의 모든 딸들은 이런 가차 없고 위험한 매력을 공유하므로 이브만큼 교활한 존재였다. 가령 11세기의 성 베드로 다미아니는 여성이 전부 "음탕한 입맞춤을 퍼붓는 창녀에 매춘부이고 살찐 돼지가 뒹구는 자리, 추악한 영혼이 누운 자리이자 인간과 신의 사생아, 세이렌, 마녀이며 …… 마귀의 희생양, 영원한 죽음에 꺾일 운명을 타고난 자들"이라고 말했다. 성 베드로 다미아니는 여자를 별로 좋아하지 않았던 듯하다.[10]

이브에게는 반항심 넘치는 도플갱어도 있다. 바로 악명 높은 릴리트이다. 릴리트는 메소포타미아 전설 속 릴리투에서 왔을 가능성이 있다. 릴리투는 부엉이 날개를 가진 악마로 가슴

---

10 어떤 학자들은 자기만의 시각으로 이 이야기를 재해석할 수밖에 없는 매우 개인적인 이유가 있었다. 그린블랫에 따르면 여러 신학자들이 부부 간의 성관계를 타락 이전의 건전한 인간 조건으로 받아들인 반면 4세기 철학자 성 아우구스티누스의 생각은 매우 달랐다. 그는 타락 이전 아담과 이브는 성적 흥분이 없는 무결한 관계를 맺었다고 설명했다. 마치 산호충이 따뜻한 물속으로 무심하게 산란하는 것과 비슷하다. 이런 잔잔한 주고받음이 선악과를 먹은 뒤 생긴 격렬한 욕정에 방해를 받고 중단되었다는 것이다. 얄궂게도 성 아우구스티누스는 청소년 시절 카르타고의 매춘굴에서 종종 뜨거운 경험을 했고 죄책감으로 (그것뿐만이 아닐 수도 있지만) 가득 차 있었다고 전해진다. 성경을 다른 방식으로 해석한 것은 바로 이러한 불경한 행위들의 책임을 회피하고 자신의 충동을 힘껏 억제하는 방법이었을 수 있다. 이브가 시켰기 때문이라고 주장하면 되는 것이다.

은 독으로 가득하고 한밤중에 엄청나게 긴 머리를 휘날리며 출몰한다. 남자의 정액을 훔치고 임신한 여성이나 아기를 죽이는 마녀이다. 유대교 성경에도 릴리트가 언급되는데 사막의 "야수" 그리고 "사티로스" 들과 함께 산다. 잘 알려지지 않은 또 다른 텍스트에서도 최초의 괴물이자 여성인 릴리트가 언급된다. 유대교 설화에서 릴리트는 아담의 첫 아내였다. 유혹적이고 관능적이며 허영심이 큰 릴리트가 아담과 잠자리를 해서 여러 마귀를 낳았다는 설화가 있는가 하면 대천사 사마엘의 동반자로 셀 수 없이 많은 공포를 낳았다는 이야기도 있다.[11]

    오랜 세월 동안 이러한 갖가지 전승이 한데 얽히며 악명 높은 릴리트가 만들어졌다. 고집스러운 릴리트는 아담의 첫째 부인으로 길고 눈부신 머리카락을 가지고 있었으며 남편 아래 눕기를 거부했다. 이런 오만한 태도 때문에 에덴동산에서 추방당한 릴리트는 사막으로 도망쳐 마녀, 마귀, 창녀가 되어 제멋대로 살았다. 르네상스 시대의 한 유대인 신비주의자는 릴리트를 "이브를 선동하고 속인 매춘부이자 뱀"으로 생각했다. 라파엘 전파 화가 존 콜리어는 1887년작 〈릴리트〉에서 벌거벗은 릴리트가

---

11   그밖에 릴리트가 언급된 기록에는 사해 문서, 바빌론 탈무드, 조하르, 아담과 이브의 서 등이 있다.

커다란 구렁이와 음란하게 포옹하는 모습을 그렸다. 몸을 휘감은 뱀을 즐기는 듯 보이는 릴리트는 라파엘 전파 작품 속 여성이 대부분 그렇듯 몸이 풍만하고 아름다우며 머리카락은 붉다. 풀어헤친 머리는 자유분방하게 물결치며 흘러내리고 아래로 향한 릴리트의 시선은 자신을 더 휘감아 달라고 뱀을 유혹하는 듯하다. 콜리어의 동료 단테 가브리엘 로세티는 자신의 작품 〈릴리트 부인〉(1868)의 액자에 그림을 그대로 반영하는 시를 새겼다.

> 아담의 첫 부인 릴리트
>
> (이브라는 선물 이전에 그가 사랑했던 마녀)
>
> 뱀보다 먼저 감언이설을 알았고
>
> 마법에 걸린 머리칼은 최초의 황금이었다고

향기와 아름다움으로 젊은 남자를 유혹한 릴리트가 일단 남자를 휘감은 뒤에 어떻게 했는지도 적혀 있다.[12]

> 올곧던 목을 꺾고

---

12 존 콜리어, 〈릴리트〉(1989, 캔버스에 유화, 앳킨슨 아트 갤러리, 사우스포트). 단테 가브리엘 로세티, 〈릴리트 부인〉(1868, 유화, 뱅크로프트 컬렉션, 델라웨어 미술관).

금발 머리 한 올로 심장을 옥죄었다

신학자들과 예술가들은 모두 최초의 어머니이자 최초의 팜 파탈을, 나아가 다른 모든 여성을 싸잡아 비난했다. 그러나 역사를 통틀어 저주를 받은 뱀 여성은 그들뿐만이 아니다. 오히려 이들이 받은 처벌은 경미했다. 여성을 향한 광기 어린 비난은 훨씬 더 오래되고 더 본질적인 원인에서 비롯되었다.

최초의 여성 괴물

뱀 여성은 전 세계의 신화에서 나타난다.[13] 그리스 신화에는 온갖 괴물을 낳은 에키드나와 몸의 절반이 끔찍한 뱀으로 변한 리비아의 왕비 라미아가 있다. 북유럽 설화에는 둔갑에 능한

---

13 헤시오도스는 《신통기》에서 이렇게 말한다. "에키드나 여신은 절반은 눈길이 재빠르고 뺨이 고운 요정이고 절반은 거대한 뱀인데 크고 무시무시하며 살갗에는 점이 박혀 있다. 거룩한 땅 아래 숨겨진 곳에서 생살을 먹으며 산다." 또 "늙지도 않고 죽지도 않는 요정, 무서운 에키드나"라고도 했다. 반면 라미아는 아름다운 왕비로 제우스의 사랑을 받은 까닭에 시기심 많은 헤라가 라미아의 자녀들을 다 빼앗고 그녀를 괴물로 만들었다. 슬픔에 빠진 라미아는 아이들을 죽이기 시작했다. 얼굴은 뒤틀려 끔찍해졌고, 제우스는 라미아에게 눈알을 뺐다 끼웠다 할 수 있는 능력을 주었다. 라미아의 이야기는 버릇없는 아이들에게 보내는 경고이기도 했다. 이후 라미아는 젊은 남자를 죽이는 아름다운 마녀로 그려지기도 한다.

멜뤼진이 있다. 이들은 모두 아름다운 동시에 무시무시하며 매혹적인 만큼 속임수에 능하다. 많은 뱀 여성이 죽음을 가져오는 존재로 나타난다. 그러나 앞으로 살펴보겠지만, 이들의 기원에는 생명을 창조하는 능력에 대한 공포가 있기도 하다.

뱀 여성 중에서도 으뜸은 의심의 여지없이 고르곤 메두사이다. 무려 2천 5백 년 전 고대 유럽에서 등장했지만, 머리에는 머리카락 대신 무수한 뱀이 자라고 사람을 돌로 만드는 메두사라면 거의 모든 이가 안다. 메두사라는 이름은 정보 처리 기술에서부터 음악 축제까지 안 쓰이는 데가 없다. 아마존 검색 결과가 사실이라면 급히 코스튬 파티에 갈 때 메두사 코스튬을 택하는 사람은 여전히 많다. 기원전 8세기에 쓰인 호메로스의 《일리아스》에서 언급되었으니 우리가 아는 한 고르곤은 기록에 남은 최초의 여성 괴물이다.[14] 호메로스는 고르곤의 머리에 대해 "무자비한 생김새에 눈빛은 지독하며 곁에는 공포와 패주敗走를 거느렸다"고 했다. 아테나 여신의 방패에도 "무시무시한 괴물이, 무섭고 끔찍한 고르곤의 머리가" 있었다. 아테나는 전쟁의 여신으로 고르곤의 머리를 이용해 적에게 공포를 불어넣었다. 꾸물

---

14 호메로스의 《오디세이아》에서 지하 세계로 간 오디세우스는 이렇게 말한다. "파리한 공포가 나를 사로잡았다. 고귀한 페르세포네 왕비께서 하데스의 집에서 그 끔찍한 괴물, 고르곤의 머리를 나에게 보내지 않을까 하는 두려움이."

거리는 뱀들 사이로 노려보는 고르곤과 눈이 마주치면 적은 말 그대로 돌처럼 굳어 버렸다.

      그러나 고르곤의 머리는 아테나 여신의 손에 들어가기 훨씬 이전부터 존재했다. 원래 고르곤은 고르고네이온^{gorgoneion}이라는 얼굴 혹은 가면에 지나지 않았다. 고고학자 마리아 아나스타시아두는 무려 기원전 1800년대 초 크레테 미노아 문명의 도자기와 인장, 그림 등에서 고르고네이온을 발견했다. 고르곤과 비슷한 표상은 심지어 기원전 2천년 이전 신석기 시대 유럽에서도 나타난다. 아나스타시아두는 이 얼굴이 산통에 일그러진 여성의 얼굴을 표현한 것일 수 있다고 주장한다. 쪼그리고 앉은 몸의 형상과 함께 나타나는 경우도 많기 때문이다. 방패나 호부, 갑옷, 건축물, 술잔이나 그릇에 새겨진 고르고네이온은 고대 그리스 전역에서 액을 막는 부적이었다. 세월이 흐르며 많이 바뀌었지만 고르곤의 얼굴, 부릅뜬 눈과 히죽 웃는 듯 벌어진 입으로 송곳니와 혀가 튀어나온 모습은 알아보기가 아주 쉽다.

      여기서 우리는 한때 서민들의 부적이었던 고르곤이 어떻게 아테나 여신의 무기가 되었는지 질문해야 한다. 괴물의 힘을 빌리려면 어떻게 해야 하는가? 바로 괴물을 죽인 다음 쓸모 있는 단위로 나누어야 한다. 반신 영웅 헤라클레스가 레르나에 사는 히드라의 유독한 피에 화살을 담그거나 네메아의 사자를 죽이고 그 뚫리지 않는 가죽을 몸에 두른 것을 보면 답이 나온다. 영웅이나 신이 괴물의 힘을 흡수하는 경우는 비일비재하다. 아테나 여신이 고르곤의 강력한 눈빛을 가지려면 고르곤은 먼저 죽임을 당할 수 있는 괴물이 되어야 한다. 그래서 후대 그리스 작가들은 '메두사'라는 몸을 만들었다. 상징인 '고르곤'은 세 자매가 되었다. 메두사(여왕 혹은 현명한 이), 에우리알레(멀리 뛰는 이), 스텐노(강한 이)였다. 어미는 고래를 닮은 바다 여신 케토, 아비는 바다의 노亡신 포르키스였다. 작가들은 상상력을 마음껏 발휘해 고르곤을 그렸다. 꾸물거리는 뱀을 허리에 두르고 있거나 머리카락 대신 뱀이 있는 모습, 거대한 낫 모양의 날개, 청동색 살갗, 발톱 같은 손을 가진 모습으로 그리기도 했다. 괴물답게 보이도록 온갖 장식을 더한 것이다.

세 자매가 어떻게 끔찍한 존재가 되었는지 설명하기 위한 배경 실화도 주어졌다. 시인 오비디우스가 쓴 선정적인 이야기에서 메두사는 아름다운 인간 여성이고 바다 신 포세이돈의 눈에 든다. 포세이돈은 아테나 신전에서 메두사를 난폭하게 겁탈해 임신시킨다. 아테나의 분노는 숙부의 뻔뻔한 행동이 아닌 피해자에게 향한다. 매혹적인 아름다움을 가진 메두사와 자매들을 끔찍한 괴물로 둔갑시켜 저 멀리 외딴곳으로 보내는 벌을 내린 것이다. 고르곤 세 자매가 사는 굴 주변은 실수로 너무 가까이 접

근했다가 돌로 변해 버린 동물과 사람 들로 가득 차 마치 조각 공원 같았다.[15]

메두사는 제우스의 아들인 젊은 반신 페르세우스의 손에 소름 끼치는 최후를 맞았다. 페르세우스는 일찍이 세리포스섬의 왕 폴리덱테스에게 고르곤의 머리를 선물로 갖다주겠다고 호언장담을 늘어놓는 경솔한 짓을 했다. 그래서 그는 헤르메스와 아테나의 도움이 없었다면 허풍만 떤 꼴이 되었을 여정을 떠났다. 두 신은 철갑 같은 살갗도 뚫는 막강한 검과 고르곤의 시선을 피해 그들을 간접적으로 볼 수 있는 거울 같은 방패를 주었다. 고르곤을 만나러 가는 길에 마법의 주머니와 투명 인간이 되게 해 주는 모자, 속도를 높여 줄 날개 달린 샌들도 획득했다. 완전 무장한 페르세우스는 오케아노스의 경계 너머에 있는 외딴 세계로 날아갔다. 석상으로 빽빽한 숲을 지나 고르곤의 굴에 접근하던 페르세우스는 혹시라도 고르곤과 마주칠까 방패로 앞길을 비추어 보면서 나아갔다. 다행히 페르세우스가 도착했을 때 고르곤 자매들은 잠들어 있었다. 페르세우스는 아주 조심스럽게 메두사

---

15 로마 시인 루카누스는 《내전》에서 고르곤 자매가 리비아로 쫓겨났고 그 때문에 리비아에 뱀이 많다고 설명한다. 헤시오도스의 《신통기》에서 메두사와 포세이돈의 결합은 "봄꽃이 핀 부드러운 초원"에서 이루어졌다. 포세이돈이 난폭하게 겁탈을 했다는 내용은 이후 오비디우스가 꾸며 낸 것이다.

의 머리를 잘랐다. 아테나 여신이 망설임에 떨리는 팔을 잡아 주었다. 눈을 꼭 감은 채 주머니에 머리를 넣은 페르세우스는 투명 인간이 되는 모자를 쓰고 날아올랐다. 머리가 잘려 나간 목에서는 메두사가 임신 중이던 포세이돈의 자식 둘이 태어났다. 날개 달린 말 페가수스와 형제 크리사오르였다.[16]

페르세우스가 재빨리 그곳을 빠져나오려는데 메두사의 자매들이 잠에서 깼다. 목이 잘린 메두사의 시신을 본 그들은 분노에 차 비명을 질렀으나 암살자를 어디서부터 찾아야 할지 알 수가 없었다. 페르세우스가 날아갈 때 메두사의 목에서 떨어진 핏방울은 사막의 모래에 닿자마자 무수한 독사를 낳았다. 폴리덱테스의 궁전에 도착한 페르세우스는 당당하게 안으로 들어갔다. 왕과 신하들은 페르세우스가 빈손으로 돌아왔으리라 생각해 그를 마음껏 비웃었다. 페르세우스의 대답은 간단했다. 주머니에 손을 넣고 축 처진 뱀 머리칼을 움켜쥐더니 머리통을 꺼낸 것이다. 머리는 섬뜩한 분노의 미소를 띠고 만찬장을 훑었다. 신하들은 공포에 사로잡힌 표정 그대로 돌이 되었다.

---

[16] 크리사오르는 금으로 만든 검을 든, 심장이 돌처럼 차가운 남자로 그려지기도 하고 어금니가 황금인 날개 달린 멧돼지로 그려지기도 한다. 반은 여성이고 반은 뱀인 괴물 에키드나와 머리가 세 개인 거대한 게리온을 낳은 것으로도 알려졌다.

아테나 여신은 고르곤의 머리를 방패에 고정시키기 전에 메두사의 시신 옆에 무릎을 괴고 앉았다. 그리고 머리가 잘려 나간 목의 혈관에서 각각 피를 받아 뱀 모습을 한 의술의 신 아스클레피오스에게 주었다. 우측 혈관에서 얻은 피는 산 자를 그 자리에서 죽였다. 좌측 혈관에서 얻은 피는 죽은 자를 살렸다. 메두사는 혈관 속에 생명을 부여할 힘과 빼앗아 갈 힘을 동시에 가지고 있다. 이 근본적인 두 가지 힘은 메두사의 이야기 속 모든 요소에 녹아 들었다. 메두사는 신을 시험한 아름다운 젊은 여인이며 날 것의 생성하는 힘으로 출산하는 존재인 동시에 모든 것을 돌로 만들어 죽이는 존재이다.

어머니 자연의 이중성

《에누마 엘리시》보다 잘 알려진 메소포타미아 신화인 《길가메시 서사시》에서 주인공 길가메시는 불로초를 찾아 죽음을 피하려고 한다. 길고 긴 수색 끝에 불로초를 찾은 그가 강가에서 잠들자, 뱀이 나타나 불로초를 훔쳐 덤불 속으로 스르륵 사라진다. 그때부터 뱀은 낡고 시든 허물을 벗고 젊음을 되찾는 과정을 통해 영원히 젊고 생생한 모습으로 살게 되었다. 반면 길가메시는 자신의 불가피한 죽음을 어쩔 수 없이 받아들여야 했다. 여러 다른 문화권에서도 뱀은 허물을 벗어 새롭고 눈부신 모습으로 다시 태어나는 능력을 가진 존재로 그려지며 죽음뿐만 아니라 영원한 재탄생의 상징이다. 제 꼬리를 삼키는 뱀 우로보로스는 태곳적부터 이러한 순환을 상징했다.

생명을 불어넣는 일은 항상 여성성과 밀접하게 연관되어 왔다. 구석기 시대 예술가들은 늘어진 가슴과 허벅지 위로 쏟아지는 뱃살을 가진 대지의 어머니를 빚었다. 어떤 역사학자들은 신석기 시대(기원전 7천~6천 년경에서 3천 년경) 북아프리카와 유럽에서 고르곤을 닮은 '대여신'이 풍요와 파괴를 동시에 상징했다고 한다.[17] 그 이후의 신화에서도 풍요의 여신들은 수없이 많이 등장하고 그중 일부는 뱀 여신이었다. 이집트 신화에는 코브라 머리를 한 추수의 여신 레네누테트가 있다. 힌두교 여신 마나사, 켈트 문화 이전 아일랜드의 뱀 여신 코라도 있다. 성 패트릭은 코라를 무찌르고 아일랜드에서 뱀을 몰아냈다. 다산하는 여성과 치명적인 뱀은 자연스러운 한 쌍이다. 삶과 죽음이라는 피할 수

---

[17] 마나사는 비하르, 벵골, 자르칸드, 아삼 남부와 인도 북동부의 다른 지역들에서 숭배되어 왔다. 오스트리아의 빌렌도르프의 비너스상은 기원전 2만 8천 년경에서 2만 5천 년경 제작되었다고 알려진다(현재 빈 자연사 박물관이 소장하고 있다). 유사한 조각상이나 조각상의 일부도 약 120점 발견되었다. 대부분은 풍요의 상징이거나 대지의 여신으로 추정되지만 입증할 수 있는 방법은 없다.

없는 순환을 상징하며 이 순환은 어머니 자연을 상징하는 여신들이 관장한다. 뱀에 대한 영장류의 뿌리 깊은 공포가 죽음을 삶의 일부로 받아들이는 신화 속에 녹아든 것이다.

그러나 이 여신들을 뒤집으면 괴물 같은 뱀 여성이 된다. 뱀 여성 안에서 생의 순환은 오로지 파괴하는 힘으로 자리한다. 라미아는 정 많은 어머니였지만 아이들을 빼앗긴 뒤 피에 목말라 아이들을 죽이는 존재, 분노로 일그러진 얼굴이 된다. 수많은 괴물을 낳은 어머니 에키드나는 굴속에 살며 생살을 먹는다. 메두사는 원래 산고에 얼굴이 일그러진 고르고네이온으로 원시 모성을 상징했다. 그러나 차차 이 얼굴은 포식자의 야성 어린 기쁨의 미소, 인간을 잡아먹는 어머니 자연을 상징하게 되었다. 한 작가는 메두사를 "무엇이든 먹어 치우는 저승의 존재"라고 하면서 모든 것을 집어삼키는 티아마트의 물살에 비교했다.[18] 메두사의 눈은 뱀의 눈처럼 먹이를 옴짝달싹 못 하게 마비시키고 새 생명을 창조하는 대신 생명을 대지의 구성 요소로 돌려놓는다.

---

18   그리스 로마 신화에는 저승에서 온 여성 괴물이 새로운 질서를 세우려는 신과 영웅들에게 패배하는 경우가 무수히 많다. 델포이의 파이톤은 아폴론이 무찌르고 헤라클레스는 머리가 여러 개인 레르나의 히드라를 죽인다. 호메로스의《일리아스》에서 오디세우스는 굴 속에 사는 스킬라를 죽이고 베르길리우스의《아이네이스》에서 아이네아스는 냄새가 고약한 하르피아들을 무찌른다.

뱀 여성 중 일부는 신화 속에서 힘을 빼앗기거나 통제당한다. 인간을 돌로 만드는 메두사의 능력은 올림포스 신들이 흡수해 무기로 삼는다. 무자비한 어머니 자연은 히죽 웃고 있는 악몽 같은 모습으로 지혜의 여신을 상징하게 되었다. 메두사의 영험한 피는 병에 담겨 의술의 남신에게 주어졌다. 메두사는 그저 주머니 속의 머리, 그리고 머리가 잘려 나간 임신한 몸으로 남겨졌다. 이브는 그보다는 덜 폭력적이지만 더 따분한 최후를 맞았다. 뱀과 거래한 대가로 에덴에서 쫓겨나 아담에게 복종하며 출산의 고통을 겪어야 했다. 라미아와 에키드나의 기원에 대해서도 추정해 볼 수 있다. 일부 문화권에서 제우스와 같은 가부장 신이 통치하는 우주관으로 변화하면서 어머니 자연의 상징으로 숭배되던 뱀 여신들은 괴물로 뒤바뀌었을 것이다. 뱀 여신들이 태곳적부터 가지고 있던 창조와 소멸의 힘은 가부장 체계가 신화를 이용해 흡수했다.

왜 그렇게 되었을까? 고르곤에 푹 빠져 일생을 보낸 교육사학자 안젤라 잘롱고는 "인류의 집단적 상상력의 *끈질긴 산물*"인 메두사를 이해하기 위해 그 역사를 들여다보았다. 잘롱고는 메두사를 비롯한 뱀 여성의 이야기가 근본 신화라는 점을 발견했다. 4세기 로마 작가 살루스티우스에 따르면 근본 신화는 "한 번도 발생하지 않았지만 언제나 참인" 일들에 대한 신화이다. 뱀 여성은 한 번도 존재한 적 없지만 근본적인 진실을 상징하며 "파급력이 큰 원형 신화"가 되어 시공간에 널리 퍼졌다.

  잘롱고는 뱀 여성이 여성의 "타자성"을 상징하는 괴물이라고 주장한다. 여성을 더 약하고 관리하기 쉬운 존재로 바꾸기 위해 이들이 생겼다는 것이다. 고대 이후로 뱀은 생명의 위계질서에서 낮은 곳에 놓였기 때문에 뱀과 연관된다는 것은 환영할 만한 일이 아니다. 상대를 돌로 만드는 메두사의 눈빛이나 바실리스크의 눈빛처럼 여성은 '악마의 눈'이 가진 무시무시한 힘을 주변으로 돌려 온갖 불행, 맹목적인 관능, 영혼의 소멸, 공포를 가져올 수 있었다. 중세 후기에는 월경 중인 여성을 배척했다. 월경 중에 눈빛이 가장 강력해진다고 생각했기 때문이다. 또 월경혈은 뱀이나 두꺼비의 독에 견주어졌다. 모든 여성이 괴물과 다름없다는 듯 여성의 불길한 체액이 역병 혹은 끔찍한 악몽을 일으킨다고 믿었던 것이다. 어느 중세 논평가는 여성을 "생리하는 동물"이라고 하면서 여성은 유독한 피로 가득하고 거기 닿으면 "열매가 열리지 않고 포도주가 시어지며 식물은 죽고 철은 녹슬고 대기는 탁해진다"고 말했다. 이 정도로 비인간 같은 존재라면 어떻게 그려도 이상하지 않다.

  먼 과거의 돌팔이 의사나 가질 법한 생각 같지만 이런 생각은 아주 오랫동안 주류 의학 이론이었다. 악마의 눈과 여성의 끔찍한 힘에 대한 믿음은 초기 근대 유럽에서 수많은 여성을 마녀로 몰아 화형시켰다고 잘롱고는 말한다. 오늘날에도 세계 여러 곳에서 월경을 불결하다고 여겨 여성은 생리하는 동안 격리된다. 최근 발리에서 관광객들이 자주 방문하는 사원 밖에 내걸린 팻말을 보았는데 놀랍게도 월경 중인 경우 들어오지 말라는 경고였다.

뱀에 대한 두려움과 마찬가지로 여성에 대한 두려움도 뿌리가 깊다. 여성과 생명을 만드는 능력은 강력한 핏빛 고리로 연결되기 때문이다. 아이를 낳을 능력, 그리고 비유더라도 뱀이 우글거리는 잔인한 세상으로 자식을 내던질 수 있는 능력은 매혹적인 동시에 무시무시하다. 이런 능력에 대한 두려움을 다스리는 한 가지 방법은 여성의 생리적 특징을 비하하고 여성을 난폭하게 벌하는 것이다. 다른 방법은 라미아 또는 메두사와 같이 여성 괴물로 만들어 신화를 이용해 그 힘을 훔치는 것이다.

이런 반응은 역사 내내 여성을 굉장히 힘들게 만들었다. 우리가 원하지 않았음에도 겪어야 했던 일이다. 내가 아는 많은 여성은 여성의 기초 생물학적 기능에서 비롯된 역할과 인간으로의 개인성이 충돌한다고 느껴 힘겨워 한다. 그러나 결과를, 즉 여성의 힘을 통제하려는 남성적 욕구와 그로 인한 폭력을 감당하는 것은 여전히 여성의 몫이다. 여성은 복종을 강요당했고 여성의 생식 기능은 상품화되고 제한되었다. 심지어 상황이 한결 나은 편이라는 오늘날의 서구에서도 그렇다. 미국의 여러 지역에서는 임신 중지를 금지해 여성의 신체 자율성을 침해했다. 태아를 유지하겠다는 선택, 생명을 잉태하겠다는 선택은 이제 여성이 아닌 정부가 내리는 결정이다.

아름답고 위험한 악녀들

미국 남부를 배경으로 하는 뱀파이어 호러 영화 〈황혼에서 새벽까지〉(1996)에는 내가 가장 좋아하는 뱀 여성이 나온다. 산타니코 판데모니엄은 스트립 클럽 티티 트위스터에서 '스네이크 댄스'로 수백 명의 남자들을 홀딱 반하게 만든 유명한 댄서다. 그가 무대로 등장할 때 "어둠의 연인, 악의 절정, 이 땅에서 춤추었던 그 누구보다 사악한 악녀"라는 소개가 울려 퍼진다. 산타니코는 마치 릴리트처럼 거대한 알비노 비단뱀을 휘감은 채 티토 앤 타란튤라의 노래 〈밤이 온 뒤에 After Dark〉의 유혹적인 장단에 맞추어 몸을 흔든다. 이윽고 뱀을 내려놓은 산타니코는 골반을 돌리며 테이블 위를 가로지른다. 올려다보는 남자들에게는 눈길도 주지 않은 채 테이블 끝에 다다른 산타니코가 정강이 위로 맥주를 붓자 맥주는 발끝까지 흘러 쿠엔틴 타란티노의 열린 입으로 들어간다. 이어 맥주를 들이켠 산타니코는 머리 장식을 벗고 길고 짙은 머리칼을 풀어헤친다.

산타니코를 연기하기 위해 셀마 헤이엑은 뱀 공포증을 이겨 내야 했고 정해진 안무가 없다는 사실도 극복해야 했다. 하지만 그래서 더욱 매혹적이다. 산타니코의 춤에 자신만만한 페르소나는 없다. 그야말로 자연스럽고, 심지어 순수하기까지 하다. 거기 있는 남자들을 마음대로 할 수 있는 자신의 힘과 완벽히 일체를 이룬다. 매끄러운 몸의 굴곡에 깃든 당당함과 짙은 눈동자, 흐름이 다소 산만한 즉흥적인 춤과 뱀에 대한 약간의 공포심의 조화는 넋을 놓고 보게 만든다. 미리 연습한 장면이 아님에도 우연적인 요소는 단 하나도 없다.

공연 직후 티티 트위스터는 아수라장이 된다. 산타니코와 졸개들은 피에 굶주린 흡혈귀로 변한다. 매혹하는 뱀 여신은 죽음의 여왕이 된다. 이 괴물들에 홀렸던 남자들은 갑자기 총과 말뚝으로 상대를 끔찍하게 처리할 정당성을 획득한다. 여성의 성적 매력이 가진 파괴하고 어지럽히는 힘에 대처하는 하나의 방법이다.

티티 트위스터의 흡혈귀들처럼 뱀 여성은 사람을 홀리는 매력을 가졌지만 가까이서 보면 위험하다. 유혹의 의인화인 경우도 있다. 릴리트는 악마와 공모했지만 관능적인 아름다움으로 충만했다. 이브는 타락의 원인을 제공하는 와중에도 벌거벗은 천사의 모습으로 나타난다. 윌리엄 셰익스피어도 93번 소네트에서 이를 불평했다.

> 갈수록 아름다워지는 그대는 이브의 사과를 닮아 가겠지
> 그대의 마음씨가 그대의 모습만큼 달콤하지 못하다면!

셰익스피어에게 여성의 미모는 위험하고 금지된 열매이다. 여기에는 원죄라는 독이 들어 있다. 어떤 뱀 여성은 이런 자연적인 매력을 시기한 다른 여성에 의해 괴물로 변했다. 아름다운 여인이었던 메두사를 아테나 여신이 고르곤으로 만들었다. 아름다운 왕비였던 라미아를 제우스의 질투 어린 아내 헤라가 괴물로 만들었다. 마찬가지로 북유럽 설화 속 요정 멜뤼진은 원래 아름다웠다가 몸의 일부가 뱀으로 끔찍하게 변하는데 이러한 벌을 내린 사람은 바로 멜뤼진의 어머니였다.[19] 이 여성들이 괴물

---

19 멜뤼진 신화의 가장 유명한 형태는 14세기 작가 장 다라스가 엮은 것이다. 이 편집본에서 멜뤼진은 아버지를 산에 가둔 데 대한 벌로 몸의 일부가 뱀으로 변한다(해석은 각자에게 맡긴다). 다라스에 따르면 멜뤼진은 "토요일마다 배꼽 밑으로는 뱀으로 변했고" 이 모습을 어떤 남자에게도 들켜서는 안된다는 당부를 듣는다. 멜뤼진은 이 딱한 모습을 하고도 다행히 남편을 구했는데 어느 날 남편은 "목욕을 하고 있던 멜뤼진의 모습을 엿보았고 머리를 빗고 있는 아내는 배꼽까지는 여

같은 형태로 뒤틀린 이유는 관능이 유발한 폭력 때문이었다.

나아가 아름다움에 끌려 다가온 피해자들은 겉모습 아래 무서운 참상을 발견한다. 《실낙원》의 존 밀턴은 지옥의 문을 지키는 괴물 요정을 이렇게 설명했다.

> 그 여인은 허리까지 아름다우나
> 그 밑으로 갈수록 겹겹의 비늘
> 거대하고 풍만하며 맹독으로 무장한 뱀[20]

라미아, 혹은 에키드나, 밀턴의 괴물 요정 같이 몸의 절반이 뱀인 존재들은 종종 허리 위까지는 아름다운 모습으로 그려진다. 하지만 실체는 피에 굶주린 마녀이다. 심지어 남근 형태의 꼬리는 거기 끌리는 남성적 힘을 조롱한다. 키츠의 시 〈라미

성의 모습이었으나 그 밑으로는 거대한 뱀과 닮아 있었다. 꼬리가 술통만큼 크고 두꺼웠으며 얼마나 길었으면 욕실의 천장에 가 닿았다". 이 이후 멜뤼진은 도망을 친다. 문간에 걸리지 않아야 했을 테니 인간의 몸으로 돌아온 뒤였을 것이다.

[20] 밀턴은 오비디우스가 묘사한 스킬라를 참고했다. 스킬라는 아름다운 나이아스, 즉 물의 요정으로 글라우코스의 눈길을 사로잡았다. 글라우코스는 하필 키르케의 사랑을 받고 있던 젊은이였다. 질투심이 동한 키르케는 스킬라가 몸을 씻는 물에 독을 풀었고 스킬라가 이 물에 들어가자 하반신이 끔찍하게 변했다. 바다 괴물 같은 꼬리가 달리고 허벅지에서는 개의 머리가 돋은 것이다.

아〉에서 라미아는 마법을 이용해 뱀으로 변한 부분을 감추고 다소곳한 젊은이와 결혼하려고 한다. 뱀의 꼬리를 가진 "악마의 정부"라는 라미아의 정체는 젊은이에게 집착하는 그의 스승 아폴로도로스에 의해 밝혀지고 라미아는 쫓겨난다. 여성의 성적 매력이 가진 무시무시한 힘을 제멋대로 풀어 둘 수는 없었다. 실로 두려운 힘이었다. 20세기 초 프로이트는 〈메두사의 머리〉라는 짧은 글을 썼다. 고르곤은 "거세하는 어머니"의 상징이며 남자로부터 모든 힘을 빼앗아 가서 남자를 뻣뻣한 동시에 무력한 상태, 매혹된 동시에 혐오하는 상태로 만든다는 것이다. 음경의 발기 지속증과 발기 부전의 조합이 썩 유쾌하지는 않다.[21]

인터넷을 살짝만 들여다봐도 그 형태는 덜 학구적이나 여성의 매력을 과하게 두려워하는 곳을 쉽게 찾을 수 있다. 게시판이나 소셜 미디어에서 여성은 성적 매력이 있거나 없어서 이상화되는 동시에 비하된다. 성에 적극적이어도 문제고 소극적이어도 문제라고 한다. 이러한 문제적인 매력을 만드는 여성의 면면을, 곡선, 화장품, 향수, 옷, 광대뼈, 속옷, 매끄러운 피부, 부드러운 목소리, 입술 주사 등을 수천 년에 걸친 성의 진화와 문화적 통념이 부추겨 왔다는 사실이 아이러니하다. 평범한 여성은 어

---

[21] 프로이트는 메두사 자신도 머리가 잘려 거세되었다고 지적한다.

두운 신화적 상징, 그리고 그것을 만들어 낸 난폭한 충동의 그늘에 가려진 채 살아왔고 그 망할 뱀들로부터 벗어날 수가 없다.

뱀 여성은 다시 여신이 될 수 있을까

학대와 난도질을 당한 뱀 여성은 세월에 걸쳐 성 정치학에 끔찍한 영향을 남겼다. 뱀 여성을 만든 불안은 너무 깊이 뿌리내리고 있어서 금세 사라지지는 않을 것이다. 성과 채워지지 않은 욕망, 탄생과 죽음 같은 삶의 기본적인 진실이 거부될수록 뱀 여성은 더욱 끔찍하고 해괴해진다. 조지프 캠벨이 지적했듯 "어머니 자연, 어머니 이브, 세계의 어머니이자 **정부**mistress는 상주하는 존재이고, 고르고네이온은 과격하게 베일수록 더 무시무시해질 것이다".

잘롱고는 이렇게 제안한다. "가부장 사회로부터 물려받은 상징을 털어 내야 한다." 죄와 뱀의 모욕적인 이미지가 전복되어야 여성의 창조적인 힘이 다시금 격상될 수 있다. 그리고 그렇게 되어 가는 중이다. 역사 전반에 걸쳐 오랫동안 쓰레기 취급을 당했던 릴리트와 이브에게는 오늘날 다른 페르소나가 주어진다. 릴리트의 반항심과 이브의 불복종은 주체성과 자기 결정의 행위로 재해석된다. 그들은 최초의 페미니스트로 아담의 순진한 눈을 열어 성인의 삶이라는 현실을 직시하도록 만들었다. 아담은 마치 비디오 게임에 빠진 청소년처럼 에덴동산에서 그저 빈둥거리고 싶었겠지만 릴리트와 이브가 그를 정신 차리게 만들었다. 릴리트는 불가사의한 설화에서 구출되어 이제 릴리트 소사이어티 같은 신新이교주의 단체의 상징적인 우두머리가 되었다. 한 유대인 페미니스트 단체에서 발행하는 독립 간행물 제목 역시 릴리트이다.

일부 작가들은 남성 지배적인 신화를 뒤집어 새로운 관점에서 보는 방식으로 이 괴물들을 재해석했다. 매들린 밀러의 《키르케》(2018), 나탈리 헤인즈의 《눈먼 돌 Stone Blind》(2022), 니키 마머리의 《릴리트》(2023) 등의 최근 소설은 이 뱀 여성들에게 내면세계를 부여하고 엉킨 뱀을 풀어 준다. 괴물 같은 대상이 아니라 부당한 일을 당하고 분노에 찬, 정신적 깊이가 있는 인물로 만든다. 《눈먼 돌》에서 메두사는 사실 인간에 더 가깝고 괴물인 자매들은 그런 메두사를 기괴한 시선으로 본다. 헤인즈는 메두사와 그밖의 여성 인물이 겪는 남성에 의한 잔학 행위를 가감 없이 드러낸다. 전통적인 서사에서처럼 은은히 빛나는 구름이나 동물의 모습으로 잔학성을 위장하지 않는다. 이런 재해석은 이야기의 중심에 여성을 다시 데려다 놓고 수 세기에 걸친 가부장적 전승에 저항한다.

2020년 뉴욕 카운티 형사 재판소 건너편 공원에 설치된 조형물이 논란을 일으켰다. 아르헨티나계 이탈리아 조각가 루치아노 가르바티의 〈페르세우스의 머리를 든 메두사〉였다. 이탈리아 피렌체 시뇨리아 광장에 있는 벤베누토 첼리니의 〈메두사의 머리를 든 페르세우스〉(1545~1554)에 대한 응답이었다. 가르바티는 메두사를 뱀 머리칼을 쓸어 넘기고 어두운 눈길로 노려보는 탄탄한 몸을 가진 여성의 모습으로 빚었다. 그리고 한 손에는 검을, 다른 한 손에는 황당한 표정을 한 페르세우스의 잘린 머리를 쥐고 있다. 하비 와인스틴 재판이 벌어지는 가운데 강간 문화와 싸워 얻은 승리를 상징하는 작품이었지만 말할 것도 없이 많은 사람의 화를 돋우었다. 흑인 여성이 시작한 미투 운동을 기념하기 위해 유럽 신화를 바탕으로 한 창작물을 백인 남성 작가에게 돈을 주고 맡겼다는 비판도 있었다.

　　페미니즘의 관점에서도 가르바티의 조형물은 문제였다. "가부장적 상징을 털어 내 버려야 한다"는 잘롱고의 말이 남성적 힘의 상징인 검을 이용해 남자에게 폭력을 돌려주라는 뜻은 아니었다. 오히려 그 조형물은 대항해야 할 관념을 포용한다. 뱀 여성이 남성 폭력과 여성에 대한 공포가 반영된 존재라면 남자의 잘린 머리통을 들고 있는 메두사 조형물은 끔찍한 최후를 맞아야 마땅한 여성 괴물이라는 이미지를 더욱 강화한다. 이번 메두사는 더 예쁘고 날씬하고 체모가 없는 모습이지만 여전히 공포스럽다. 그 무엇도 변하지 않았다.

까다로운 문제이다. 영장류가 오래도록 생명수the tree of life 의 열매와 뱀과 다져 온 관계를 풀어내기는 쉽지 않다. 생명 창조의 힘을 그 지저분한 함의, 즉 죽음 혹은 성을 통제하는 문제에서 비롯된 갈등들에서 분리하기란 불가능하다. 여기서 생겨난 공포와 시기심이 뱀 여성을 그토록 강력한 괴물로 만든다. 역사가 톰 홀랜드가 《도미니언》(2019)에서 주장하듯 여성을 그토록 저주했던 기독교의 신화는 여전히 서구의 세계관에 녹아들어 있다. 인간 역시 영장류라는 근본에서 벗어날 수 없다. 그러면 어떻게 해야 할까? 가르바티의 조형물처럼 힘과 폭력의 위계를 뒤집어 껍데기뿐인 승리를 즐길 수도 있다. 아니면 요즘 유행하듯 페미니즘의 관점에서 신화를 재해석해 뱀 여성의 인간성을 일일이 회복시킬 수도 있고.

여기, 만만치 않지만 또 다른 선택지가 있다. 바로 강력하고 치명적인 메두사의 시선을 똑바로 마주하는 일이다. 이는 뱀과 선악과 그리고 이브를 함께 고려 대상으로 삼고 그 모두를, 딸려오는 모든 것을 받아들인다는 뜻이다. 우리는 타락한 자연의 죄를 사하고, 다음 장에서 살펴보듯 야생과 인간의 관계를 치유하려고 노력할 수 있다. 우리가 피와 살을 가진 동물이기에 겪어야만 하는 복잡한 어려움을 기꺼이 받아들인다면 고르곤의 얼굴이 덜 공포스러울지 모른다. 뱀 여성은 다시 여신이 될 수 있다.[22]

---

22   조지프 캠벨은 이에 관해 날카로운 논평을 남겼다. "이것이 어머니 여신을 숭배하는 종교가 훌륭한 한 가지 이유이다. 세계가 여신의 몸 그 자체로 신성한 종교, 신성이 타락한 자연을 억압하고 통치하지 않는 종교를 말한다. 에덴의 타락 이야기는 자연을 부정하다고 본다. 그 믿음은 세상 전체를 부정한 것으로 만든다. 자연이 부정하므로 모든 임의적인 행동은 죄이며 거기 굴복해서는 안 된다. 내 문화권의 신화가 자연을 타락한 것으로 보느냐 아니면 자연을 신성의 현시라고 보느냐에 따라 완전히 다른 문명, 완전히 다른 생활 방식이 나온다."

제5장 : 경계 위를 걷는 자들

"……이 어둠의 것
내 것임을 인정하오."

윌리엄 셰익스피어

야생을 몰아내기 위해 '인간의 장소'에 경계를 긋기 시작한 뒤로 우리는 야생이 우리 영토를 도로 빼앗아 갈까 두려워했다. 인간의 상상력은 두려움을 우리가 지은 문명적 질서를 위협하는 야만스럽고 털이 많은 괴물 인간으로 둔갑시켰다. 유럽 설화 속의 초록 인간과 야생인, 반은 인간이고 반은 염소인 파우나와 사티로스, 부랑자, 숲속의 존재 우드워스 등이 인간 문명이 닿지 않는 어지럽고 어둑한 곳에 살고 있다고 전해졌다. 우리 밖의 야생 그리고 우리 안의 야생이 남긴 설화적 자취이다. 영국 대영박물관의 기록 보관소에도 이러한 존재가 숨어 있다. 그것은 10세기 후반이나 11세기 초 쓰여진 고대 영문시 《베오울프》가 담긴 양피지에 산다. 그 이름은 그렌델. 그렌델은 늪지대 한가운데의 동굴에서 어머니와 함께 살았는데 어머니도 그렌델만큼 끔찍하고 흉한 모습을 한 이름 없는 존재였다. 그렌델의 죽음에 대한 이야기가 기록된 이후 약 1천 년 동안 그렌델은 여러 다른 모습으로 그려져 왔다. 그렌델 그리고 그와 유사한 존재들은 인류가 야생과 맺은 관계에 대해서 많은 바를 말해 준다. 그리고 우리가 내면의 야생을 억압하기 위해 그것을 바깥의 야생으로 추방한다는 사실을 보여 준다. 그리고 야생성을 밀어내는 행위의 위험성에 대해서도 많은 것을 시사한다. 그러나 일단 그렌델의 이야기의 원형부터 들어 보자.

6세기 덴마크의 흐로스가르 왕은 눈부신 연회장 헤오로트에서 나라를 다스렸다. 영토의 화려한 중심인 헤오로트는 매일 밤 만찬과 음악으로 가득 찼다. 전사들은 터무니없는 모험담을 떠들며 벌꿀 술 거품이 넘쳐흐르는 거대한 잔을 높이 들었다. 동료들은 친구의 이야기가 도를 넘으면 야유를 보냈다. 남자들은 오직 여인들이 보내는 경탄의 시선만을 바랐다. 그러나 고운 옷을 입고 금발을 땋아 내린 여인들의 눈길을 가장 많이 끈 사람은 왕의 음유 시인, 영광스러웠던 옛 시대에 얽힌 매혹적인 시와 노래를 짓는 이였다.

반면 그렌델과 어머니는 추하고 사나우며 굶주려 있었다. 인간이 기를 쓰고 감추고 싶어 하는 모습 그대로였다. 둘은 헤오로트 근처에도 갈 수 없었고 그 주위를 에워싼 거친 황무지에서 외롭게 살아야 했다. 그러나 그렌델의 굴에서는 헤오로트에서 흘러나오는 소리가 들렸고 데인족 사람들이 흥청망청 노는 소리에 그렌델은 화가 치밀었다. 분노를 주체하지 못한 그렌델은 마침내 숲을 헤치고 달려갔다. 그렌델의 커다란 발밑에서 땅은 쩍쩍 갈라졌다. 목재로 지어진 연회장으로 난입한 그렌델은 헤오로트를 짓밟아 피바다로 만들었다. 그가 남자들을 박살 내고 잡아먹자 사람들은 공포에 질려 달아났다. 이러한 갑작스럽고 무자비한 습격은 여러 해 동안 반복되었다. 아무리 튼튼한 갑옷을 입었더라도, 아무리 용감한 전사라도 그렌델을 막을 수 없었다. 그가 그야말로 너무 강하고 너무 난폭했기 때문이다.

어느 날 한 영웅이 병사들과 함께 배를 타고 도착했다. 예아트족의 왕자 베오울프였다. 그날 밤 만찬장에서 그는 온갖 거창한 무용담을 늘어놓았다. 트롤의 본거지를 습격한 일, 적을 베어 죽인 일, 괴물이 들끓는 강물을 누가 먼저 헤엄쳐 건널지 대대적인 경쟁을 벌인 일 등. 모두가 베오울프의 이야기를 믿은 것은 아니지만 호로스가르 왕은 밤마다 반복되던 공포에 곧 종지부를 찍을 수 있겠다는 생각에 무척 기뻤다. 그 즈음에는 구원받을 데인족이 남아 있다는 사실조차 놀라울 지경이었다.

베오울프는 만찬이 끝난 뒤 뜬눈으로 누워 있었다. 약속을 지킬 준비, 그렌델과 결투를 할 준비는 끝났다. 어두운 연회장에서 모두가 잠든 한밤중, 그렌델이 공격해 왔다. 그는 인간의 팔다리를 잡아 뜯는가 하면 비명을 지르는 인간을 붙잡고 연회장의 육중한 목재 기둥에 휘둘러 얼굴을 망가뜨렸다. 오직 베오울프만이 어떠한 갑옷도 무기도 없이 자신의 초인적인 힘만을 믿고 그렌델과 겨루었다. 격렬한 분투 끝에 베오울프는 그렌델의 나무 줄기 같은 팔을 당겨 찢었고 팔은 마치 솔기가 터지듯 어깨에서 뜯겨져 나왔다. 그렌델은 애처롭게 울부짖으며 어둠 속으로 도망가 죽음을 맞았다.

그러나 베오울프의 모험은 거기서 끝나지 않는다. 그렌델의 이야기도 끝이 아니었다. 앵글로색슨 영어, 즉 고대 영어로 쓰인 이 시는 무려 3천 행으로 그렌델의 어미가 헤오로트를 상대로 벌인 잔인한 복수로 이야기를 이어 간다. 그렌델의 어머니는 밤을 틈타 연회장을 습격하여 왕의 오른팔이었던 신하를 죽인다. 찢겨 나간 아들의 오른팔에 대한 복수였다. 다시 임무가 생긴 베오울프는 그렌델의 어미를 찾아 나섰다. 그리고 온갖 괴물들이 몸부림치는 늪을 지나 그렌델의 축축한 굴을 찾아갔다. 그렌델의 어미는 아들보다 훨씬 더 무서운 상대였고 무기를 놓친 베오울프는 패배할 위기에 놓였다. 상대는 의기양양하게 베오울프를 덮쳤다. 그때 마침 베오울프는 그렌델의 어미가 쌓아 둔 보물에서 거대한 검을 발견해 그러쥐었고 이를 휘둘러 상대의 목을 댕강 베었다. 마지막으로 베오울프는 그렌델의 시신에서 거대한 머리통을 잘라 내어 이 전리품을 헤오로트로 가져갔다. 베오울프에게는 온갖 찬사가 쏟아졌다.

베오울프는 예아트족을 다스리러 자기 땅으로 돌아갔지만 평화롭게 살지는 못했다. 그가 귀향하고 몇 년 뒤 고대의 용이 활동을 시작했다. 용이 정성 들여 지키던 보물 창고에서 누군가 술잔을 훔친 것이 발단이었다. 용은 하늘로 날아올라 불길을 뿜어 땅을 흔들었다. 예아트족의 영토는 쑥대밭이 되었다. 용과 싸울 자는 베오울프가 유일했지만 싸움에 나선 베오울프는 그 불가피한 결말을 이미 알았다. 온 힘을 다해 싸웠으나 그는 이 마지막 운명의 괴물을 죽이는 동시에 자신도 치명상을 입었다.

팔이 찢겨 나간 그렌델은 수백 년 동안 역사 속에 잠들어 있다가 마침내 소생되었다. 《베오울프》 필사본은 하마터면 18세기에 화재로 소실될 뻔했다. 19세기에는 고대 영어 원본이 새로이 번역되어 상상 속 과거의 영웅 시대를 누비는 그렌델의 모습을 드러냈다. 이후 그렌델은 영화, 소설, 만화책 등에서 다양하게 재창조되었다. 그 가운데 가장 주목을 받은 작품은 미국 작가 존 가드너의 《그렌델》이다. 가드너의 이야기는 괴물의 관점에서 늘어놓는 어둡고 철학적인 논평으로 이 장에서도 계속 살펴볼 것이다. 앞으로 설명하겠지만 그렌델이 끈질기게 살아남은 이유는 그가 경계에, 즉 문명과 문명 사이, 시대와 시대 사이, 그리고 인간과 자연 사이에 있는 존재이며 경계에서 발생하는 온갖 갈등의 결과물이기 때문이다.[1]

나는 청소년 시절 에딘버러 프린지 페스티벌에서 처음 《베오울프》를 접했다. 갑갑한 지하 극장에서 하는 1인극 형식의 《베오울프》였다. 예매해 둔 공연 일정이 빽빽했던 탓에 늦게 도착한 우리는 우비를 부스럭거리며 빈 자리에 대충 끼어 앉았다. 최대한 방해가 되지 않게 겉옷을 벗으려는 순간 무대에서 들려온 소리에 몸이 굳었다. "자!" 극장 안을 울린 단음절의 소리. 셰이머스 히니가 번역한 《베오울프》의 도입부였다. 이후 현대어로 번역된 고대 영어의 만찬이 서정적인 아일랜드 억양으로 이어졌다. 시를 들이켜고 있는 느낌이었다. 기름지고 거품이 부드러우며 감칠맛이 좋은 시였다. 나는 그날 《베오울프》와 사랑에 빠졌

---

[1] 《베오울프》 필사본에는 기타 중세 텍스트도 포함되어 있다. 성 크리스토퍼의 기록이나 기괴한 짐승과 괴물이 그려진 《동방의 불가사의 The Marvels of the East》, 《알렉산드로스가 아리스토텔레스에게 보낸 서한 Letter of Alexander to Aristotle》, 고대 영어로 쓴 시 《주디스 Judith》의 일부분도 있다. 존 코튼 경(?~1702)은 《베오울프》 필사본을 나라에 기증했고 대영 박물관이 소장하게 되었다. 그렌델의 이야기는 오늘날 소설, 만화책, 영화 등에서 전복되어 그렌델은 군 권력이나 폭력의 피해자로, 그의 복수심은 정당한 것으로 그려진다. 괴물은 권력을 가진 인간들의 공격성이 투영된 결과이다.

다. 내가 사랑한 상대는 영웅인 주인공이 아니었다. 베오울프는 너무 불가사의한 존재였다. 나는 태피스트리 같은 시 자체, 그리고 거기 그려진 인간의 생생한 불안을 사랑하게 되었다.

어릴 때 아버지는 나에게 J. R. R. 톨킨의 책을 읽어 주었다. 우리는 《호빗》(1937)에서 시작해 《반지의 제왕》(1954)까지 읽었다. 나는 아버지의 품에 안겨 움직이지 않으려고 애썼다. 움직이면 아버지가 불러온 세계가 흐트러질 것 같았다. 아버지는 인물들의 이름을 또박또박 발음하기를 즐겼는데, 김리, 고르고로스, 모르둘, 프로도를 발음할 때는 R을 정갈하게 굴려서 발음했다. 나는 그 예스럽고 이국적인 느낌이 좋았다. 눈부신 엘프족과 호빗들이 사는 전원이 나를 사로잡았고 발로그나 모르도르의 소용돌이치는 어둠에 몸이 굳었다. 스미골은 아주 색다른 괴물이었다. 혐오스럽고 동시에 무척 익숙했다. 생살을 선호하는 입맛, 퍼덕이는 축축한 손, 시체 같이 창백한 낯은 역겨웠지만 나약하고 시기심 많은 스미골에게 측은함을 느끼기도 아주 쉬워서 당혹스러울 정도였다.

수년이 지난 뒤에야 톨킨이 중세 원전에 빠져 있었으며 《베오울프》 같은 작품에서 영감을 받아 중간계Middle Earth를 만들었다는 사실을 알게 되었다. 중세 유럽 신화를 이용해 전쟁으로 파괴된 영국을 위한 새로운 신화였다. 두 작품은 마치 거울을 사이에 두고 마주 보고 있는 듯하다. 둘 다 상징적인 보물, 마법의 검 등을 다루고 부도덕과 용맹 사이에 위태롭게 선 인물들을 그린다. 용과 바다 괴물이 굴을 지키는 점도 똑같다. 《반지의 제왕》에 나오는 거미 쉴로브와 《베오울프》에 나오는 그렌델의 어미는 둘 다 오만한 괴물이자 어머니이다. 그리고 두 이야기 모두에 그늘 속 불쌍한 존재, 그렌델과 스미골이 나온다.

그러나 이 오합지졸 괴물들 사이에 끼인 영웅들은 날카롭게 대비된다. 조각처럼 멋진 베오울프는 《반지의 제왕》 속 진정한 영웅인 아담한 호빗들과 조금도 닮지 않았다. 재료는 비슷하지만 두 이야기가 실은 매우 상이한 시대를 위한 매우 상이한 신화임을 보여 주는 단서이다. 톨킨의 세상은 참혹한 기계 전쟁에 의해 발기발기 찢기는 중이었다. 톨킨은 털북숭이 발을 가진 인류가 권력에 굶주린 폭군들의 뒤틀린 계략을 무산시키는 이야기를 상상했다. 《베오울프》는 인간이 아직 지구를 다스리지 못했던 시절에 쓰였다. 인류는 아직 제 영역을 뚜렷하게 확립하지 못했고 자기 확신이 부족했다. 야생은 취약한 사회를 침범하는 위험한 곳이었다. 인간이 미개했던 과거도 그다지 멀지 않았기 때문에 인간성을 야만성으로부터 떨어뜨려 놓기도 쉽지 않았다. 그렌델은 이러한 불안감에서 만들어졌다. 4장에서는 비늘로 뒤덮인 어머니 자연을 향한 우리의 공포를 들여다보았다. 이번에는 야만적인 괴물 인간이 어떻게 인간의 까다롭고 미개한 부분을 문명사회에서 퇴출시키는 데 동원되었는지 알아볼 것이다.

'괴물이 아닌' 혹은 '괴물 같은' 존재

《베오울프》는 앵글로색슨 말기, 노르만족이 영국 전역을 침략했던 11세기 후반에 나온 작품이다. 여전히 우리 세계에 녹아 있는 아득한 과거의 세상이 보이는 신비로운 창이다. 오늘날 우리가 사용하는 여러 영어 단어가 앵글로색슨 어원을 갖고 있다. 망치hammer, 칼knife, 겨울winter, 남편husband, 이름name, 진실truth 등이 그렇다. 《베오울프》의 언어는 앵글로색슨인이 세계의 구조를 어떻게 생각했는지에 대해 매우 풍부한 통찰을 제공한다. 그 구조는 오늘날 우리가 생각하는 구조와는 매우 다르다.

중세학자 제니퍼 네빌은 《베오울프》를 비롯한 운문 작품에서 드러나는 앵글로색슨 문명과 자연 간의 관계를 탐구한다. 네빌의 주장에 따르면 앵글로색슨은 오늘날 우리처럼 '자연 세계'를 인류나 초자연과 구분하지 않았다. 괴물이나 초자연적인 것들도 모두 자연의 일부였고 이는 당연하게 여겨졌다. 앵글로색슨에게 '괴물'은 인간의 특징을 빼앗아 사회적 질서를 위협하는 존재였다. 인간은 '괴물이 아닌' 존재로 정의되었다. 범죄자를 뜻하는 웨아그^{wearg}는 괴물이나 악마, 악령을 지칭하기도 했다. 바이킹의 침략이 잦고 이웃 나라들과 수시로 전투가 벌어졌으며 사회가 붕괴할 위험이 컸던 시기, 즉 사회가 매우 불안정하다는 느낌이 들었던 당시에 이러한 구분은 아주 중요했다. 그렌델 같은 존재는 그럴듯하다고 여겨졌을 뿐만 아니라 사회에 필요했다.[2]

《베오울프》에서 인간과 비인간은 표면적으로 명확히 구분된다. 밝은 빛의 고리와 온기가 소나무 숲의 음침하고 악한 기운과 대비를 이룬다. 헤오로트는 아늑하고 친숙하며 흐로스가르 왕의 권력 아래 평화가 유지되는 곳이다. 약탈에 눈먼 적군이 언제든 저 멀리서 습격해 올 수 있는 상황이지만 그 적들조차 인간 세상의 일부이다. 그 세상은 무기와 방패가 줄줄이 걸린 연회장의 나무 들보 아래 있다. 데인족의 요새를 에워싼 길들지 않은 야생이 훨씬 더 위험하다. 그곳은 그렌델처럼 끔찍한 것들로 가득하다. 그렌델은 헤오로트가 원치 않는 모든 것을 담고 있다. 폭력

---

[2] 노르만 정복(1066~1671)이란 윌리엄 1세가 노르만, 브르타뉴, 플랑드르, 프랑스군을 이끌고 잉글랜드를 침략한 일을 말한다. 노르만족의 침략이 입힌 문화적 치명상은 잉글랜드의 사회 구조와 언어를 급진적으로 뒤바꾼다. 폴 킹스노스의 《경야$^{The\ Wake}$》(2014)는 당시 펜랜드 지방에 살았던 사람의 삶을 뛰어난 상상으로 재구성한 소설이다.

을 위한 폭력을 사용하는 그렌델은 영예를 얻기 위한 원정에 나선 것도 아니다. 그가 가져오는 죽음은 어떠한 명분도 없다. 그렌델은 모두를 위협하는 "어두운 죽음의 그림자"로 법이나 동맹 같은 제약에 얽매이지 않는다.

하지만 그렌델과 그의 어미는 정확히 얼마나 '괴물 같은' 존재들일까? 헤오로트 주변 습지에 사는 그들은 인간과 매우 비슷하며 메아크스타파^{mearcstapa}, 즉 '경계 위를 걷는 존재'이다. 정확히 어떤 모습인지는 불분명하다. 그렌델의 어미는 "여자처럼 생겼고" 그렌델은 아주 크고 강한 "남자의 모습"을 하고 있다. 이러한 모호함은 중요하다. 그렌델과 어머니의 본성은 그들이 주는 **인상**을 바탕으로 추정되어야 하기 때문이다. 이들은 피에 굶주린 외부자이며 인간과 비슷하지만 인간과 분명히 다르다. 헤오로트의 평화를 유지하는 용기와 명예라는 사회 계약이 그들에게는 아무 의미가 없기 때문에 비인간적이다. 흉포한 성격은 끔찍한 생김새를 **암시**하지만 정확히 알 수는 없다.

나아가 그렌델의 고립된 상태가 폭력을 부추긴다. 그렌델은 인간의 가장 흔한 감정인 질투심에 사로잡힌다. 셰익스피어의 《폭풍우》(1610~1611)에 나오는 노예 캘리반과 비슷하다. 캘리반은 마법사 프로스페로가 자신을 푸대접하고 착취한다고 불평한다. "내 어머니 시코랙스의 것이니 곧 내 것인 이 섬을/그대는 빼앗았지./도착하자마자/그대는 나를 쓰다듬고 칭찬해 주었지." 캘리반은 야생의 섬이 가진 풍요의 비밀을 프로스페로에게 보여 주었지만 배신당했고 태어날 때부터 주어진 권리를 박탈당했다. 그리하여 그는 복수를 계획한다. 프로스페로의 딸을 겁탈하고 당장 반란을 일으킬 작정이었다. 캘리반이 얼마나 '괴물' 같은지는 우리의 상상력과 연출가들의 창의성에 달려 있다. 셰익스피어의 설명만 봤을 때는 피부색이 다르거나 위생 관념이 부족한 사람, 아니면 그저 흉하게 생긴 사람일 수도 있다.[3]

그런데 그렌델과 캘리반을 비롯해 따돌림 당하는 존재들은 어디에나 있다. 그러한 소외된 인물은 인간의 야만적인 특성을 죄다 짊어지고, 그 결과 배척당한다. 이들이 괴물인 이유는 희생양이기 때문이다. 그렌델은 갑자기 터져 나올 수 있는 인간 정신 속 파괴적이고 야만적인 공격성을 상징한다. 질서가 언제든 무너질 수 있는 사회에서 그러한 본성은 지나치게 위험했다. 그

---

[3] 캘리반을 설명하는 말로는 괴물, 노예, '인디언' 등이 있다. 그는 파타고니아의 신을 숭배하는 아프리카의 알제리에서 온 마녀의 아들이다. 식민지 유럽인이 보는 '원주민'의 이도저도 아닌 상태, 즉 딱히 인간이라고는 할 수 없는 상태를 상징하는 인물이 바로 캘리반이다. "무슨 짐승처럼 꿍얼꿍얼" 댔다는 프로스페로의 말은 이를 뒷받침한다. 캘리반의 이름은 식인종^{cannibal}을 뜻하는 말에서 왔을 수도 있다. 문명화되지 않은 낯선 땅에 식인종이 살고 있다는 전통적 믿음이 반영된 결과일 것이다.

래서 그들은 '타자'로 만들어졌다. 우리가 아니다. **우리**는 저렇게 행동하지 않는다. 식인 풍습은 더더욱 문제였다. 그래서 앵글로색슨 문명의 상상력은 이러한 파괴적인 인물들을 변두리로 밀어 놓고 본래 축축한 굴에 서식하는 악한 존재로 만들었다.

  하지만 따지고 보면《베오울프》에서도 사회적으로 용인 가능한 것과 불가능한 것의 경계는 그다지 명확하지 않다.《베오울프》는 두 문화가 대립했던 경계성의 시대에 만들어졌다. 잔인하고 웅장한 게르만계 전사 문화의 특징은 약탈과 노획이었다. 이런 배경 위에 기독교 유일신을 믿으며 영위하는 보다 안정적이고 전원적인 삶이 배치되어 있다.《베오울프》를 쓴 사람은 기독교인이었지만 그 배경은 과거의 치열했던 영광의 시대였다. 두 가치관 사이의 긴장이 작품 전체에서 맥박 친다. 피어린 승리를 위한 원정에서 영웅은 여러모로 상대만큼 폭력적이다. 그러나 영웅에게는 요새를 지킨다는 명분이 있다. 그렌델은 낡고 폭력적인 존재 방식의 어두운 이면을 상징하고 다른 괴물들과 함께 쫓겨나 야생의 존재로 살아가야 한다.《베오울프》가 만들어진 기독교적 순종과 겸손의 새 시대에서 그렌델은 낡은 가치관으로 인한 모든 죄를 뒤집어쓴다.

  기독교인이었던 저자는 그렌델과 그의 어미에게 성서적 낙인을 찍으며 그들이 '나쁜 부류'라는 사실을 명확히 한다. 이 둘은 "카인의 후손"이므로 죄인의 핏줄을 타고났다는 것이다. 구약 성서에 나오는 카인과 그의 남동생 아벨은 아담과 이브가 처음으로 낳은 형제다. 하느님의 냉대를 받은 카인은 질투심에 하느님이 편애하던 아벨을 죽였고 그 죄로 영원히 저주를 받는다. 인간 사이에서 태어난 최초의 인간이 최초로 살인을 하고 최초로 추방된 것이다. 어떤 신학자들은 카인이 거인들을 낳았고 그렌델과 어머니가 그 핏줄이라고 생각했다. 이 설명은 반사회적인 괴물들을 신의 법에 저항한 역도로 놓고 그들이 신이 만든 헤오로트를 먼지와 재로 되돌려 놓으려 한다고 주장한다.[4]

물론 오늘날 우리가 《베오울프》를 접하려면 번역을 거쳐야 한다. 고대 영어를 배울 시간이 있는 사람들은 많지 않다. 스탠퍼드대학교 문예 창작 교수 크리스틴 알파노는 우리가 번역가들의 시각이라는 프리즘을 거쳐 이야기를 접한다고 지적한다. 번역가들은 괴물들을 미묘하게 바꾸어 놓았다. 따돌림 당한 이들에게 인간성을 부여하려는 현대적인 경향, 즉 '타자화'를 지우려는 노력이 그렌델과 그의 어미에게 화해의 표시인 올리브 가지를 내밀지 않았을까 생각할 수 있다. 번역가들이 그렌델과 어머니를 좀 더 공감 가는 존재로 그리지 않았을까? 그러나 정반대

---

4 카인이 베일에 쌓인 네피림 거인족의 시조라는 성서 해석도 존재한다.

의 현상이 벌어졌다. 현대로 올수록 번역가들은 그렌델과 그의 어미를 더욱 괴물 같은 모습으로 그린다. 원작에서 그렌델은 "비탄에 잠긴" 존재로 "남자의 모습을 하고 비참하게 추방의 길을 걸었다". 그러나 여러 현대 번역 속에서는 인간의 지위를 빼앗긴다. 이것은 그렌델이 내는 소리에서 뼈저리게 느껴진다. 원작에서 그렌델이 고통에 울부짖는 소리를 일컫는 단어는 헤오로트에서 들리는 노랫소리를 지칭하기도 한다. 그렌델은 죽으면서 가슴이 저미는 "비가gryeleop"를 부른다. 그러나 이후 번역본에서 이런 소리는 짐승이 내는 의미 없는 소음으로 바뀌었다. 예를 들어 "패자의 신음" 그리고 "엄청난 통곡"을, 히니는 "상처에 아파하며 지옥의 파도 같이 울부짖었다"고 번역했다.

　　　이와 마찬가지로 여러 유명한 현대 영어 번역본에서 그렌델의 어미를 "괴물 여인" "귀신 같은 괴물" 혹은 "바다의 마녀" 등으로 소개하지만 원문은 "부인ides" 혹은 "여전사aegcaelwif"이다. 그렌델의 어미는 좀 더 동정적인 시선으로 바라보아야 할지도 모른다. 아들이 죽은 뒤에야 비로소 헤오로트를 공격하기 때문이다. 전사 사회의 법칙에 따라 영웅적인 복수를 했다고 볼 수 있겠지만 그런 해석은 주어지지 않았다. 알파노는 "그렌델의 어미로부터 인간성을 박탈해 번역가들이 복수하는 어머니를 피에 굶주린 괴물로 둔갑시켰다"고 주장한다. 마리나 워너가 설명했듯이

우리는 이제 그렌델의 어미를 생각할 때 "핏빛 호수 속 지하방"에 숨은 괴물을 떠올린다.[5]

영화로 만들어질 경우에는 더욱 자유롭게 재해석된다. 그렌델의 어미 같은 못생긴 늙은 마녀도 치명적인 성적 매력을 가진 대상으로 그려질 수 있다는 말이다. 로버트 저메키스 감독의 2008년 영화 〈베오울프〉에서는 그렌델의 어미를 안젤리나 졸리가 연기한다. 그는 황금 뱀을 닮은 요부의 모습으로 헤오로트의 왕과 영웅들을 유혹한 뒤 흉측하고 난폭한 자식을 낳는다. 사회를 내부에서 갉아먹도록 욕정과 탐욕을 부추기는 세이렌의 노래이다. 이처럼 앵글로색슨 시를 현대에 맞게 해석 가능하다는 점은 이 괴물이 얼마나 무른 존재인지 보여 준다. 더 나아가 우리 자신의 세계관에 대해서도 암시하는 바가 있다. 우리는 앵글로색슨인들에 비해 괴물이 멀리 있다고, 괴물은 이방의 존재이며 추호의 인간성도 없다고 **생각**한다. 이것은 착각이다.

---

5   크리스틴 알파노는 이렇게 주장한다. "그렌델의 어미는 기존의 성별 구분을 무색하게 한다. 앵글로색슨에게 그러한 어머니는 '무시무시한atoll' 존재이지만 현대 번역가들에게는 '괴물 같은' 존재이다."

신은 없고 오직 괴물만

괴물을 무찌르는 이야기를 읽을 때 우리는 대개 영웅을 응원한다. 위기, 분투, 극복이라는 만족스러운 서사를 기대하며. 그러나《베오울프》에서는 그렇게 간단하지 않다. 영웅은 그렇게 카리스마 넘치는 인물이 아니다. 스스로 남들과 다르다고 생각하는 오만방자한 용병일 뿐이며 끝에 가서는 지옥에서 터져 나온 박쥐 같은 용에게 패배한다. 무엇보다 이 이야기의 중심은 베오울프가 아니다. 그렌델과 그 어미는 죽은 뒤에도 그림자로 남아 큰 존재감을 보여 준다. 계속해서 모든 문제의 핵심으로 남아 있다.

1936년, 톨킨은《베오울프》에 대해 〈괴물과 비평가들〉이라는 중요한 강연을 했다.《베오울프》연구를 근본부터 흔드는 강연이었다. 톨킨은 비평가들이 그동안 잘못해 왔다고, 괴물을 어떻게 다루어야 할지 몰라 회피해 왔다고 지적했다. **감사하지만** 우리는 고상한 전설과 무용담을 원하지 괴물은 아니라는 듯 연구에 임했다는 주장이었다. 판타지와 공상 과학 소설의 또 다른 거물 어슐러 K. 르 귄 역시 "비평가들은 대부분 용을 두려워한다"고 지적했다. 이해되지 않는 것은 아니다. 괴물 같은 존재들은 학문에서도 만만치 않다. 나 또한 지난 여러 해 동안 글로 다루었던 수많은 괴물들과 정신적으로 씨름해야 했다. 어떤 구조에도 깔끔하게 들어맞지 않기 때문에 다루는 방법을 알아내기가 매우 힘들다. 하지만 그 점이 괴물의 진정한 매력이다.

톨킨에게 "괴물은 불가해한 취향이 낳은 실수가 아니다. 필수이다". 괴물이 없다면 갑옷 두른 사람들에게는 서로 땅을 차지하기 위해 치고 박는 일밖에 남지 않는다. 괴물들은《베오울프》의 핵심이다. 이 서사시 속 영웅의 모든 행위는 괴물의 반작용이다. 톨킨은 괴물이 없다면 영웅도 필요 없고 애초에 이야기도 필요 없다는 점을 지적한다. 심지어 베오울프는 저 멀리 북해 너머에서 괴물의 끔찍한 선전포고를 듣고 달려온다. 용 때문에 달려온 것이 아니다. 용은 베오울프만을 위한 저승사자이다. 베오울프가 달려온 진짜 이유는 헤오로트를 어둠으로부터 구하기 위해서이다.

어떤 영웅이 필요한지도 괴물이 결정한다. 그렌델의 경우 오직 또 하나의 이방인만이 적수가 된다. 낯선 땅에서 온, 초인적인 능력을 가진 이 자는 홀로 황무지로 걸어 들어갔다. 베오울프와 괴물은 서로의 거울상이다. "무시무시한 적수 aglæca"라는 말은 영웅을 지시하기도 하고 괴물을 지시하기도 한다. 그렌델은 베오울프처럼 "다른 어떤 인간보다 덩치가 크다". 그렌델을 극도의 두려움에 빠뜨리고 팔을 뜯은 베오울프의 엄청난 손아귀 힘은 그렌델도 가진 특별한 능력이다. 그렌델이 연회장에 난입하여 데인족을 죽였 듯 베오울프도 그렌델의 어머니가 사는 곳으로 찾아가 아들의 몸을 해체한다. 오래된 과거의 혼돈에서 나온 괴물이 있다면 같은 맥락 속에서 이에 대적할 영웅이 필요하다. "슬픔에 빠져 허우적거리느니 사랑하는 이의 원수를 갚는 게 낫다"고 생각하는 사람이 필요하다. 마찬가지로《반지의 제왕》에서 혐오스러운 골룸과 순수한 프로도는 모두 호빗족으로 금으로 된 장신구에 참을 수 없이 이끌린다. 괴물들은 사회의 변두리에서 나타나고, 영웅은 제 의지로 나타났든 어쩔 수 없이 끌려왔든 그 괴물의 평형추로 이상화된다.

톨킨의 강연에서 특히 인상 깊었던 대목이 있다. "신들은 오고 갈지 몰라도 괴물은 떠나지 않는다." 이 말은 그렌델 같은 괴물의 본질을 잘 포착한다. 우리는 신도 만들고 괴물도 만들지만 괴물과 더 가깝다. 우리가 없애려고 했으나 없애지 못한 자신 안의 야수 같고 어두운 부분이 곧 괴물이다.《베오울프》는 이같은 음울한 사실과 정면으로 승부한다. 기독교인 작가가 이교도적 과거를 배경으로 쓴 이야기이지만《베오울프》의 세계에 진정한 신은 없다. 기독교의 하느님은 즉흥적으로 여러 번 언급되나 북유럽의 이교도 신들은 전혀 나오지 않는다. 이 지점에서 기독교 정전으로 여겨지는 성 게오르기우스와 용 이야기와 비교된다. 성 게오르기우스(성 조지)는 하느님의 대리인으로, 악마가 부리는 짐승을 무찌르고 신의 구원에 대한 희망을 준다. 아서 왕 전설도 마찬가지이다. 기사들은 하느님과 왕을 대신하여 대적할 괴물을 **찾아 나선다**. 아서 왕 전설의 여러 판본에서 기사들은 '울부짖는 야수Questing Beast'라는 것을 쫓는다. 그것은 목은 뱀의 모양, 몸은 표범, 다리는 사슴을 닮은 존재로 사냥감을 몰아가는 사냥개처럼 울부짖는다. 그러나 기사들이 추격을 멈추려고 하자 관심을 받지 못한 야수는 병든다. 기사들은 신성한 사냥을 계속하기 위해 야수가 다시 건강해지도록 보살핀다.[6]

그렌델과 그 비슷한 괴물들은 다른 종류에 속한다. 그들은 셀 수 없이 많다. 신이나 영웅이 있든 없든 추방된 괴물은 언제나 문제를 일으킬 것이다. 흥미로운 이야기가 끊이지 않는다는 면에서는 좋지만 우리가 우리 자신 그리고 우리 바깥의 세상과 맺는 관계의 관점에서 본다면 마냥 반기기는 어렵다. 신이 없는 《베오울프》의 세계에서 영웅은 문을 부수고 들이닥치는 어둠으로부터 벗어날 유일한 희망이다. 더러운 야수를 무찔러 줄 상상 속 이상적인 신인man-god이다.

하지만 괴물을 아주 지워 버릴 수는 없다. 괴물은 인류의

---

[6] 성 게오르기우스 신화는 튀르키예나 이스라엘에서 태어난 실존 인물을 바탕으로 만들어졌기는 해도 거의 다 허구이다. 성 게오르기우스 이야기에 용이 등장하기 시작한 시기는 이야기가 만들어지고 한참이 지난 뒤이다.

가혹한 진실이며 어디로도 가지 않는다. 괴물들이 들어오지 못하게 문을 걸어 잠가도 바깥에 남겨진 존재들은 악몽이 침투하듯 난폭하게 밀고 들어온다. 《베오울프》는 신이 나오지 않는, 오늘날의 호러 소설이나 영화 속 세계와 더 가깝다. H. P. 러브크래프트의 고독하고 잔인한 《아웃사이더》(1926)나 최신 TV 시리즈 〈더 라스트 오브 어스〉(2023)가 그렇다. 이 시리즈에서 코디셉스라는 곰팡이는 인간을 감염시켜 좀비로 만들고 문명을 초토화한다. 오늘날에도 우리는 야생 그리고 자신 안의 야성으로 괴물을 만든다. 그렇다면 묻지 않을 수 없다. 괴물에게는 왜 야생성이 주어졌을까?

야생성에 대한 공포

메소포타미아의 《길가메시 서사시》에서 주인공 길가메시와 그의 털 많은 동료 엔키두는 광활한 소나무 숲을 지키는 괴수 훔바바와 싸우기 위해 길을 떠난다. 머리는 사자를 닮고 몸에는 가시가 박힌 거대한 훔바바는 입에서 치명적인 불을 뿜는데다 고함만으로도 온 땅을 홍수에 잠기게 했다. 얼굴에는 뱀처럼 구불거리는 창자 모양이 새겨져 있었다. 그 모양을 바탕으로 사원의 사제들이 새나 양의 내장을 보고 점괘를 내듯 미래를 점쳤다.

길가메시와 엔키두는 훔바바를 속여 머리를 자른 뒤 주머니 안에 넣고 소나무 숲에서 나무를 베어 강물에 띄워 날랐다. 광야에는 귀한 것이 넘쳐 났다. 그러나 괴물처럼 여겨졌기에 정복당했고, 야생의 풍요는 정당한 전리품이었다. 훔바바의 잔인함은 야생의 잔인함과 달랐다. 훔바바는 풍요를 훔치려고 나선 영웅적 인간들의 공격성이 투영된 결과였다.[7]

인간은 지난 역사의 대부분 동안 길들지 않은 자연과 복잡한 관계를 유지해 왔다. 자원인 동시에 저주였고 풍요로운 동시에 통제 불가능했으며 인간의 거주지를 에워싸고 있었다. 자연은 우리에게 필요한 것을 주기도 하지만 우리가 창조한 것이 먼지가 되거나 혹은 뒤얽혀 살아가는 다른 생명체들의 먹이가 될 수도 있다는 사실을 일깨운다. 다음 장에서 살펴볼 바다의 힘과 마찬가지로 우리의 나약함을 상기시킨다. 에덴동산이라는 무해한 장소에서 추방된 신화 속 아담과 이브가 마주한 현실이 바로 이것이다. 그들은 갑자기 동산 밖 길들지 않은 자연을 이용해

---

[7] 수메르판《길가메시 서사시》에서 이 이야기의 배경은 이란 남서부의 자그로스 산맥이다. 아카디아판의 배경은 레바논이다. 점토로 이루어진 평야인 메소포타미아까지 귀중한 건축 재료를 가져오기 위해 먼 나라를 습격했던 역사가 반영되어 있다는 의견도 제기된다. 대영 박물관에는 기원전 1800~1600년경으로 거슬러 올라가는 고대 바빌로니아의 훔바바/후와 점토 가면이 있다. 가면에는 쐐기문자로 사르곤왕이 권세를 누린다는 예언이 새겨져 있다.

자연과 함께 살아야 했다. 다른 생물체와 마찬가지로 생존을 위해 환경과 싸워야 했다.

    우리가 가진 야생성의 상당 부분은 자연 세계 속에 존재하는 데 꼭 필요한 공격성이다. 우리는 살기 위해 다른 짐승과 경쟁하는 포유류이고 다른 유기체의 죽은 조직을 식량이자 보호 수단으로 삼기 때문이다. 인간에게 야생성은 살아 있기 위해 그리고 살아남기 위해 필수이다. 그러나 우리가 바라는 우리의 모습과 잘 들어맞지 않았다. 고삐 풀린 공격성과 폭력성은 사회를 이루고 사는 데 해가 된다. 규칙이 있고 부의 불균형이 있는 사회에서는 더 큰 해를 끼쳤다. 부의 불균형이 너무 커지면 폭력이 나타나 폭동이나 전쟁으로 이어졌다. 이런 공격성을 복싱 경기, 축구 경기, 컴퓨터 사격 게임 등 형식적이고 제한된 형태로 우회시키는 것도 하나의 관리 방식이다. 또 한 가지 방식은 그 공격성이 우리의 일부가 아니라 우리가 떠나온 자연의 일부이자 거기 사는 위험한 존재들의 탓이라고 가장하는 것이다.[8]

---

8   마리나 워너의 주장에 따르면 우리는 작고 무해한 몸을 가진 아이들에게 야생성을 허용한다. 아이들의 주체할 수 없는 식욕과 감정은 이들을 "작은 괴물"로 만든다. 모리스 샌닥의 《괴물들이 사는 나라》(1963)에서 맥스는 엄마 말을 듣지 않고 엄마를 먹겠다고 을러댄 벌로 저녁도 먹지 못하고 방에 갇힌다. 집이라는 감옥을 떠나 늑대 옷을 입은 맥스는 이세계의 숲에서 괴물들의 왕으로 군림하며 신나게 논다. 환상은 맛있는 저녁이 기다리는 집으로 돌아오면서 끝난다.

'길들지 않은 자연Wilderness'은 시대와 공간에 따라 미묘한 의미 차이가 있다. 앵글로색슨에게는 '불모지'와 다름없었다. 인간이 농사를 짓고 삶을 영위할 만한 기름진 땅과 확연하게 구분되는, 생산성이 없고 경작할 수 없는 땅이었다. 이곳에서 영혼은 악마의 유혹에 넘어갈 수 있었다. 유럽인들이 먼 땅을 황폐한 '불모지'라고 생각하는 이유이다. 그곳은 '야만인'을 비롯해 괴물 같은 존재로 가득하며 '문명화된 인간'은 이들을 정복해 생산적인 존재로 만들 수 있다고 보았다. 동물과 인간 사이의 경계는 걱정스러울 만큼 유동적이었다. 중세 연구자 마이클 빈틀리와 토머스 윌리엄스는 여러 중세 원전에서 "야수와 인간의 범주가 구분하기 힘들 정도로 흐리다"고 주장한다. 빈틀리는 야수가 야생 짐승일 수도 있고 "야수처럼 행동하는 죄 많은 인간"일 수도 있다고 강조한다. 난폭하고 잔인하고 인간 같지 않은 인간은 연속체 상에서 야수에 더 가깝다. 불명확한 경계선은 빈틈이 많았고 끊임없이 다시 그어졌다.[9]

따라서 '인간답지 않고' 짐승 같은 존재들을 인간에게 부

---

[9] 제니퍼 네빌은 오늘날 우리가 정의하는 '자연' 세계가 '초자연'과 '인간'을 제외시키는 개념이라고 말한다. 그러나 고대 영어에는 유사한 표현이 없었다. 앵글로색슨족은 지금에 비해 훨씬 더 모진 기후를 경험했을 테지만 대항할 능력은 더 적었을 것이다.

적합하게 여겨지는 곳으로 쫓아낸다는 논리는 말이 된다. 내부 문명은 취약하고 그 밖의 모든 것은 길들지 않은 자연에 속한다면 경계를 방어해야만 위험과 잔인성이 억제된 질서 있고 안전한 공간이라는 이미지가 강화된다. 그러나 그 결과 야생의 자연은 더 어둡고 위험해졌다. 그렌델을 비롯해 '경계를 침범하는 존재'들의 장소가 되었다. 그들은 밖에서 쳐들어오거나 안에서 언제든 분출할 수 있는 야생성이라는 어두운 위협이었다. 격분한 그렌델이 횃불로 밝힌 연회장에 쳐들어가 자신이 제외된 데 대한 벌을 내린 것처럼, 추방당했기 때문에 더 난폭하고 무시무시해진다.

이들은 상상 속의 괴물이 아니었다. 중세 사람들의 생각 속에 명백히 실재하는 존재였다. 늑대 인간을 예로 들어 보자. 그리스어로 리칸트로포스^{lykanthropos}, 고대 영어로 웨어울프^{werwulf}는 보름달이 뜬 밤에 그야말로 피에 굶주린 늑대로 변한다고 중세인들은 생각했다. 이 믿음은 아주 먼 고대로까지 거슬러 올라간다. 13세기에 살았던 틸버리의 변호사 저베이스는 자연을 방황하다가 광기 어린 공포에 사로잡혀 늑대로 변한 기사의 이야기를 기록했다. 그는 다행히 치료를 받은 덕분에 살 수 있었는데 다름 아닌 늑대의 앞발을 자르는 방법이었다. 또 어떤 남자는 한 달에 한 번 늑대가 되어 외딴 곳에 있는 모래 구덩이 속에서 벌거벗은 채 이를 갈고 뒹굴었다고 한다. 그렇게 해야 치유될 수 있다고 믿었기 때문이다. 16세기 마녀사냥 당시 늑대 인간으로 몰려 죄인이 된 남자도 많았다. 물론 마녀로 판결이 난 여성에 비하면 2퍼센트밖에 되지 않았다. 마을에서 원치 않는 사람, 대개 문제를 일으키는 소작농이나 걸인을 내보내는 방법은 그 사람을 악마나 짐승 같은, 인간답지 않은 인간이라고 비난하는 것이다. 짐승을 도살하는 데 양심의 가책을 느낄 필요는 없었으니까.[10]

늑대 인간 재판은 유럽에서 18세기까지 성행했다. 이 광기는 1589년 쾰른의 페트르 슈툼프 사건으로 시작되었다. 한 농부가 늑대로 변한 슈툼프에게 공격을 받았다고 주장했다. 혐의는 점점 커져 수많은 살인, 식인, 근친상간에까지 이르렀다. 적지 않은 고문 끝에 슈툼프는 모든 혐의를 인정했는데 자백은 당시 상황을 고려했을 때 기이할 만큼 유려한 언어로 이루어졌다. 슈툼프에게 손이 하나 없다는 사실도 결정적 증거였다. 농부를 공격한 늑대도 앞발 하나가 없었기 때문이다. 당시 신문은 삽화

---

10 독일 언론인 엘마 로리는 1407년과 1725년 사이 늑대 인간 280명이 처벌을 받았으며 1575년에서 1657년 사이 극에 달했다고 기록했다. 반면 마녀로 사형당한 기록은 1만 2천 건이 넘고 실제로는 약 6만 명 정도가 죽임을 당한 것으로 알려진다. 늑대 인간이 유죄 선고를 받은 사건은 마녀가 유죄 선고를 받았다고 기록된 사건의 2퍼센트 불과했으며, 실제로 사형당한 건수로는 0.5퍼센트에 지나지 않았다.

를 통해 슈툼프가 어떤 고문을 당했고 어떻게 사형당했는지 끔찍할 만큼 상세히 여러 번 보도했다. 위험한 존재를 붙잡았고 잘 처리했으니 안심해도 된다는 소름 끼치는 신호였다.

야성의 분출은 다른 문화권에서도 공포였다. 북아메리카 알곤킨족 문화에는 웬디고라는 악마가 있다. 가혹한 겨울의 굶주림이 구체화된 깡마른 귀신이다. 특히 혹독한 겨울에 식량이 부족해지면 이 귀신은 굶주린 사람들 안으로 들어가 광기를 불어넣어 식인을 부추겼다. 이 귀신에 씌면 심지어 자기 식구를 공격해 잡아 먹으려고 하기도 했다. 척박한 주변 환경으로 인한 현실은 인간성이 하나도 남지 않을 때까지 인간을 압박할 수 있다. 인간 사이 활개치는 걸신들린 야수는 사람이나 친구, 친척이 아닌 다른 어떤 존재였다. 저것은 괴물이었다.

북아메리카 식민지에서 갈등이 끊이지 않던 19세기에 알곤킨족 몇 명은 식인죄로 사형에 처해지기도 했다. '웬디고 정신증'은 이른바 식인 충동의 의학적 진단으로 인정받았다. 식민 세력은 자신들의 억압 때문에 굶주리는 절박한 알곤킨인들의 인간성을 말살하고자 이 병을 무기로 삼았다. 2021년 웬디고는 괴물 영화 장인 기예르모 델 토로가 제작한 영화 〈앤틀러스Antlers〉를 통해 은막에 소개되었다. 전통적인 웬디고와 달리 이 영화 속의 악마는 오리건주 북부의 채굴로 인한 환경 훼손, 나아가 마약 남

용과 공동체 붕괴로 새로이 만들어진 귀신이다. 〈앤틀러스〉 속 웬디고는 아편계 약물에 중독된 지역민의 몸으로 들어가 그를 갉아먹다가 마침내 무시무시한 왕관 모양 뿔antlers의 모습으로 배를 뚫고 나온다. 중독에 사로잡힌 인간이 말 그대로 야수로 둔갑한 것이다.[11]

윌리엄 골딩의 1954년 소설 《파리대왕》은 어떻게 내부의 괴물이 밖으로 터져 나와 실질적인 적이자 무찔러야 하는 대상이 되는지 보여 주는 훌륭한 연구서이다. 인간이 얼마나 악할 수 있는지 전 세계에 드러났던 제2차 세계대전 이후 집필된 이 소설은 섬에 고립된 한 무리의 남학생들을 지켜본다. 처음에는 전원적인 분위기가 이어지나, 섬 생활이 길어지고 난폭한 파벌이 형성되면서 소년들은 점점 야성을 드러낸다. 소년들은 빽빽한 숲속에 "괴물"이 산다는 상상을 한다. 괴물은 악몽에 출현하며 소년들을 괴롭힌다.

어느날 밤 아이들은 언덕 위에서 기이한 형체가 움직이는

---

[11] 미국 정신 의학 협회(APA)의 정신 의학 사전은 '웬디고 정신증'을 이렇게 정의한다. "문화와 결부된 중증 증후군으로 캐나다와 미국 동북부에 거주하는 북알곤킨족 인디언 사이에서 나타난다. 이 증후군은 살을 먹는 괴물(웬디고)에 홀렸다는 망상이 특징이며 우울, 폭력성, 인육에 대한 강박적인 욕망, 때로는 실제로 인육을 섭취하기도 하는 등의 증상으로 나타난다."

장면을 본다. 그들은 괴물이 멀리서 지켜보고 있다고 생각하지만 겁에 질려 자세히 살펴보지 못한다. 이 위협을 물리치기 위해 커다란 암퇘지 한 마리를 서투르게 죽여 머리를 잘라 낸 다음 막대기에 꽂아 괴물에게 제물로 바친다. 무리와 떨어져 혼자 배회하던 한 소년이 파리에 뒤덮인 돼지 머리 옆에서 뇌전증으로 발작 증상을 보이면서 "파리대왕"이 말을 건네는 환각을 경험한다. 공동체의 붕괴를 일으키는 내면의 폭력이 악마의 모습으로 구체화된 것이다. 소년은 얼마 후 괴물이라고 생각했던 존재와 마주친다. 스스로 움직이던 괴이한 형체는 죽은 병사의 유해였다. 그것이 바람에 낙하산이 부풀어 오를 때마다 움직였던 것이다. 소년은 다른 아이들에게 이를 이야기하려고 달려가지만 겁에 질린 소년들은 괴물이 잡으러 온다고 착각한다. 폭도가 된 소년들은 나무를 깎아 만든 창으로 아이를 찌른다. 망가진 시신이 저들과 같은 소년에 지나지 않는다는 사실을 깨달았을 때는 이미 늦었다. 소년은 공포로 가득한 광란 속에서 제물로 바쳐졌다. 소년의 희생이 남은 아이들을 압도했던 어둠을 걷어 낸다.

짐승은 이렇게 괴물이 된다

짐승을 괴물로 보는 우리의 습관은 다른 동식물에 대한

과학 지식이 늘어도 크게 달라지지 않았다. 계몽주의 시대 이후 우리는 자연으로부터 점점 더 멀어졌다. 영국 소설가이자 평론가 존 버거는 이렇게 썼다. "19세기 서유럽과 북아메리카에서 시작되어 20세기 기업 자본주의가 완성한 일련의 작용으로 인해 인간과 자연을 중재하던 모든 전통이 산산조각 났다." 야생에 대한 공포가 줄기는커녕 대형 포식 동물을 향한 우리의 오래된 적의에 고삐가 풀렸다. 그들은 홈바바처럼 자원을 위해, 심지어 재미를 위해 무찌를 수 있는 괴물이 되었다. 그들은 야수, 우리는 신이 되었다. 이러헌 문제적인 관계의 결과로 손해를 본 쪽은 당연히 짐승이다. 늑대는 유럽에서 볼 수 없게 된 지 오래이다. 영국에서는 이미 18세기에 늑대 머리에 걸렸던 현상금이 사라졌다. 그러나 최근까지도 포식 동물들은 인간의 영역을 침범했다고 비난받았고 이는 비극으로 이어지기도 했다.

인간이 대형 포유동물을 악마화하면 그 동물은 오래가지 못한다. 주머니고양잇과인 태즈메이니아늑대는 19세기 당시 태즈메이니아에서만 서식했던 유대류의 포식 동물이었다. 고양잇과 같기도 하고 갯과 같기도 한, 기묘한 생김새의 이 동물은 길고 좁은 턱을 아주 크게 벌릴 수 있었다. 오스트랄라시아의 다른 유대류 동물과 마찬가지로 주머니에서 새끼를 키운다. 태즈메이니아늑대가 저지른 실수라면 19세기 태즈메이니아 사람들이 양을 기르려 했던 지역에 서식한 것이다. 정착민들은 태즈메이니아늑대를 양을 죽이는 존재로 바라보았다. 덤불 뒤에 숨어 아무 의심 없는 양떼를 덮칠 준비를 하는, 쥐를 닮은 엉큼한 짐승. 태즈메이니아늑대는 "왕의 땅을 축내는" "비열한 짐승"이라고 불리며 왕의 권력에 저항하는 반란군 취급을 받았다. 전쟁을 벌일 수밖에 없었다.

1888년 현상금 정책이 발효되자 피의 살육이 이어졌다. 수천 마리가 재미와 돈을 위해 죽임을 당했다. 몇 마리 남지 않았을 때 정책이 폐지되었지만 이미 너무 늦었다. 사진으로 남은 최후의 개체는 1930년에 호바트 동물원에서 죽었다. 이후 수십 년 동안 태즈메이니아에서 야생 개체들이 출몰했으나 마치 유령처럼 아주 감질나게 스치기만 했을 뿐이다. 이제 우리에게는 박물관 여기저기 흩어진 표본과 최후까지 생존한 개체들이 동물원 우리에 갇혀 어슬렁거리는 모습이 담긴 뼈아픈 영상 자료만이 남았다.

사실 태즈메이니아늑대는 무는 힘이 약해 양을 사냥하는 경우가 없었다. 농부들의 불안을 잠재우기 위한 희생양이었을 뿐이다. 여전히 인간은 생태 경쟁이 벌어지면 반사적으로 동물을 '적'으로 여기고 박멸하려 한다. 2019년 영국에서 널리 벌어진 오소리 도살 처분만 봐도 그렇다. 불행히도 인간이 모든 자연

공간을 초토화시키는 한, 인간과 대형 포유류의 충돌은 점점 심해질 수밖에 없다. 그리고 그 손해는 인간을 제외한 기타 포유류가 감당하게 된다.[12]

야생 동물을 쫓아내려는 각고의 노력이 인간의 거주 조건을 악화하는 경우도 있다. 호주의 딩고 차단 울타리는 그 어느 울타리보다 길다. 5천 614킬로미터에 걸친 철조망은 딩고가 호주 남동부의 양 목축 지대에 들어가지 못하도록 막는다. 멕시코와 미국을 가르는 장벽을 세우는 일만큼이나 정신 나간 생각이다. 딩고를 막는 데는 적당한 효과를 보이고 오히려 캥거루 개체 수 보호에 훨씬 더 효과적이다. 포식자가 사라지자 캥거루 개체 수가 폭발했다. 캥거루가 초목을 뜯어먹어 우주에서도 보이는 반*사막 지대가 생겼다. 여기에 기후 위기까지 겹쳐 생태계는 심각한 상태에 처했다. 뿐만 아니라 캥거루 개체 수가 증가하고 농부들이 딩고를 퇴치하기 위해 울타리 주변에 유독 물질을 뿌리면서 딩고 무리에서 먹이를 차지하기 위한 경쟁이 줄어들었다. 그 결과 더 크고 더 공격적인 '슈퍼 딩고'가 생겨나고 있다. 애초에 상상에 불과했던 '양을 죽이는 딩고'를 인간이 만들어 냈다. 정신

12　　비슷한 맥락에서 영국은 오소리가 소 결핵을 전파한다고 비난한다. 오소리를 도살할 경우 오소리들이 흩어져 결핵이 더 널리 전파될 수 있다는 과학적 증거는 무시된다.

적 억제가 괴물을 만들 듯 유해종 방제도 괴물을 만든다.[13]

길들지 않은 자연에 대한 태도는 최근 들어 변화를 겪었다. 야생의 존재들을 향한 적대감도 누그러져 19세기 이후부터 야생 상태의 자연에 대한 낭만주의적 시각이 생겨났다. 헨리 데이비드 소로 같은 사람들이 오지에서 초월적인 경험을 하고자 나선 것도 이 무렵이다. 그러나 인간이 건드리지 않아 오염되지 않은 상태의 장소는 점점 희귀해진다. 생태 역사학자 빌 크로넌은 인간이 닿지 않은 땅, 길들지 않은 자연은 사실상 남지 않다고 주장한다. 우리가 생각하는 야생 상태의 자연은 상상력의 산물이라는 것이다. 날 것의 자연은 궁지에 몰린 딱한 짐승처럼 되어 버렸다. 자연은 원래 길들지 않아 물리적인 위험과 도덕적인 위험이 도사린 곳이었지만 이제는 영혼 없는 세상에 지친 우리가 구원을 찾아 가는 곳으로 여겨진다. 우리는 우리 안에 남은 야성의 자투리마저 이상화한다. 록 음악은 다시 동물처럼 자유로워지는 상상을 노래한다. 사람들은 생존 체험을 하거나 구석기 식

---

13 뉴사우스웨일스대학교 과학자들은 딩고 도살의 결과로 건조 지대가 증가하고 있는 현상을 모니터링했다. 2021년 조사에 따르면 딩고 울타리가 생태에 가져온 도미노 효과로 인해 지표면을 덮고 있던 초목이 줄어들었다. 다른 나라에서도 비슷한 일이 진행 중일 가능성이 있다. 2020년에 실시된 연구에 따르면 컴파운드1080(플루오로아세트산나트륨)으로 딩고를 도살한 결과 더 크고 유독 물질에 저항성이 강한 개체가 살아남음에 따라 딩고의 평균 체질량이 늘었다.

단 다이어트를 한다. 기술과 반복적인 일상으로 인해 무디어진 우리 안의 동물성을 생생하고 강렬하게 되돌리려는 시도이다. 우리는 야생이라는 관념을 놀잇감처럼 여긴다.[14]

인류는 자연을 한껏 망가뜨려 놓고 남아 있는 야생을 보호하려 한다. 적어도 말은 그렇게 한다. 그러나 광범위한 차원에서 실제 활동은 그렇지 않다. 인간이 모여 사는 공간 밖에 사는 야성의 괴물은 더 이상 내쫓긴 존재가 아니다. 그들은 야생의 공간을 지키는 좀 더 무해한 존재들로 둔갑했다. 일부 이야기 속에서 그렌델은 앵글로색슨 괴물이 아니라 황폐해진 자연을 비통해하는 파수꾼으로 변모했다.

---

[14] 야생 과학의 개척자 조지 스탠키는 낭만주의와 초월주의 그리고 야생 동식물의 감소로 인해 유대교와 기독교적 세계관이 취하던 이중적인 태도가 바뀌었다고 주장한다. 판타지 소설가 어슐러 K. 르 귄은 자연이 길들여지면서 판타지 문학에 미친 영향에 대해 "인간이 지배하고 형성하지 않은 세상은 이제 아주 오래전의 세상밖에 없다"고 말했다. 이제 "머나먼 세상"으로는 부족하다. "그러려면 아주 다른 세상, 다른 별, 혹은 다른 상상의 미래"로 가야 한다. 빌 크로넌은 야생에 대한 시각이 문화적으로 형성되었다는 뛰어난 통찰을 제공한다. "야생은 영혼을 잃은 부자연스러운 문명에 대립하는 자연적이고 타락하지 않은 장소이다. 인공적인 삶에 더럽혀진 우리 자신의 진실한 자아를 회복할 수 있는 자유로운 공간이다. 무엇보다, 진정성을 느낄 수 있는 궁극의 지형이다." (주로 경제적) 혜택을 받은 소수가 숭고하고 초월적인 연결감을 느낄 수 있는 상상 속의 에덴동산이 된 것이다.

인간을 정의하는 야수

자연 속에서 생존하는 모든 생물과 마찬가지로 그렌델 역시 적응할 줄 아는 야수이다. 《베오울프》가 번역된 이후 약 150년에 걸쳐 그렌델은 여러 차례 재해석되었고 그때마다 반응은 달랐다. 그중 그렌델을 가장 힘 있게 부활시킨 존 가드너의 1971년 소설 《그렌델》은 현대인의 불안의 핵심을 매우 간결하게 지적했다. 가드너는 독자를 그렌델의 마음 한가운데로 초대해 다채로운 내면의 독백을 들려주었다. 가드너의 그렌델은 말을 하지 못하고 닥치는 대로 먹어 치우는 그의 어미와 날카롭게 대비된다. 그렌델의 어미는 대개 굴 안에 숨은 채 부은 몸으로 어슬렁거린다. 반면 그렌델은 홀로 숲을 누빈다. 우리는 그와 함께 어두운 숲속에 숨어 인간이 살 곳을 위해 숲이 잘려 나가고 길들여지는 모습을 지켜본다. 그리고 인간의 손이 망치는 그렌델의 세계와 함께 인간이 두려워하는 야수가 바로 자신이 될 운명임을 깨닫는 그렌델을 본다.

가드너가 이 작품을 쓴 시기는 1960년대이다. 이때 우리는 인간이 환경에 끼칠 수 있는 피해를 막 인식하기 시작했다. 그렌델의 세계에서 인간은 자연을 격퇴하고 분할하면서 땅을 지배해 나간다. 사람처럼 그려지지만 여전히 내우 괴물같은 그렌델은 숲 그리고 거기 사는 존재들과 깊이 얽혀 있다. 독자는 야생 동물의 눈을 통해 자연의 파괴를 지켜본다. 비겁하고 공격적인 데인족은 궁 밖으로 나와 나무를 베고 건물을 세운다. 우리는 그들이 벌이는 불필요하리만치 잔인한 전투도 바라본다. 그렌델의 눈에는 "바보스러워" 보이는 행위들이다. 그렌델은 자신의 필멸성과 취약성을 인식한다. 데인족의 손에 죽을 수 있다는 사실을 안다. 그가 연회장에서 울려 퍼져 나오는 영웅의 노래, 초월적인 아름다움에 대한 이야기들을 동경하며 그것에 귀 기울일 때 우리는 그가 느끼는, 불빛의 고리로부터 소외되었다는 고통에 공감한다. 그렌델은 메리 셸리의 《프랑켄슈타인》에 나오는 괴물과 꼭 같다. 괴물은 어느 가족이 자신은 꿈꿔 보지도 못한 주제에 대해서 열정적으로 대화하는 것을 신기하게 듣는다. 프랑켄슈타인의 괴물은 모두가 자신을 거부한다는 사실을 깨달은 뒤에야 복수와 폭력을 선택한다.[15]

그렌델은 세상 속 자신의 역할이 무엇인지, 세상은 왜 지금처럼 돌아가는지 궁금해한다. 실존적인 고통으로 괴로워하던 그렌델은 과거와 미래를 모두 알고 있으며 재물을 밝히는 냉소적인 용을 찾아간다. 그렌델은 용에게 자신의 의미가 무엇이냐

---

[15] 가드너의 그렌델은 숲의 존재, 자연이 의인화된 인물이므로 이 소설은 생태 비평으로 볼 수도 있다.

고 묻고 마음이 부서지는 대답을 듣는다. "너는 말하자면 인간이 스스로를 정의하기 위해 필요한 야수다. 인간은 추방, 속박, 죽음을, 그러니까 버림받은 필멸자라는 노골적인 사실을 두려워하는 거야. 너라는 존재는 인간이 그걸 인식하고 포용하는 계기지! 네가 바로 인간이다. 아니, 인간의 조건이다." 약간은 다른 관점에서 이를 생각해 보면 우리는 이 용이 그렌델 자신의 의식 속에 존재한다는 사실을 깨닫는다. 가드너의 전기 작가가 설명했듯 용은 "소외, 허무주의, 혼돈"을 상징하는 상상 속의 존재이다.

이제 그렌델은 더 이상 미를 추구하거나 인간과 어울리기를 바라지 않는다. 자신의 인간성을 버리고 어둠의 존재가 된다. 의도적이지만 의미 없는 폭력을 선택하고 배를 죽음으로 가득 채운다. "나는 걷기 힘들 때까지 먹고 웃고 먹는다." 마치 "악이여, 나의 선이 되거라"라고 말했던 존 밀턴의 《실낙원》 속 루시퍼를 닮았다. 그렌델은 악행의 한계를 점점 더 확장하면서 헤오로트의 아름다운 왕비를 죽이려 드는 "궁극의 허무주의 행위"를 시도한다.

가드너의 소설은 기발한 전복이다. 그렌델은 더 이상 우리가 제대로 알 수 없는 괴물이 아니다. 우리가 공감할 수 있는 주인공이다. 《그렌델》은 또한 철학 실험이다. 가드너는 모든 것이 무의미해질 때, 인류의 기쁨, 창의성, 활기가 꺼졌을 때 인간이 그렌델이 될 수 있다고 말한다. 자연이 파괴된 세상에서 인간 세상으로 진입하지 못하는 그렌델은 삶의 목적을 찾는다. 그래서 베오울프가 영웅을 자임하듯 그렌델은 잔인성을 자기 실현하는 상태에 이른다. 그렌델의 폭력은 반사 작용이 아닌 자신을 정의 내리려는 시도이다. "다시 태어나듯 무엇이든 되어야 했다…… 나는 연회장의 파괴자, 왕의 살인자 그렌델이 되었다!"

이것은 분별없는 파괴 행위가 아니라 의식적인 악의였다. 그렌델은 자신의 시도가 무의미하다는 사실을 뼈저리게 인지한다. 영웅이 괴물과 싸워 만들어지듯 괴물은 위협할 희생양이 필요하다. "흐로스가르가 죽고 나면 흐로스가르의 살인자는 무엇이라고 불리어야 하는가?" 파괴를 저지른 그렌델은 자신이 "죽은 인간, 살인당한 아이, 희생된 암소의 악취를 풍기며 어둠 속에 웅크리고 앉은 무의미하고 우스꽝스러운 괴물"임을 깨닫는다. 그러나 자신의 실패와 슬픔을 직시하기보다 무의미한 삶이 주는 "가장 괴로운 고통"인 따분함을 잊고자 허무주의를 선택한다. 이 역할에 어떤 보람도 느끼지 못하지만 다른 선택지가 없다. 그렌델은 순전히 실수로 인해, 베오울프의 손아귀로 미끄러져 들어간 탓에 죽는다. 그는 마지막 저주를 남긴다. "딱한 그렌델은 불의의 사고로 가네. 당신들 모두도 그러기를." 스스로 선택한 쓸쓸한 결말을 독자에게 던지는 것이다. 기이하고도 불행한 점은 저자 또한 비슷하게 사고로 세상을 떠났다는 사실이다. 가드너는 50대에 모터사이클 충돌 사고로 사망했다. 여러 다른 방면으로도 저자의 생은 자기가 만든 괴물과 많이 닮았다.[16]

가드너는 허무주의를 극도로 싫어했다. 가드너의 작품은 대체로 사랑의 힘과 삶의 중요성에 대한 메시지로 충만하다. "인간의 적응력을 가장 정확하게 평가하려면 압도적인 반론 앞에서도 자신을 사랑할 이유를 찾아내는지 보면 된다." 가드너는 자신의 삶을 긍정적으로 정의 내리고자 그렌델을 빚었다. 그는 인간 세상에서 선의를 찾지 못해 어둠으로 투신하는 존재를 만들었다. 그렌델은 오늘날 이해하기 매우 쉬운 괴물이다. 분절된 현대 기술 사회에서 그렌델의 궤적은 익숙하다. 화면을 통해 세상과 교류하는 일은 사람들을 어두운 곳으로 몰아 끔찍한 짓을 하게 만든다. **무언가**라도 되거나 느끼고 싶기 때문이다. 살아 있는 다른 존재들과 연결되었다는 감각이 아니라 디지털 세상의 관심이 더 중요해지는 순간, 어둠 속으로 쫓겨난 이들이 난폭하게 쳐들어온다. 자연으로부터 소외된 삶을 살면 존재의 근원적 기쁨

---

16 가드너가 책으로 가득한 동굴 같은 서재에 자신을 가두고 치열하게 글을 썼다는 점도 유사하다. 그렌델도 인간과 떨어져 굴에서 지냈다. 나아가 가드너는 어릴 때 트랙터를 몰다가 실수로 일곱 살 동생을 사망에 이르게 했다. 여기서 기인한 정신적 충격을 비유를 통해 극복하려는 노력의 결과가 《그렌델》일 수 있다.

과 두려움이 사라진다. 그리고 현실 세계 속에 몰입할 때 느껴지는 활기와 흥분이 제거되면 삶의 의미를 파악하기 어려워진다.

그렌델은 인간이 자연을 짓밟는 시대, 인간 본성이 제거되는 시대에 적합한 괴물이 되었다. 그렌델은 경고이다. 야성을 통제하고자 숲을 베고 땅을 소모하는 바보 같은 데인족이 되어서는 안 된다고 타이른다. 오히려 그렌델 그리고 미노타우로스와 메두사 같은 야생의 존재들을 우리 세상으로 다시 들여야 한다. 우리가 우리 자신의 괴물 같은 일부를 인정하고 친구로 삼는다면 그다지 두렵지 않을 것이다. 우리가 그들과 공존할 수 있을 때 야생과의 관계 그리고 야성적인 우리 자신과의 관계를 치유할 수 있을지도 모른다. 다음 장에서 살펴보겠지만 쉬운 일은 아니다. 우리는 사납고 적대적인 막막한 야생의 세계에서 하찮은 존재로 전락하는 데 대한 두려움이 크기 때문이다.

제6장: 리바이어던의 후예들

"무명의 괴물 없는 바다는 꿈 하나 없는 잠과 같을 것이다."

존 스타인벡

수면 아래의 엄니고래

1519년, 한 화가가 스트라스부르 시청 벽에 바다 괴물을 그렸다. 짧고 뭉툭한 다리가 넷에 물개처럼 생긴 몸통의 끝에는 물고기 꼬리가 달린 기이한 모습이었다. 각 어깨에는 지느러미가 늘어져 있었고 털이 부숭한 주둥이에서는 유달리 길다란 앞니 두 개가 튀어나와 있었다. 벽화 옆에는 헛되이 보낸 생을 비통해하는 글이 적혀 있었다.

노르웨이에서는 날 '바다코끼리'라 하지만

내 이름은 사실 '엄니고래 *cetus dentatus*'야

우리 아내 이름은 발라이나……

……나는 차가운 바다를 배회했네

전쟁과 싸움은 일상이었고

내 동지도 수천이네……

……내가 내 마음껏 살 수 있었다면

고래를 위해 살지는 않았을 거야

니다로스 주교는 해변의 나를 칼로 찌르라 하고

교황 레오는 내 머리를 보내라 했네

수많은 눈이 나를 기다리는 로마로

슬퍼할 줄도 알고 자기 성찰도 하는 괴물이다. 화가는 아마도 바티칸으로 향하는 길에 스트라스부르를 통과했던 짐승의 머리를 바탕으로 벽화를 그렸을 것이다. 고대에 '엄니고래'라 불렸던 동물의 머리로, 오늘날 우리가 바다코끼리라고 부르는 짐승이다. 바로 노르웨이의 발켄도르프 교주가 교황 레오 10세의 마음을 사려고 보낸 특이한 선물이었다. 북쪽의 동물상을 보여주는 이 표본은 남유럽에서 볼 수 있는 것들과는 전혀 달랐다. 16세기 초 남쪽으로 보내진 바다코끼리 머리는 이것이 유일하다. 부패를 방지하기 위해 소금 안에 보관했다고 추정되지만 로마에 도착했을 때 어떤 상태였을지는 알 수 없다. 어떤 의미에서 이 선물은 이국적인 꽃다발을 선물하는 일과 대단히 닮았다. 놀랍지만 결국은 쓰레기통에 처박힌다는 점에서 그렇다.[1]

　오늘날 우리는 바다코끼리가 익숙하지만 늘 그랬던 것은 아니다. 박사 과정 중에 나는 15세기와 16세기 자연사와 여행 기록을 뒤지는 데 엄청나게 많은 시간을 할애했다. 그 덕에 나도 모르는 사이 바다코끼리 사학자 같은 사람이 되었다. 바다코끼리의 과거는 기묘하다. 북극 지방에서 만들어진 바다코끼리 제품은 수백 년 동안 유럽에 유통되었지만 남쪽 사람들은 바다코끼리를 온전하게 본 적이 없거나 바다코끼리가 무엇인지조차 몰랐다. 하지만 이따금 북해 연안에서 어슬렁거리는 바다코끼리가 목격되기도 했고 1456년에는 길을 잃은 바다코끼리가 템즈강까지 올라오기도 했다. 《잉글랜드 연대기 Chronycles of Englond》는 이 짐승을 바다모스 mors maryne라고 기록했다. 이 책에는 무리에서 뒤처진 황새치나 고래 한 쌍에 대한 기록도 있었다. 하지만 이러한 사례는 드물었고 사람들은 흔히 바다코끼리의 각 부분을 따로 접

1　번역은 카타리나 크라우스와 닉 자딘이 도움을 주었다. 발켄도르프 주교는 니드로시아, 혹은 니다로스의 주교로 니다로스는 오늘날의 노르웨이 트론헤임의 중세 이름이다. 성벽에 그려진 그림에서 영감을 받은 삽화들이 콘라트 게스너의 《동물의 역사 Historia Animalium》(1551~1587)를 필두로 책과 기타 매체에 실리기 시작했다. 17세기 프랑스 탐험가는 이 그림을 바탕으로 아메리카 원주민의 물의 정령 미시페슈를 상상해 그리기도 했다. 벽에 한 낙서치고는 대단한 영향력이다.

했다. 보통은 북쪽에서 잡힌 "거대한 물고기"에서 나온 뼈, 상아, 지방 그리고 가죽이라고만 알았다.[2]

흰자와 상아를 드러낸 바다코끼리 머리가 소금으로 가득 찬 나무 상자에 통째로 들어 있는 모습은 실로 대단했을 것이다. 우편으로 유니콘이나 코끼리 머리를 받는 기분이 이와 비슷하지 않을까. 바다코끼리는 작지 않다. 성체는 길이가 4미터 가까이 된다. 독일 화가 알브레히트 뒤러는 1521년 바다코끼리 머리를 그린 잉크화를 남겼다. 오늘날에도 잘 알려진 이 그림의 주인공이 바로 발켄도르프 주교가 보낸 머리일 가능성도 있다. 뒤러는 머리에 난 부숭부숭한 털까지 세세히 그려 넣어 생동감을 주었다. 표정은 슬퍼 보인다. 정말 고래들과 빈둥거리며 낭비한 시간을 후회하는 것처럼.[3]

---

[2] 유럽의 시장에서는 바다코끼리 제품을 상시 판매했다. 그러나 덩치가 워낙 컸기 때문에 통째로 배에 싣는 대신 도살 현장에서 해체된 후 유통되었으므로 한 마리 전체를 온전하게 본 사람은 적었다.

[3] 알브레히트 뒤러, 〈바다코끼리의 머리〉(1521, 갈색 펜과 잉크, 영국 대영박물관). 뒤러는 북유럽을 여행하며 이 스케치를 그렸는데 살아 있는 바다코끼리를 보았다는 기록은 남기지 않았으므로 보존된 표본을 그렸을 수 있다. 그림에는 이런 설명도 덧붙였다. "내가 머리를 그렸던 그 어리석은 짐승은 네덜란드 바다에서 붙잡혔고 발이 4개에 길이는 12브라반트 엘이었다." '브라반트 엘'은 길이 단위로, 12브라반트 엘은 약 8.3미터이다. 이는 명백히 과장이다. 바다코끼리는 최대 3.6미터까지 자라기 때문이다.

발켄도르프 주교는 스웨덴 출신 성직자 올라우스 마그누스의 요청에 따라 바티칸으로 바다코끼리 머리를 보냈을 것이다. 마그누스에게는 계획이 있었다. 스칸디나비아에서 개신교 세력이 커지자 불안해진 마그누스는 가톨릭교회의 지원을 받아 이들을 막고자 했다. 그러나 로마의 권력자들은 먼 북쪽 지방을 변두리라고 생각했기에 개신교의 위협을 별로 걱정하지 않았다. 더 시급한 일들이 많았다. 바티칸은 1520년대 스웨덴의 종교 개혁도 막지 않았다. 그 결과 독실한 가톨릭교도였던 마그누스 형제는 재산을 압류당한 후 스웨덴에서 추방되었다.[4]

마그누스는 홍보에 착수했다. 북쪽을 익숙한 땅의 가장자리에 위치한 신비와 경이의 세계로, 마땅히 관심 가져야 할 지역으로 그려 내기로 결심한 것이다. 1539년 마그누스는 북극 지방 지도인 《카르타 마리나Carta Marina》를 최초로 제작했다. 이 지도의 바다에는 꿈틀거리는 괴물과 격렬한 소용돌이가 한가득 그려져 있다. 땅에는 사람을 잡아먹는 스크릭핀, 마법사, 불을 뿜는 화산 등 신비한 존재들이 수도 없이 많다. 그는 지도와 함께 출판한 《북부 민족의 역사Historia de Gentibus Septentrionalibus》(1555)에

---

[4] 16세기 초 스웨덴과 노르웨이는 앞장서 개신교 쪽으로 기울었다. 가톨릭교회 성직자인 마그누스는 여기 대항해 바티칸과 더 끈끈한 관계를 구축하고자 했을 것이다.

서 이들을 일일이 설명했다. 마그누스는 이러한 신비로운 존재들로 가톨릭교도 독자들의 관심을 사로잡고 싶었다. 그렇다면 북부에 대한 그들의 허무맹랑한 상상을 더욱 증폭시켜 되돌려주는 것보다 더 좋은 방법이 있을까? 마그누스는 신화를 만들어 낸 사람들에게 신화를 되팔았다.

마그누스가 책에 기록한 경이로운 존재 가운데 하나가 바로 무시무시한 모스^{morse}, 즉 괴물 바다코끼리였다. 얼굴에는 굵은 수염이 나 있고 멧돼지처럼 상아가 튀어나온 거대한 바다짐승이었다. 그의 설명에 따르면 이들은 굉장히 사나웠다. "북부 극지방 노르웨이의 해안에는 코끼리만 한 거대한 짐승이 사는데 바다코끼리 또는 모스라고 한다. 무는^{mordendi} 힘이 강하기 때문에 이런 이름이 붙은 듯하다. 해안가에서 인간을 만나면 따라잡아 재빨리 덮친 다음 순식간에 엄니로 찢어발겨 죽인다."[5]

모스는 기이한 수면 습관이 있었다. 마그누스는 모스가 마치 얼음 곡괭이처럼 엄니를 써서 절벽을 오른다고 설명했다. 먹

---

[5] 15세기 후반 잉글랜드에서 자주 썼던 바다코끼리의 명칭 모스는 러시아어 모르시, 사미어 모르사, 핀란드어 무르수에서 차용한 것이다. 아이슬란드에서는 바다코끼리를 흐로스발뤼르, 로슴크발뤼르, 혹은 로스퉁귀르라고 했는데 고대 노르드어에서 로슴왈르, 로스퉁르가 되었고 노르웨이로 건너가 로스말 혹은 로스마르가 되었다. 로스말비크나 로스말렌 등의 노르웨이의 지명에서도 그 영향을 볼 수 있다.

이 활동을 좀 하다가 잠이 오면 엄니를 고정 장치 삼아 절벽에서 잠을 잔다는 것이다. 이는 마그누스가 여러 다른 책을 통해 모은 정보였다. 그중에는 알베르투스 마그누스의 《동물에 대하여 De Animalibus》도 있었다. 이 13세기 서적은 어민들이 바다코끼리의 기면증을 어떻게 사냥에 유리하게 이용했는지 설명한다.

> 어부는 꼬리에서 지방과 가죽을 최대한 분리한다. 그리고 분리된 부분에 튼튼한 밧줄을 통과시킨 다음 산이나 매우 강한 말뚝, 혹은 나무에 고정시킨 고리에 묶는다. 잠에서 깨어난 물고기는[바다코끼리는] 도망치려고 애쓰는데 이때 꼬리에서 등을 지나 머리까지 가죽이 벗겨진 채로 그것을 남기고 도망간다 …… 붙잡혔을 때는 힘이 다한 상태로, 몸에서 피가 빠진 채 물 속에 있거나 해안에 반쯤 죽은 상태로 쓰러져 있다……

피에 굶주린 사나운 괴물이라고 해도 바다코끼리로 사는 일은 위험한 도박이었다. 낮잠을 잤을 뿐인데 복병을 만나 스스로 가죽을 벗게 될 수도 있다니. 이런 경이로운 배경을 고려하면 유럽 사람들이 바다코끼리 제품에 마법적인 특성이 있다고 믿을 만 하다. 바다코끼리 가죽은 더할 나위 없이 질기다고 알려져 있었고 상아는 만병통치약인 '유니콘 뿔'로 여겨졌다. 바다코끼리는 위험하지만 값비싼 재료의 원천이었다.

바다코끼리는 이런 질문을 야기한다. 왜 그토록 많은 바다짐승이 초자연적인 괴물로 그려졌을까? 대체 바다와 거대 바다 괴물의 어떤 점이 오늘날에도 우리의 상상력을 자극할까?

깊은 물이 주는 공포

인간과 물은 굉장히 밀접하다. 인간은 몸의 3분의 2가 물로 이루어져 있다. 물은 지구상의 모든 생명체를 살게 하며 세포가 효소 작용이라는 정교하게 조율된 네트워크를 통제하는 데 필요한 매체이다. 신호와 영양, 산소를 전달하기 위해 쓰이고 살아 있는 존재들의 유체 골격을 유지해 준다. 강과 바다를 끌어당기는 천체 운동은 생체 리듬을 인도하기도 한다. 인간 진화의 역사를 통틀어 물은 우리에게 자원을 제공했고 엄청난 거리를 이동하게 해 주었다. 또 우리의 정신에도 깊이 관여한다. 물속이나 물가에서 인간의 뇌가 안정된다는 사실을 보여 주는 뇌 영상도 있다. 그러나 여느 밀접한 관계가 그렇듯이 복잡한 관계이기도 하다. 강과 바다는 풍요롭고 생산적인 동시에 거대하고 파괴적인 불가항력이다. 그래서 바다는 《에누마 엘리시》에서처럼 존재의 신화적 기원으로 그려진다. 큰 수확을 거둘 수 있는 곳인 동시에 액체로 된 사막이기도 하며 파도와 날씨, 우연히 근처에 헤엄치고 있는 바다 생물의 자비에 내던져지는 곳이다. 바다는 지각하기 힘들 정도로 어둡고 크다. 그 때문에 이런 곳에서 사는 상상 속의 괴물들은 우리에 대해 많은 것을 알려 준다.

유럽을 순회한 바다코끼리 머리는 의외의 선물이었을지 몰라도 북극해를 향한 유럽인들의 기대에 아주 잘 부응했다. 유럽인들은 오래전부터 바다에는 괴물이 살고 있어 바다를 건너려는 어리석은 사람이라면 누구든 수면으로 올라온 괴물에게 잡아먹힌다고 생각했다. 13세기에 베네딕토 수도사 매튜 패리스는 "괴물밖에 살고 있지 않은 대양"이 있다고 했다.[6] 이 괴물들은 오랜 전통을 기반으로 인간이 바다의 풍요를 수확하기 위해 온갖 위험과 싸워 온 수 세기 동안 살아남았다. 상상을 초월하는 자연의 힘과 바다 동물군의 이질적 특성 그리고 화려한 인간의 상상력이 조합된 결과였다. 이러한 요소들은 여전히 바다 괴물들에게 힘을 부여한다. 우리는 바다를 보면 경이로움을 느낀다. 바다가 주는 대체 불가한 감정은 바다 괴물로 구체화된다.

마그누스가 설명한 괴물 중에는 대 플리니우스 같은 고전

---

[6] 매튜 패리스는 《잉글랜드 연대기 축약본 Abbreviatio Chronicorum Angliae》에 삽입한 지도에서 스코틀랜드 북서부 해안에 이 같은 설명을 적었다.

시대 작가들이 언급하기도 했던, 역사가 아주 오래된 괴물도 있다. "바다 돼지"는 머리에 초승달 모양의 뿔이 있고 발에는 물갈퀴가, 옆구리에는 눈이 세 개 달렸다. 물개 부하를 거느리고 "극도로 흉악하게 약탈을 하는" 습관이 있었다. "그람푸스"는 고래보다는 작지만 "더 잔인한 야수"인데 "뒤집어진 배"처럼 생겼으며 "날카로운 이빨"로 고래의 생식기를 뜯곤 했다. "갑오징어"는 "바다 도마뱀류"의 "날개 달린 동물"로, 투창처럼 물 밖으로 튀어나와 배로 달려들었다. 그리고 "지피우스" 혹은 "황새치"는 얼굴이 부엉이를 닮았고 입은 깊은 협곡 같으며 등은 칼날처럼 생겼는데 부리로 선박을 갈라 침몰시키기도 했다.

16세기 학자들은 땅과 바다에 서로 대응하는 동물이 산다는 전통적인 믿음을 물려받았다. '바다 돼지', '바다 멧돼지', '바다 사자' 등 바다에 사는 유사 동물은 종종 땅에 사는 동물에 생선 꼬리를 그려 넣은 모습으로 묘사되었다. 모르수스는 엄니와 큰 덩치로 인해 흔히 '바다코끼리'라고 불렸다. 여러 세기 전 플리니우스는 "3백 가지가 넘는 다양한 크기와 특징의 온갖 다채로운 바다 괴물"을 이야기하면서 "엄니가 튀어나온 바다 코끼리와 숫양"을 언급하기도 했다.

'바다코끼리'라는 이름은 약간의 혼란을 야기했다. 예를 들어 마르틴 발트제뮐러가 1516년에 그린 세계 지도를 보자. 북극 가까이에 다리가 뻣뻣해 보이는 코끼리가 어떻게 거기까지 왔는지 모르겠다는 듯 어색하게 서 있다. 그 옆에는 이런 설명이 적혀 있다. "모르수스는 크기가 코끼리만 한 짐승으로 긴 엄니가 네모꼴로 나 있으며 관절이 없어 어려움을 겪는다. 이 짐승은 무리를 지어 움직이며 노르웨이 북쪽 절벽 지대에서 볼 수 있다." 다리가 뻣뻣한 모르수스는 유럽으로 향하는 상아 무역로가 두 개였기 때문에 생긴 혼동의 결과일 수도 있다. 바다코끼리 상아는 스칸디나비아에서 왔고 멸종된 매머드 상아는 시베리아에서 발굴되어 서쪽으로 수송되었다. '코끼리만 한 물짐승의 상아'와 '코끼리 상아'를 뭉뚱그려 생각하기는 쉬웠다. 어쨌든 둘 다 아주 먼 데서 온 거대 짐승이었기 때문이다.[7]

바다 괴물은 15세기에 인쇄기가 발명된 이후 더 번성했다. 괴물에 대한 책과 바다 괴물 목격담을 적은 소책자가 늘어나면서 더 많은 사람이 바다 괴물 그림을 보게 되었다. 물귀신 이야

---

[7] 중세의 지도 대부분은 딱히 지리적 공간을 그렸다고 할 수는 없다. 고전의 지식과 경전에 기초한 여러 체계적이고 상징적인 세계 그림들 mappae mundi이었다. 그러나 13세기에 항해를 위한 지도가 만들어지면서 달라지기 시작했다. 발트제뮐러의 1516년 《카르타 마리나》는 그가 1507에 완성한 《우니베르살리스 코스모그라피아 Universalis Cosmographia》보다 한층 발전된 지도였다. 로렌츠 프리즈는 1522년 수정본에서 모르수스를 그린란드 근해로 옮겼다. 새로운 정보를 입수했기 때문일 수도 있고 스트라스부르를 통과했던 바다코끼리 머리 때문일 수도 있다.

기들이 더 멀리 퍼져 나갈 수 있었던 것이다. 사람들은 이 괴물들이 실존한다고 생각했다. 심지어 진지한 저술에서도 마찬가지였다. 마그누스는 괴물에 대한 설명을 여러 목격자의 진술로 뒷받침했다. 이 괴물들은 이제 책에서 책으로 퍼져갔다. 괴물의 신체는 재조립되어 새로운 괴물이 되었다. 상상력이 뛰어난 화가들은 바다코끼리의 털 난 목덜미나 긴 엄니 같은 신체 일부를 다른 바다 괴물에게 주었다. 바다는 모든 일이 가능한 곳이었고 바다 괴물은 파도만큼이나 변화무쌍했다.

사나운 바다 괴물들은 바다를 일구어 먹고사는 일의 치열함을 반영했다. 네덜란드와 잉글랜드의 배가 17세기 초 북극해의 풍요로운 어장으로 향하기 시작했을 무렵 그곳에는 무시무시한 야수들이 있었다. 그린란드의 북극 해빙에서 사냥을 한다고 상상해 보자. 무겁고 축축한 털가죽을 뒤집어쓰고 창과 그물로만 무장한 사냥꾼이 겁에 질린 4톤 무게의 바다코끼리와 마주했다. 눈이 시뻘건 거대한 바다코끼리가 사납게 공격해 왔다는 모험담이 많았던 것은 우연이 아니다. 이제 삐걱거리는 목선을 타고 고래를 잡으러 간다고 상상해 보자. 북극고래는 배보다 더 컸다. 작살이 박힌 고래에게 창을 던지는 내내 고래가 배를 뒤집을까 두려웠을 것이다. TV 화면으로 보면 차분하게 유영하는 고래가 아름답기 그지없지만 고래 뱃속에 창을 박아 넣으면서 고래가 얼음장 같은 물에 나를 처박지 않기를 바라는 사람의 눈에는 무지막지한 자연의 힘만 보인다. 북극의 사냥꾼들은 이런 짐승을 잡아 귀한 지방, 고기, 가죽, 상아, 용연향, 뼈 등을 얻었다. 그러나 그 과정에서 목숨을 잃기도 아주 쉬웠다.[8]

괴물과의 전투와 바다와의 전투는 구분할 수 없었다. 그리고 그것은 그야말로 전투였다. 수많은 바다 괴물이 배와 인간에게 원한을 가진 것처럼 그려졌다. 가령 마그누스는 고래가 "선원들을 없애기 위해 어마어마하게 큰 기둥처럼 솟아올랐다"고 설명했다. 사람들은 고기와 뼈를 수확하기 위해 바다로 갔지만 당연히 그 주인은 자신의 고기와 뼈를 순순히 내주지 않았다. 어느 면에서 이러한 난폭함은 거대 짐승을 해체해 돈을 벌고자 나선 사냥꾼들의 공격성이 투영된 결과일 수도 있다. 나를 해칠 것이 분명한 상대를 도살하는 쪽이 더 쉽다. 혼돈의 괴물을 무찌르는 행위는 단지 돈벌이가 아니라 영웅적 행위였다.

16세기인은 바다 괴물의 신체 부위에도 바다가 스며들어

---

[8] 11세기 이후 고래잡이는 여러 해 동안 바스크족이 주도했는데 주로 근해 포경 방식을 택했다. 오늘날의 기준으로 보면 포획량은 매우 적었고 16세기와 17세기에는 1년에 2마리에서 6마리 정도 잡히곤 했다. 이후 네덜란드 북부 회사와 잉글랜드 머스코비 회사의 북극 고래잡이 원정에도 종종 바스크족 고래 사냥꾼이 고용되었다. 고래는 매우 값진 자원이었으므로 북극의 고래잡이 구역을 놓고 여러 나라가 상당한 피를 흘리기도 했다.

있다고 상상했다. 《북부 민족의 역사》에서 마그누스는 북극 지방 사람들이 고래 뼈를 말려 집을 지었다고 썼다. "뼈가 얼마나 튼튼하고 큰지 이것만으로 집 한 채는 너끈히 지었다. 벽체와 문, 창문, 지붕, 의자, 심지어 탁자까지 만들었다." 뼈는 그냥 건축 재료가 아니었다. 여전히 물과 괴물의 기운을 고스란히 머금고 그 기운이 뼈로 지은 집에 사는 사람들의 정신으로 녹아들었다. "이 갈비뼈 안에 사는 사람들은 영원히 바다의 격랑 위에서 고된 일을 지속하는 꿈, 폭풍우에 배가 난파될 위험에 처하는 꿈을 꾼다." 그들이 보기에는 바다 괴물의 뼈에도 힘이 깃들어 있었다.

누구나 물짐승을 괴물로 여긴 것은 아니다. 이전 시대의 앵글로색슨 문헌은 고래잡이 등의 어업을 어떠한 과장도 없이 설명한다. 그러나 종종 여기에 초자연적인 요소가 개입된 이유는 바다가 16세기인의 눈에 자연을 초월한 공간, 무엇이든 빚어낼 수 있는 하느님이 당신의 창조력을 떨친 공간으로 보였기 때문이다. 바다는 안정적인 땅에 비하면 전혀 통제되지 않는 영역이다. 잔잔하던 물이 갑자기 뒤집히거나 해적이 배회하는 무법지대였으며 파도 사이로 상상할 수도 없는 야수가 출몰하는 곳이었다. 바다 괴물은 바로 이런 혼돈의 행위자였다. 괴물의 폭력성과 파도의 폭력성은 똑같이 치명적인 위험을 야기했다. 이러한 관념은 기독교에 깊이 뿌리박혀 있었다. 이제 그 근원을 살펴보자.

고래의 뱃속으로

기독교 신학이 초기 유럽인들의 일상을 얼마나 속속들이 장악했는지 오늘날 상상하기란 쉽지 않다. 파도를 가로지르는 행위는 물리적으로도 위험하지만 영적으로도 극히 위험했다. 성서의 전통에서 바다는 위험한 장소이다. 질서정연한 에덴동산과 대비되는 물의 혼돈이다. 이곳에서 영혼은 시험에 빠지거나 길을 잃을 수 있었다. 바다 괴물은 악마의 하수인들이었다. 우리에게는 혹등고래가 아름답고 웅장할지 몰라도 중세 기독교인의 눈에 혹등고래는 루시퍼의 졸개였다.

구약 성서의 예언자 요나는 하느님이 시킨 성가신 일을 피하려다 "거대한 물고기"에게 먹혔다. 요나는 사흘 동안 뱃속에 있다가 마침내 구원받았다. 후대 기독교 사상에 영향을 끼친 7세기 세비야의 신학자 성 이시도르는 고래의 뱃속이 "지옥만큼 크다"고 설명했다. 마찬가지로 자코모 로시뇰로가 그린 〈최후의 심판〉(1555년경) 벽화 가운데 '지옥의 입'은 죄인들이 이를 드러낸 괴물 고래의 입속으로 떨어지는 모습을 보여 준다. 고래 뱃속으로 들어간다는 것은 돌이킬 수 없는 천벌을 받는다는 의미였다.[9]

---

[9] 세비야의 성 이시도르가 《어원학》에 담은 이 같은 생각은 신약 성서의 요나서 2장 3절 "지옥의 뱃속에서 주께서 내 목소리를 들었다"에서 가져왔다. 로시뇰로의 벽화는 이탈리아의 보스키 성모 성지 Santuario della Madonna dei Boschi에 있다.

이러한 성서 속 이미지는 동물을 하느님이 창조한 세상의 도덕 상징으로 그린 동물 우화집에서도 차용되었다. 2세기 기독교 문헌인 《생리학^{Physiologos}》이 주요 참고 자료였다. 이 문헌에서는 고래, 바다코끼리, 바다거북 등 대형 바다 동물을 난폭하고 악하게 묘사했다. 어느 무명의 저자는 아스피도켈로네, 즉 "방패 거북"이라는 고래 괴물이 달콤한 향을 내뿜으며 가만히 기다리다가 방심한 물고기가 다가오면 목구멍 속으로 꿀꺽 빨아들인다고 적었다. 아니면 해초로 뒤덮인 섬이나 파도 속의 오아시스처럼 위장하기도 한다. 지친 선원들이 휴식을 취하고 기운을 되찾기 위해 섬에 오르면 아스피도켈로네는 갑자기 물속으로 잠수해 그들을 죽음으로 끌고 간다. 가야 할 길을 계속 가지 않고 쉬면서 한눈을 판 선원은 유혹에 넘어간 자, 스스로 물지옥에 빠진 자였다. 바다 괴물은 위험할 뿐만 아니라 인간의 신앙을 시험하는 악마의 대리인이었다.

그리고 그 모든 괴물의 조상격인 괴물이 있다. 바로 하느님이 바다를 다스리라고 만든 리바이어던이다. 정확한 정체는 다소 불명확하나 보통 바다 구렁이, 거대한 물고기, 고래, 악어 등 다양한 모습으로 그려진다. 원시 바다의 괴물이 정확히 어떤 모습인가는 사실 별로 중요하지 않다. 성서에서도 리바이어던이 등장하는 구절이 많은데 욥기 41장 10절은 그중 하나다.

감히 그를 깨울 만큼 용맹한 자가 없다면

누가 내 앞에 설 수 있겠는가?

미국 작가 데이비드 쿼먼은 이렇게 요약한다. "야훼는 전능하고 리바이어던은 능하며 다른 사람들은 다 그보다 못하다." 리바이어던은 "신의 포식하는 시녀"이다. 인간은 그를 이긴다는 꿈도 꿀 수 없으며 "권력과 영광의 먹이 사슬에서 우리는 3인자를 면하지 못한다"는 사실을 묵직하게 일깨워 준다. 바다 괴물들은 인간에게 분수를 가르치고 하느님을 더 추켜세우는 존재였다.

네덜란드 해안에 힘없이 밀려 온 고래조차 끔찍한 일들을 예고하는 바다의 불길한 징조였다. 얀 사엔레담의 목판화 〈암스테르담 근처 베버베이크 해안에 밀려온 고래〉(1602)는 1601년 12월 19일 향유고래가 해변에 밀려온 사건을 담고 있다. 고래가 너무 거대해 주변에 선 사람들이 작아 보인다. 고무 같은 혀와 부어오른 돌출부가 모래 위에 늘어져 있다. 실용적인 면에서 보면 이 고래는 여러 달 동안 이 지역 사람들에게 먹이와 연료를 제공했을 것이다. 그러나 사람들은 이 일이 1601년 12월 24일에 일어난 일식의 전조라고 생각했다. 9일 뒤에는 지진이 일어났고 1602년 6월 4일에는 월식이 있있는데 이 두 사건 모두 고래의 탓이 되었다. 이후 암스테르담에 돈 역병 또한 고래가 예언한 사건으로 여

겨졌다. **아주** 바쁜 고래였다.[10]

이후 여러 세기에 걸쳐 기술이 발전하며 고래잡이는 좀 더 안전해졌지만 그렇다고 고래가 만만해지지는 않았다. 악마 고래는 문학에서도 계속해서 등장했다. 미국 작가 허먼 멜빌의 《모비 딕》(1851)은 19세기 독자들에게 예사롭지 않은 고래를 소개했다. 멜빌은 이 작품을 쓰기 훨씬 전부터 포경선 에섹스호의 이야기에 매료되어 있었다. 1820년 향유고래의 공격을 받았던 고래잡이 배로, 적잖은 수의 선원들이 사망했고 살아남은 선원들도 구조를 기다리다 굶어 죽었다. 멜빌은 공격적이기로 악명이 높았던 고래 모카 딕에서도 영감을 얻었다. 자신의 고래잡이 경험까지 더해 그는 새로운 신화를 썼다. 소설의 화자 이슈메일은 에이햅 선장이 지휘하는 포경선 피쿼드의 마지막 고래잡이에 대한 이야기를 풀어놓는다. 에이햅 선장은 여러 해 전 그의 다리를 물어뜯은 고래 모비 딕을 붙잡는 데 혈안이 되어 있었다. 에이햅의 집착으로 배는 결국 파멸에 이른다.

바다가 그러하듯 이 소설은 무한한 해석을 낳았다. 소설가 데이비드 길버트는 "뱃사람들의 세공품에 기록된 성서"라고

---

10 마찬가지로 윌리엄 캑스턴은 템즈강에 고래와 바다코끼리가 나타난 일을 "전쟁과 고난이 곧 일어나리라는 전조"라고 해석했다.

말한다.[11] 분별 있는 비평가들은 먼저 소설을 완전히 이해하지는 못했다고 인정한 다음 신중하게 자기 해석을 내놓는다. 많은 사람은 이 작품이 형이상학적 의미로 가득하다고 말한다. 고래는 신이나 자연, 무신론이나 악, 공포나 운명의 토템이다. 에이햅이 극복하고자 했던 모든 것을 상징한다는 해석이다. 그중에 정확히 무엇인지는 읽는 사람에게 달려 있다. 멜빌의 괴물은 거기에 어떠한 의미를 부여하든 그것을 모두 흡수한다. 이 고래는 바다 그 자체만큼 심오하다.

바다처럼 끝없고 막연한 공간만이 이러한 방식으로 유연한 상상을 허락하고 모든 인간 경험을 포용한다. 이런 곳에서 형태는 끊임없이 합쳐지거나 변화한다. 셰익스피어의 《폭풍우》에서 아리엘이 노래하듯 "상전벽해를" 겪어 "값지고 기묘한 것이 된다". 태풍, 해일, 눈에 보이지도 않고 막을 수도 없는 조류는 그 자체로 괴물 같아서, 거대한 힘으로 터져 나와 무엇이든 집어삼킨다. 이전 장에서 살펴본 야생과 마찬가지로 막막한 물속에는 무엇이든 숨을 수 있다. 그리하여 우리 상상 속의 괴물들은 여전히 바다에 존재한다.

---

11 뱃사람들은 고래 뼈나 상아에 조각을 새겨 세공품을 만들곤 했다.

바닷속 미확인 동물 연구

인간은 과학의 변두리에서도 계속해서 바다 괴물을 만들어 왔다. 1845년 알베르트 코흐라는 야심 찬 박물관 주인이 뉴욕의 아폴로 살룬에 히드라르코스, 혹은 '리바이어던'을 전시했다. 전시 책자는 이 "바다 괴물"을 "피에 굶주린 물의 왕" 그리고 "모든 동물의 군주이자 가장 위대한 기념물"이라고 소개했다. 히드라르코스가 높이 35미터, 무게 3천 4백 킬로그램의 경이로운 화석이기는 해도 이 짐승이 욥기에서 나온 바로 그 리바이어던이라는 주장은 지나친 호들갑이었다. 전시 기간은 길지 않을 예정이었다. 곧 유럽에서 순회 전시가 있을 예정이니 그 전에 서둘러 관람하라는 당부도 있었다.

코흐가 앨라배마주에서 '발견'한 히드라르코스에는 사실 여러 가지 화석이 섞여 있었다. 바실로사우루스과의 화석 여러 개가 합쳐졌고 동글동글 말린 암모나이트 화석들도 화려함을 더했다. 바실로사우루스는 선사 시대의 고래로 땅 위에 살았던 고래의 조상과 유사점이 많았다. 코흐가 이런 뻔뻔한 수완으로 흥행을 유도한 적이 이때가 처음은 아니었다. 오늘날 런던 자연사 박물관 중앙 홀에 있는 마스토돈 화석 뼈도 앞서 코흐가 전시한 '미주리 괴물'의 일부였다.

히드라르코스를 구성한 화석은 1830년대와 1840년대 앨라배마와 미시시피에서 노예들이 발견한 것이었다. 코흐는 이 화석들로 괴물을 만들어 전시를 대성공으로 이끌었다. 고생물학자들은 이 괴물의 치아가 포유류의 것이라는 사실을 지적하며 거세게 비판했다. 그러나 히드라르코스는 대중에게서 충격과 경이를 이끌어 냈다. 성서 속 세계와 주류 자연사에 등장한 지 꽤 오래된 괴물이 실제로 나타난 듯 보였기 때문이다. 19세기 초반에는 여러 유명한 바다 뱀 목격 사건이 있었으므로 대중은 박물관에서 바다 뱀을 발견한대도 믿을 준비가 되어 있었다.[12]

히드라르코스는 바실로사우루스보다 길이가 두 배는 길었지만 생김새는 비슷했다. 둘 다 몸이 기다란 바다짐승이었다. 이 괴물은 미국 남부가 아직 바닷속에 잠겨 있을 때 실제로 거기 살았던 여러 동물들의 조합이었다. 미래에 코흐의 히드라르코스 같은 것이 나타난다는 상상도 아주 불가능하지는 않다. 심해는 아직 신비로운 장소로 남아 괴물을 숨기고 있을 가능성이 충분한 마지막 야생이다. 인간이 탐험하지 않은 땅은 이제 한 치도 남지 않았다. 그러나 우리가 탐험한 바다는 여전히 5퍼센트에 불과하다. 현 시점 가장 깊은 해저인 마리아나 해구의 챌린저

---

[12] 최근 페루에서 얕은 물에 살았던 척추동물의 화석이 새롭게 발견되었다. 대왕고래보다 더 컸을 것으로 추정되는 페루케투스 콜로수스는 에오세 중기에 살았던 바실로사우루스과의 고래다.

딥에 가 본 사람은 27명에 지나지 않는다. 이곳의 수심은 거의 11킬로미터에 달한다. 우리가 화성의 표면 탐사를 위해 로버를 보내는 와중에도 지구상 가장 거대한 서식지를 거의 탐사하지 않았다는 사실은 놀랍다. 그리고 어떤 면에서는 다소 위안이 된다. 괴물이 숨어 존재할 가능성이 있는 **어딘가**가 우리에게는 필요하다. 그것이 단지 허구 뿐인 서사를 위해서라고 해도.[13]

하지만 심해에는 정말 괴물 같은 존재들이 산다. 런던의 자연사 박물관에는 아치라는 별명으로 불리는 촉수 달린 표본도 살고 있다. 바로 대왕오징어다. 아치라는 별명은 라틴어 학명 아르키테우티스 둑스에서 왔다. 2004년 우연히 저인망 어선에 잡힌 아치는 자연사 박물관의 액침 표본 소장고인 스피리트 컬렉션의 주역으로, 농도 10퍼센트의 포르말린 식염수 용액 안에 8.62미터의 몸체가 보존되어 있다. 아치 이전에 발견된 거대한 오징어는 온전하지 않거나 부패한 표본이었다. 살아 있는 대왕오징어는 2004년에야 처음 영상으로 촬영되었다. 남극오징어 *Mesonychoteuthis hamiltoni*는 더 크다. 무려 14미터까지 자랄 수 있다. 1925년에 처음 발견되었고 눈알이 축구공만 하다. 우리에게 지금까지 알려진 그 어떤 짐승의 눈알보다 크다. 사진이나 영상 자

---

[13] 그러나 이렇게 깊은 해구 바닥에서도 플라스틱 쓰레기가 발견되었다!

료는 존재하지 않고 해변에 떠내려온 사체나 고래 뱃속에서 발견된 표본으로 알 수 있을 뿐이다. 우리는 이들 생물이 어떻게 사는지 아는 바가 거의 없다. 배를 물속으로 끌고 들어간다던 크라켄이나 쥘 베른의 《해저 2만 리》(1872)에서 노틸러스호를 공격하는 오징어를 닮은 '악마의 물고기'가 떠오르기도 한다.

우리는 오랜 시간 아치를 닮은 바다 괴물이나 생물을 만들어 왔기에 사람들은 여전히 아직 발견되지 않은 환상적인 존재를 상상한다. 미확인 동물 연구라는 현대 유사 과학은 전설 속의 동물 혹은 멸종된 동물, 이른바 크립티드cryptid를 찾아 미지의 세계를 낙관적으로 들여다본다. 20세기의 미확인 동물 연구자들은 16세기 자연 과학자들과 비슷한 방법으로 사진이나 상세한 정보, 기이한 표본 등 객관적으로 보이는 데이터들을 적극적으로 수집해 거대한 미지의 바다 괴물이 존재한다는 '증거'로 제시했다.

이 같은 시도의 선두에는 프랑스 과학자 베르나르 외벨망스가 있었다. 그는 화석도 남기지 않은 아주 오래된 거대 해양 동물이 아직까지 발견되지 않고 살아 있을 가능성을 주장했다. 죽었다 살아난 '나사로' 같은 동물이 없지는 않다. 오랜 세월 존재했지만 많이 변하지 않았고 화석이 채집된 경우도 거의 없으며 최근에 존재가 입증된 동물 말이다. 가장 대표적인 사례가 실러

캔스이다. 다부진 모습을 한 이 심해어는 40억 년 동안 크게 진화하지 않았다. 아주 드물게 발견된 화석으로만 알려진 어류였으나 1930년대에 두 종이 발견되었다. 원시 고래나 바다 악어, 거대 거북, 초대형 물개 등 화석은 존재하지만 아직 생존이 확인되지 않은 동물도 발견될 수 있지 않을까? 외벨망스는 그럴 수 있다고 생각했다. 《바다 뱀이 남긴 자국 The Wake of the Sea Serpents》(1968)에서 그는 미지의 바다 괴물 "목격담"을 아홉 가지 주요 유형으로 분류했다. 목이 긴 유형, 바다 말 유형, 혹이 다수인 유형, 지느러미가 다수인 유형, 거대 해달 유형, 거대 장어 유형, 바다 도마뱀 유형, 황색 복부 유형, 모든 거북의 아버지 유형. 목격담 속의 기이한 "괴물"은 사실 회귀한 선사 시대 동물일 수 있다.

사우샘프턴대학교에 있는 고생물학자 대런 네이시는 취미로 미확인 동물 연구 분야의 주장을 검증하곤 한다. 과학적 엄밀성을 보장하기 위함이다(아마 아이 같은 호기심 때문이기도 하겠지만). 네이시의 주장에 따르면 미지의 동물을 과학적으로 입증하려고 애쓰는 외벨망스 같은 사람들의 이론은 도저히 말이 되지 않는다. "증거"가 있다고 해도 자세히 들여다보면 그 무엇도 입증하지 못하는 경우가 많기 때문이다. 또 화석 표본이 많지 않기 때문에 "증거의 부재는 곧 부재의 증거"이다. 사실상 미확인 동물 연구는 "플레시오사우루스 효과"일 수 있다고 네이시는 말한다.

이는 새로운 화석이 발견된 뒤 옛 '바다 괴물'의 형상이 다시 관심을 받는 현상을 말한다. 19세기에 플레시오사우루스 화석이 발견됐을 때 목이 긴 플레시오사우루스를 닮은 괴물을 목격했다는 주장이 급증했다. 하지만 네이시의 비판에도 미확인 동물 연구자들은 활동을 멈추지 않는다.

그럼에도 바다 괴물에 대한 신화와 해양 동물군을 연구하는 현대 과학은 육지의 경우와 달리 친밀한 관계에 있다. 여러 전통적인 바다 괴물이 다만 상상력의 소산일지라도 그들의 기이한 특징은 바닷속 실제 생물들의 특징과 유사하다. 바다 생물종의 라틴어 학명이 이 둘을 연결시켜 준다. 바다 괴물이 바다 생물의 과학적 이름 속에 남아 있는 셈이다. 가령 칼날 같은 주둥이로 배를 갈라 버린다는 '지피우스'는 온순한 민부리고래Ziphius cavirostris의 학명에 남았다. 뾰족뾰족한 유니콘 뿔을 가진 사나운 '프리스티스'는 톱가오리Pristis pristis의 학명 속에 들어 있다. 톱가오리는 실제로 뾰족뾰족한 주둥이를 가졌다. 고대 신화에서 물을 높이 뿜어 배를 공격했던 '피세테르'는 향고래속의 이름이 되었다. 이런 예시는 그밖에도 많다.

과학자들은 살아 있는 해양 동물군을 바다의 옛 괴물들과 연결하여 바닷속 오래된 상상의 세계를 지켰다. 그 이유는 간단하다. 바다는 그 깊이를 가늠하기 어렵다. 말 그대로 측정이 쉽지 않고 비유적인 의미에서도 그러하다. 그래서 우리의 상상력은 그 안에서 자유롭게 뛰논다. 바다와 그곳에 사는 짐승들은 압도적으로 크고 위험하다. 그 공포가 괴물을 키운다. 상어는 이를 가장 잘 시사하는 동물이다.

공포의 브루스

나의 배우자 제이미는 상어를 극도로 공포스러워 한다. 그저 그런 무서움이 아니다. 나를 죽일 수 있는 비범한 이빨을 가진 존재에 대한 합리적이고 당연한 반응이 아니다. 제이미의 공포는 **깊이 자리 잡은** 공포이다. 상어에 대한 두려움 때문에 바닥이 보이지 않는 물에는 들어가지 않는다. 아주 넓은 수영장에서도 마찬가지이다. 우리는 인도네시아 플로레스 근처 아주 작은 무인도에 묵은 적이 있다. 해변에서 조금만 나가면 수심이 1미터 정도밖에 되지 않는 물속에 산호초가 있었다. 나는 과거에 운 좋게도 산호초를 몇 번 탐험했었다. 그러나 이 섬의 산호초는 한 번도 보지 못한 자연 그대로의 상태였다. 그러나 물가를 순시하듯 헤엄치던 새끼 흑단상어를 보자마자 제이미는 스노클링을 포기했다. 얄궂게도, 우리에게 관심이 없는 흑단상어보다 산호초 사이에 사는 아주 작은 물고기들이 훨씬 더 적대적이었다.

상어에게 느끼는 이러한 압도적인 공포에도 불구하고 제이미는 상어 열쇠고리를 갖고 있다. 그의 디지털 아바타는 전부 상어이며, '상어'라는 말이 나왔을 때 눈을 반짝이며 둘러보는 사람도 역시 제이미이다. 세상에 나온 모든 상어 영화는 이미 섭렵했고 담요로 방어막을 세운 뒤 고전을 재시청하는 것도 무엇보다 좋아한다. 물론 발가락이 소파 밖으로 나오면 큰일이 나지만. 제이미는 상어가 가진 저항할 수 없는 매력에 끌린다. "끔찍한데 아름답다"고 말한다. 상어가 나오는 영화가 얼마나 많은지 고려하면 다른 사람들 역시, 말하자면 같은 배를 탔다고 할 수 있다. 수많은 은막과 고화질 텔레비전 화면 위로 복수심에 불타는 백상아리, 거대한 메갈로돈, 유전자 조작으로 탄생한 초대형 킬러 상어, 나치 좀비들을 등에 태우고 하늘을 날아다니는 상어 등이 헤엄친다. 샤크네이도 sharknado도 있다. 상어가 나오는 영화는 하나의 유사 장르를 형성할 정도이다.

상어 공포증이 아주 비합리적인 것은 아니다. 상어의 본거지에서 상어와 맞닥뜨린다면 치명적인 결과를 맞이할 수 있다. 하지만 상어를 피하기는 쉽다. 반드시 바다에 들어가야 할 일은 잘 일어나지 않고 통계상 상어의 공격을 받아 사망할 확률은 **374만 8천 67분의 1**이다. 전 세계를 통틀어 1년에 약 10명 정도 사망하는 수준이다. 2021년에는 미국에서만 22명이 암소의 공격으로 사망했고 53명이 벌에 쏘여 죽었다.

하와이나 폴리네시아처럼 바다와 긴밀하게 연결된 문화권에서 상어는 종종 신격화된다. 괴물이 아니라 상어의 힘은 악마화되지 않고 경외의 대상이 된다. 상어와 가깝게 살아간다 해서 그들을 악마로 취급할 필요는 없다. 이런 문화권에서는 공포심과 경외심이 섞인 미묘한 관점이 존재한다. 서양에서는 인간이 먹이 사슬 가장 위에 있어야 한다고 생각한다. 유대교와 기독교 신학에서 나온 시각이다. 그 결과 우리와 다른 강력한 존재들에 대해 균형 잡힌 시각을 유지하기가 어려워졌다. 인간은 생태계의 일부일 뿐이라는 사실을 잘 깨닫지 못하기 때문에 위협적인 존재를 괴물로 둔갑시킨다.

물론 상어도 역사 속에서는 바다 괴물 취급을 받았다. 18세기 동물학자 토머스 페넌트는 이렇게 썼다. "상어는 뱃사람들이 두려워하는 존재로, 배 밖으로 무엇이라도 떨어지기를 기대하며 항상 배를 따라다닌다. 불행히 사람이 떨어진다면 어떠한 구원의 가능성도 없이 사라진다." 상어 밥이 되는 일은 악마의 저주와 같은 맥락이다. 오늘날 고래가 무해하고 아름다운 해양 동물로 여겨지는 반면 상어는 여전히 괴물 취급을 받는다. 그래서 범고래가 떼를 지어 물개를 괴롭히거나 새끼 혹등고래의 혀를 뜯어 먹는 등 우리가 기대한 적 없는 끔찍한 행동을 보이면 심기가 거슬리고 불편하다. 고래목의 동물이 설마 그렇게 괴물 같을까 싶다. 사실 고래는 상대를 괴롭힐 만큼 무시무시하게 높은 지능을 가졌고, 오히려 그렇기 때문에 인간에게 지지를 얻기도 한다. 지금 이 순간에도 '화이트 글래디스'라는 늙은 암컷이 이끄는 범고래 무리가 이베리아반도 해역에서 요트의 키를 망가뜨리는 짓을 계속하여 벌써 세 척이나 가라앉혔다. 심지어 이 행동은 점점 퍼져 나가고 있는 듯 보인다. 한 요트는 물 밑으로 헤비메탈을 틀어 범고래를 쫓으려고 했지만 오히려 화만 돋우었다. 글래디스가 과거에 다른 요트와 마찰이 있었는지, 이 행동이 글래디스의 복수심에 기인한 행동인지 그 원인에 논란은 있지만 많은 사람이 마치 자경단원의 보복처럼 보이는 고래떼의 행동을 지지한다.[14]

만약 상어가 무리를 지어 배를 공격했다면 대부분의 사람들은 그 소식에 반감을 가질 것이다. 상어는 뒷전으로 밀려난 편이다. 우리는 상어를 단지 두려워하는 데서 그치지 않는다. 상어 영화는 사실상 괴물 영화이다. 괴물 역할을 맡기기 위해 상어를

---

14   페넌트가 여기서 이야기하고 있는 상어는 바로 백상아리다. 범고래가 배를 들이받는 행동이 복수심 때문인지 단지 유행인지 논란이 있다. 1987년에 어느 암컷 범고래가 머리 위에 죽은 연어를 쓰고 다녔는데 그해 여름 동안 근처의 여러 무리에서 마찬가지로 연어 모자를 썼다. 이 유행은 빠르게 확산된 만큼 빠르게 사라졌지만 최근 되돌아온 듯하다.

굳이 꾸밀 필요도 없다. 영화 〈메가로돈〉(2018)에서 메갈로돈은 과장이 좀 되었고 〈언더워터〉(2016)에서 블레이크 라이블리를 괴롭히는 백상아리는 특히 악랄한 녀석이기는 해도 둘 다 생물학적 실상과 크게 다르지 않다. 상어는 연골로 이루어졌지만 강력하고 눈동자에 생기가 없는 외계 생물 같으며 소리 없이 물을 박차고 나온다. 소름 끼치도록 예민한 감각을 이용해 먹이를 사냥한다. 다른 생물에서 나오는 5나노볼트에 지나지 않는 전기장이나 물에 1피피엠 수준으로 희석된 혈액도 감지할 정도이다.

벌린 입에 면도날 같은 치아가 촘촘하게 박힌 끔찍한 모습은 영화관에서 특히 심한 시각적 충격을 낳았다. 피터 벤츨리의 1974년 소설을 바탕으로 스티븐 스필버그가 1년 후 만든 영화 〈죠스〉는 상어 공포증을 대거 촉발했다. 영화 제작진은 움직이는 백상아리 모형에 (스필버그가 고용한 사나운 변호사 이름을 따) 브루스라는 이름을 붙였는데 브루스는 아마도 평생 가는 공포증 환자를 가장 많이 만들어 낸 모형일 것이다. '상어'라는 표현은 여전히 변호사나 '사채업자loan shark'를 가리키고 나약한 여성을 먹잇감으로 삼는 파렴치한 남성에게도 '상어질sharking'을 한다고 말한다. 무언가 숨기는 듯 보이는 퀸트 선장은 히로시마 폭격 임무 도중 어뢰 공격을 당했다. 그 후 선원들이 겪은 일은 〈죠스〉의 후반부 독백에 담겨 있다. "상어는 말이지, 눈에 생기가 없어. 눈알이 검어. 인형 눈알처럼. 다가올 때는 살아 있는 것 같지도 않아 …… 근데 한번 물면 그 검은 눈동자가 희뜩 돌아가고 …… 그다음에 끔찍하게 날카로운 비명이 들리지. 바닷물은 시뻘겋게 변하고 아무리 때리고 소리를 쳐도 상어는 다가와 …… 갈기갈기 찢어 버리지."

이 "생기가 없는" 눈 때문에 상어는 완벽한 냉혈 살인마 역할과 잘 어울린다. 대형 척추동물 중에 인간과 가장 다른 동물이다. 그러나 '기계 같은, 감정 없는 괴물'이 매년 상어를 학살하는 어선에 더 적합한 표현이라는 사실은 아이러니하다. 2014년에 생긴 신조어 '죠스 효과'는 정치인들이 원하는 정책을 통과시키기 위해 상어 영화를 이용해 상어 공격에 대한 공포를 고조시킴으로써 여론을 호도하는 일을 일컫는다. 20세기 초반부터 상어 공격은 악마 같은 '인간 사냥꾼'에 맞서 성전을 벌이자는 주장으로 이어지곤 했다. 그러나 인구의 폭발적인 증가, 상어의 먹이가 되는 어종의 남획, 무리한 해안 개발 등 인간이 해양 생태계에 미친 영향으로 인간과 상어가 한데 몰리게 된 상황을 고려해야 한다. 안타깝게도 선거 운동을 할 때는 생태계 보호를 위해 절제된 생활을 하자는 주장보다 '인간 사냥꾼'과의 전쟁을 선포하는 편이 더 효과적이다.

그 결과 상어가 타격을 입었다. 매년 약 1백만 마리가 죽는다. 1970년에 비해 전 세계 상어 개체 수는 71퍼센트 감소했다. 스필버그를 후회하게 만들 만큼 극심한 피해이다. 스필버그는 자신의 영화가 상어에게 오명을 씌웠다면서 이렇게 말했다. "아직도 두렵습니다. 상어의 먹이가 될까 봐 무서운 것이 아닙니다. 1975년 이후 취미 낚시꾼들이 광기 어린 사냥에 나섰기 때문에 상어들이 저에게 분노했을 거라는 사실이 두렵습니다." 원한 깊은 상어가 스필버그의 악몽 속을 맴돈다.[15]

심해, 어스름한 환상의 세계

멜빌은 《모비 딕》에서 살아 있는 고래를 이렇게 설명했다. "살아 있는 고래의 그 웅장하고 심원한 모습은 바다에서, 깊이를 가늠할 수 없는 물속에서만 볼 수 있다. 수면으로 떠올라도 거대한 몸체 대부분은 보이지 않는다." 주변 풍경은 고래를 아담하게 보이도록 만든다. 그것도 아주 일순간 동안만. 물 밑에서 일어나는 일들은 수수께끼로 남는다. 문학과 예술은 바로 이런 이유에서 바다를 잠재의식의 상징으로 삼는다. 프로이트는 정신의

---

15 예상 재고량이나 포획 기록 등의 데이터를 이용해 2013년 메타 분석을 실시한 결과, 매년 상어의 약 6.4~7.9퍼센트가 죽임을 당한다고 추정된다. 1970년 이후 세계적으로 가오리와 상어 조업이 18배 증가한 까닭이다.

구조를 물에 잠긴 빙하에 빗댄다. 무의식은 수면 아래 저 깊은 곳에 잠겨 있고 윗부분인 의식만이 수면 밖으로 나와 있다. 융 또한 물의 유동성과 끝없이 연결되는 특성이 "집단 무의식"을 잘 보여 준다고 생각했다. 바닷물의 불가해한 특성은 우리의 복잡한 정신과도 비슷하다. 둘 다 불안정하고 강력한 충동으로 가득하다. 수면은 그 아래서 벌어지는 생생한 움직임을 숨긴다.

해양 생물에 대한 생물학 연구는 이 같은 상징을 더 강력하게 연결했을 뿐이다. 우리는 바다를 더 많이 알게 되었고 바다의 풍요를 더 잘 수확할 수 있다. 바다를 건너는 일은 과거 그 어느 때보다 안전하다. 그러나 기술이 발전할수록 바다의 신비도 늘어만 간다. 해양생물학자이자 작가 헬렌 스케일스는 바다가 계속해서 우리의 상상력을 사로잡는 이유를 특유의 말솜씨로 설명해 주었다. 스케일스의 말에 따르면 우리는 최근에야 해양 동물이 제 서식지에서 사는 모습을 관찰하게 되었다. "블로브피시 같은 걸 물 밖으로 건져 올리면 아주 우스꽝스럽고 불쌍하게 생겼어요. 기압 때문에 납작하게 눌리지요." 하지만 잠수함과 로봇, 심해선 덕분에 이제는 심해를 그 어느 때보다 더 많이 관찰하고 더 많은 사람이 그 매력에 빠지고 있다.

우리는 드디어 생물의 본모습을, "진화의 잠재력, 극한 조건에 대응하는 생물의 반응을" 눈으로 볼 수 있게 된 것이다. 바다 괴물에 대한 환상이 깨지기는커녕 외계 생물을 발견하는 중이다. 스케일스는 이렇게 말한다. "심해의 많은 생물이 빛을 만들어요. 우리가 상상하는 외계 생물과 비슷하게요." 바다에 산다는 것은 다른 행성에서 사는 것과 비슷하다. 대기로 호흡할 수 없고 중력도 최소이기 때문이다. 해양 생물 중에는 거대하고 기이하게 늘어진 모습을 가진 종도 있다. 산갈치과 어류는 벼슬이 달린 긴 리본처럼 생겼고 길이는 17미터에 달한다. 미세한 깃털 같은 덩굴손이 달린, 믿을 수 없을 정도로 섬세한 생물도 있다. 바늘처럼 가느다란 다리가 아주 긴 생물이나 망사 같은 막으로 덮인 녀석도 있다. 지상에서와 달리 어떠한 버팀목이나 구조물도 없이 연약한 형태를 유지하는 투명한 젤리 같은 조직으로만 이루어진 생물도 있다. 이런 놀라운 생명체들은 물속의 무중력 덕분에 생존한다.

어스름한 환상 속 세계에도, 심해 저 평원의 칠흑 같은 어둠에도 엄청나게 크고 기이한 존재들이 숨어 있다. 마치 잠이라는 무의식의 영역에 숨은 수많은 악몽처럼. 인간이 가장 닿기 힘든 장소에 숨어 진화한 생물들과 인간의 가장 깊은 공포가 낳은 존재들이 닮아 있다는 사실은 기이한 우연이다. 만약 톨킨의 나즈굴이 물고기라면 펠리컨장어라는 심해 어류를 닮았을 것이다. 스타킹 속에 축구공을 넣은 듯 생긴 펠리컨장어의 기하학적인 입은 벌렸을 때 몸 크기의 몇 배가 되어 마주치는 거의 모든 것을 삼킨다. 먹이가 나보다 크다고 달아나게 내버려둔다면 심해 사막에서 살아남지 못한다. 깊이 들어갈수록 더 기묘해진다. 마귀상어, 먹장어, 흡혈오징어 같은 심해의 등장인물들은 아래턱이 튀어나왔거나 코가 뭉툭하거나 내장이 눈에 보이거나 누가 불을 지른 것처럼 요란하게 발광하는 등 호러 쇼를 방불케 한다. 잠재의식의 작용에 대해서 아는 바가 거의 없듯이 우리는 심해 생물들의 삶에도 극히 무지하다.

　　　심해에서 이루어지는 생명 활동은 인간 두뇌의 원초적인 기능과 닮았다.[16] 생존과 먹이 활동, 생식 활동만이 중요하다. 심해 동물은 더 단순하고 공허한 삶을 산다. 그들은 주로 에너지를 확보하고 다른 동물의 먹잇감이 되지 않는 데 시간을 쓴다. 그 깊은 데서는 짝짓기도 거의 일어나지 않는다. 모든 것이 물같이 흘러가는 곳에서는 그럴 필요도 없이 생식 세포를 배출하면 끝이다. 무성 기생 생식을 하는 생물도 있다. 아담한 수컷 초롱아귀는 크기가 큰 암컷을 만나자마자 짝짓기를 하지 않고 몸에 붙는다. 그리고 여생을 살아 있는 정자 주머니로 보낸다. 이런 최소한의

---

[16] 어류와 포유류는 뇌 구조에 차이가 있지만 포유류의 편도체와 해마와 유사한 영역이 어류에게도 있다.

활동은 인간의 뇌간이 통제하는 원초적인 본능과 동일한 작용에 의해 이루어진다.

바다 깊은 곳으로 내려가는 일은 흡사 아주 오랜 과거로 시간 여행을 하는 일 같다. 빛이 줄어들고 온도가 떨어진다. 그렇게 생명 활동이 느려지면서 자연적인 시간 왜곡이 일어난다. 생리 현상도 매우 천천히 진행된다. 심해 생물은 아주 오래 살 수 있지만 그렇다고 더 많은 일을 하는 것은 아니다. 우리가 진화의 갈림길에서 헤어진 이후 심해 생물이 겪은 변화는 인간보다 적다. 앞서 만났던 남극오징어는 오늘날 존재하는 가장 큰 무척추동물이지만 매일 45킬로칼로리만 먹으면 살아남을 수 있다. 대강 사과 한 개 정도의 에너지로, 1년에 생선 두어 마리만 먹으면 채워진다. 그린란드상어는 북극 바다 약 2천 미터 깊이까지 내려가서 살 수 있다. 천천히 헤엄치고 최고 속도도 겨우 시속 1.6킬로미터지만, 어떻게 하는지는 몰라도 이따금 물고기와 물개를 사냥하는 데 성공한다.[17] 그렇게 먹고도 최대 5백 년이라는 특별히 긴 수명을 자랑한다. 척추동물 중 가장 긴 수명이다. 오늘날 살아 있는 그린란드상어 중에 올라우스 마그누스가《카르타 마

---

17   2010년 연구에 따르면 그린란드상어는 매일 0.03킬로그램 정도의 먹이만 먹고도 살 수 있다. 최상위 포식자와는 거리가 매우 먼, '떠다니다 보면 뭐라도 떠내려 오겠지'라고 생각하는 류의 사냥꾼이라고 볼 수 있다.

리나》를 쓸 당시에 태어난 녀석이 있을지도 모른다.

　　바다가 수많은 괴물을 키워 내는 이유는 아주 많다. 파괴하고 집어삼키는 바다의 능력은 괴물 같은 동시에 경이로워서 우리는 두려움에 사로잡힌다. 바다만큼 환상과 현실이 사이좋게 펼쳐지는 장소는 또 없을 것이다. 야수와 야수의 서식 환경이 합수치는 곳, 특별한 힘과 위험과 신비가 존재하는 곳. 바다의 기이한 동물들은 우리의 상상력을 뛰어넘고 우리의 정신은 바다를 원천으로 무엇이든 만들어 낼 수 있다. 무엇이 튀어나올지 모르는 저 거친 수면. 그곳을 마주한 우리의 상상력이 바다에 수많은 리바이어던을 살게 했다.

3부

지혜의 괴물

제7장 : 마법에 걸린 세상 속 히드라

"이성에게 버림을 받은 상상력은 불가능한 괴수를 만들어 낸다. 이성과 하나된 상상력은 예술의 어머니, 경이로운 원천이다."

프란시스코 고야

　

야코프 드 본트는 비늘 달린 동물을 좋아해 본 적이 없었다. 그와 잘 맞지 않았다. 먹는 것이라면 더욱 그랬다. 거북이나 이구아나 고기를 먹으면 항상 심하게 앓았고 끔찍한 고열과 악몽에 시달렸다. 1620년대 네덜란드 제국의 주요 식민지였던 자바섬에 파견된 이 젊은 의료인은 이 때문에 골머리를 썩었다. 드 본트는 네덜란드 동인도 회사 총독이 여는 만찬에 초대받아 악어 고기를 먹은 적이 있었다. 다른 손님들은 아주 기뻐했다. 하지만 그는 예의상 입술에 대기만 했는데도 며칠간 자리에서 일어나지 못했다. 드 본트 자신의 말에 따르면 생명을 위협하는 극심한 "콜레라"를 앓았다.

　　드 본트는 자신의 허약한 체질이 짜증스러웠다. 그의 임무는 낯설고 습한 자바섬에 있는 모든 것을 관찰하고 배우는 일이었다. 자리에 누워 있을 시간이 없었다. 드 본트는 이 분주한 네덜란드의 전초 기지에서 찾을 수 있는 모든 천연자원을 모으고 기록하면서 시간을 보냈다.[1] 특히 의학적 가치가 있는 것에 집중했다. 수백 명의 다른 관리들과 함께 해외로 파견된 그는 당시 전 세계에 덩굴손처럼 뻗어 나가던 네덜란드의 거대한 무역망 중 작은 일부일 뿐이었다. 오늘날 전 세계에 자리 잡은 자본주의 경제가 막 싹트던 엄청난 변화의 시기였다. 그러나 드 본트는 세세한 업무에 시달리느라 거기까지 신경 쓸 겨를이 없었다. 동인도 회사가 유럽의 약제사들에게 공급할 새로운 약이 그의 주된 관심사였다. 새로이 발견한 놀라운 것들을 이해하는 일은 그 다음으로 중요했다.[2]

하루는 드 본트의 하인들이 자루에 선물을 담아 왔다. 그

---

1 야코프 드 본트의 라틴어 이름은 야코부스 본티우스이다. 그가 직접 작성한 원고가 포함된 셰러드 컬렉션은 옥스퍼드대학교 식물 과학 도서관이 소장하고 있다.

2 네덜란드 동인도 회사는 1602년 설립된 세계 최초의 주식회사였다. 엄청난 군사적·경제적 권력을 가져 다른 유럽 국가들과의 경쟁에서 우월한 위치를 차지하고 아시아를 상대로 무역을 할 수 있었다. 배를 띄우면 그 배가 싣고 온 화물을 현금화할 때까지 시간이 걸렸기 때문에 동인도 회사가 차용한 주식 거래 방식은 현대 주식 시장의 기원이 되었다. 덕분에 회사는 인도네시아 전역에 교역을 위한 식민지를 세웠고 스페인과 포르투갈이 지배하고 있었던 고가의 향신료 해상 거래 시장을 독점했다. 1799년에 부패와 운영 비용 상승으로 파산한다.

의 담력이 시험대에 올랐다. 자루를 뒤집어 열자 공처럼 단단하게 몸을 움츠린 기이한 녀석이 떨어졌다. 녀석은 천천히 움츠린 몸을 펴고 주저하며 바닥을 기었다. 처음 보는 동물이었다. 구부러진 등과 긴 꼬리는 두꺼운 갈색 비늘로 덮여 있었고 뱀을 닮은 머리에는 검은 구슬 같은 눈동자가 보였다. 드 본트는 이 동물이 거북의 일종으로 그동안 만나 본 다른 거북과 마찬가지로 무는 힘이 강하리라 짐작했다. 조심스럽게 뒤집어 부드러운 털이 난 복부를 보려고 하자 녀석은 다시 몸을 공처럼 동그랗게 말고 움직이지 않았다. 둥글고 소리 없는 수수께끼였다. 다른 거북이나 도마뱀과는 좀 달랐다. 하지만 뚫기 힘든 껍질을 가진 동물이라면 거북밖에 몰랐던 드 본트는 녀석이 헤엄칠 수 있도록 물을 채운 통에 집을 만들어 주고 작은 물고기를 먹이로 주었다.[3]

    드 본트는 이 녀석을 "신기한 비늘 거북"이라고 불렀다. 정체를 전혀 알 수 없었기 때문에 물고기, 뱀, 거북 등 이미 아는 동물을 이용해서 설명하려고 했다. 지역민들에게 이 동물을 아는지 물어보고 다른 네덜란드 관리들에게도 수소문했다. 네덜란드에서 고이 모셔 온 귀중한 서적은 별 쓸모가 없었다. 고대 학

---

3   드 본트의 기록을 바탕으로 상상을 더해 극화했지만 원본의 느낌을 최대한 살리려고 노력했다.

자들의 지혜로 가득했지만 자바섬을 이해하는 데는 도움이 되지 않는 책들이었다.

다행히 식민지 내에 있는 드 본트의 지인 중에 이 짐승을 아는 사람들이 있었다. 자바인들은 이 동물을 타우나, 즉 '땅을 파는 동물'이라고 불렀다. 강둑에 굴을 파고 살며 매우 느리게 움직이고 이따금 헤엄을 치기도 한다고 했다. 드 본트는 이 동물의 비늘을 갈아서 쌀뜨물과 섞으면 효험 좋은 약이 된다는 소식을 듣고 매우 기뻤다. 중국에서는 의원들이 이 약재를 담즙 이상, 이질, 콜레라를 치료하는 데 쓴다고 했다. 드 본트가 자주 겪는 사소한 소화 불량에도 도움이 될 터였다. 느리고 차가운 성질의 동물로 뱃속의 열이 일으키는 통증을 완화한다는 논리는 17세기의 의료 이론상 일리가 있었다. 뿐만 아니라 악어 고기처럼 타우나 고기도 맛이 좋다고 했으나 드 본트는 이 사실을 딱히 검증해 보고 싶지는 않았다.

내가 알기로 이 "비늘 거북"은 드 본트의 의심스러운 사육 환경에서 잘 자라지 못했다. 그의 생각과 달리 이 동물은 양서류도 아니고 포식 동물도 아니었다. 드 본트의 원본 기록을 보면 이 짐승은 말레이천산갑$^{Manis\ javanica}$이 거의 확실하다. 비늘 달린 개미핥기처럼 생긴 이 동물은 숲에 서식하며 길고 끈적이는 혀로 개미를 핥아 원통형의 주둥이로 가지고 온다. 말레이천산갑은 필요할 때는 헤엄을 잘 치지만 죽은 물고기가 떠다니는 물통 안에서 드 본트가 데리고 있었던 녀석은 썩 즐겁지 않았을 것이다. 개미도 없이 물에 젖어 지내던 드 본트의 말레이천산갑은 곧 죽었다. 드 본트는 이 짐승의 가죽을 벗겨 자바섬의 여러 다른 자연물과 함께 수집품으로 삼았다. 이 표본을 자세히 그려 놓은 잉크 스케치를 보면 비늘로 뒤덮인 둥근 식탁용 깔개에 다리가 달린 기묘한 모습이다. 드 본트가 이 짐승을 보고 혼란스러웠던 것도 당연하다.[4]

그밖에도 드 본트는 자바에서 보낸 4년 동안 여러 기이한 짐승들과 마주쳤고 기록을 남겼다. 이 보물단지 같은 기록에는 갈색 잉크로 쓴 예리한 관찰, 자신의 이야기, 그리고 창의적인 문구 등이 담겼다. 가령 "카수아리" 혹은 "에뮤"라는 새가 있는데 빛깔이 화려한 머리에는 깃털이 없고 몸의 깃털은 털에 가깝다고 썼다. 날개가 퇴화되어 날 수는 없지만 발길질에 맞으면 충격적일 만큼 아프다. 드 본트가 묘사한 또 다른 새는 부리에 뿔 같

---

[4] 현재 천산갑속은 8종으로 분류하는데 4종은 아시아, 4종은 아프리카에 있다. 세계자연보전연맹[IUCN] 적색 목록에 따르면 8종 모두 "취약" 혹은 "위기" 이상의 범주에 속하는데, 귀천산갑과 말레이천산갑은 그중에서도 절멸 위험이 가장 큰 "위급" 범주로 분류된다. 인도네시아에 사는 말레이천산갑은 이 섬에서 저 섬으로 헤엄쳐 갈 수도 있지만 주로 숲에서 산다. 드 본트는 이 동물을 타막이라고 부르는 현지인도 있다고 기록했다.

은 것이 달려 있었는데, 우리가 오늘날 코뿔새라고 하는 새이다. 드 본트는 물 위를 나는 날개 달린 물고기와 배와 연결된 늘어진 살가죽을 이용해 나무 사이를 날아다니는, 채찍 같은 꼬리를 가진 "용"도 보았다. 오늘날 날도마뱀이라고 불리는 동물이다.

그뿐만 아니라 "숲의 인간"을 뜻하는 "오랑우탄"도 드 본트가 지은 이름이다. 오랑우탄은 드 본트가 들어갈 엄두도 내지 못한 깊은 정글 속에 살았다. 그는 오랑우탄이 머리털이 붉은 인간을 닮은 끔찍한 생김새로 서서 걸어 다닌다고 쓰기도 했다. 그리고 이 야생 인간을 낳은 것이 "욕망을 채우고자 유인원, 영장류와 몸을 섞은 원주민 여성의 관능"이라고 생각했다. 원숭이가 만족을 모르는 원주민 여성을 덮쳤다고 제멋대로 상상한 유럽인은 드 본트가 처음은 아니었고 당연히 마지막도 아니었다.[5]

[5] 3세기 로마 작가 아일리아누스는 "인디언"이 도시에서 "붉은 원숭이"를 쫓아냈는데 "여성에 대한 광기 어린 욕망을 보이는 일이 잦았기 때문"이라고 썼다. 그래서 원숭이를 "부정한 짐승으로 생각하고 사냥하고 죽였다"는 것이다. 1844년까지도 올버니의 토머스 블래치퍼드 박사는 개와 부적절한 관계를 가졌다고 비난을 받은 벳시 기퍼드라는 여성을 변호하며 주장하기를 인간은 개의 자식을 낳을 수 없지만 "인간 여성의 경우 그 여성의 마땅한 주인 외에 여성을 임신시킬 수 있는 유일한 동물"은 바로 오랑우탄이라고 했다. 현장에서 일하는 여성 영장류 동물학자들의 이야기를 들려주는 캐럴 자메의 책에서도 오랑우탄이 성적 행위를 시도할 수 있으며 미국 배우 줄리아 로버츠가 1996년 보르네오에서 촬영을 할 때 아슬아슬하게 공격을 피했다는 이야기가 나온다. 20세기 초 소련에서 인간과 침팬지의 결합을 시도했다는 의심스러운 이야기도 있다.

드 본트는 자바섬에서 만난 놀라운 동물과 식물, 관습과 사물을 이해하려고 진심으로 애썼다. 책뿐만 아니라 네덜란드 관리와 현지인들이 들려주는 소문 등 손에 잡히는 모든 정보를 활용했다. 문제는 드 본트와 다른 여행자들이 이국적인 장소에서 발견한 동물들이 유럽에서 통용되던 세계관에 전혀 들어맞지 않는다는 점이었다. 이 세계관은 성서 속 이야기들, 아리스토텔레스 같은 고대 철학자들의 작업, 이제 막 알려지기 시작한 유럽 밖의 세상이 담긴 세계 지도 등으로 이루어져 있었다. 물론 천산갑은 이 세계관 속에 없었다. 이러한 불일치에 드 본트를 비롯한 사람들은 극도의 혼란과 동시에 강력한 호기심 그리고 약간의 즐거움도 느꼈다. 그 결과 이 사람들이 쓴 생경한 동물들의 자연사에는 경이에 찬 시선과 자유로운 상상이 담겼다. 괴물이 만들어진 것이다.

그렇다고 해서 사람들이 이 동물들을 믿기 힘든 존재로 여긴 것은 아니다. 오히려 가치는 더 높아졌다. 괴물 같은 짐승들은 마법과 과학이 아직 대립하지 않던 세계에 잘 자리 잡았다. 17세기는 사실을 바탕으로 한 지식 체계와 상징을 활용한 지식 체계를 비롯해 온갖 다양한 종류의 앎이 서로 편안하게 공존하던 시대였다. 과학이 지식을 주도하는 지금과는 달랐다. 괴물은 창조주에게 유머 감각이 있다는 증거였다. 몇몇 괴물들은 성서에도 카메오로 출연한다. 유럽이 세계로 뻗어 나가면서 등장한 새로운 괴물들은 새로운 민족, 새로운 지역과 마주치면서 생기는 혼란을 상징했다. 통용되던 지식과 유럽으로 쏟아 들어져 오는 새로운 현실의 홍수 사이에 놓여 둘을 잇는 데 도움을 주었다. 근대 초기 유럽인들이 어떻게 천산갑처럼 작고 기이한 괴물의 도움을 받아 빠르게 확장하는 세계를 감당했는지 지금부터 살펴보자.

괴물 팝니다

드 본트는 결국 낯선 환경을 이겨 내지 못했다. 콜레라를 심하게 앓았고 이는 그의 연약한 몸에 악어 스테이크와는 비교도 되지 않는 악영향을 끼쳤다. 그는 자바섬으로 온 지 4년 만인 1631년에 사망했다. 갈수록 확장되는 네덜란드 동인도 회사의 세계적 조직을 위해 일하다 고향으로 돌아가지 못한 사람들은 이외에도 많았다. 드 본트는 죽기 전에 자신의 기록과 자료를 레이덴에 사는 형에게 보냈다. 거기서 그의 기록은 늘 돈 벌 궁리를 하던 젊은 의료인 빌렘 피소의 손에 들어갔다. 피소는 먼 나라의 자연과 의학 서적을 출판하는 사람이었는데 이러한 값비싼 인쇄물은 유럽의 학자들에게는 풍요의 뿔이나 다름없었다. 피소 본인도 여행을 다녔지만 자신의 작업물에 타인의 노력을 더하면 더 쉽게 책을 만들 수 있었다. 그러나 표절이나 다름없는 피소의 뻔뻔한 편집 행태가 오히려 책의 인기를 높였다.

박사 논문을 위한 자료 조사를 하는 동안 나는 드 본트의 천산갑 등을 찾아 17세기 자연사 책, 여행기, 수집품 목록 등의 얼룩덜룩한 페이지를 뒤졌다. 유럽으로 온 이 동물들이 어디에 어떻게 있었는지 궁금했다. 말하자면 개체 수를 따져 보고 싶었다. 천산갑은 찾기 힘들지 않았다. 페이지를 넘기자마자 비늘로 뒤덮인 천산갑이 당당하게 나타나곤 했다. 마치 책의 무게에 눌린 듯 납작한 모습으로. 똑같은 천산갑 그림이 마치 복제된 인터넷 밈처럼 여기저기 '붙여 넣기' 되어 있기도 했다. 저자들은 이런 기이한 짐승의 정체가 무엇이고 어디서 왔는지 전혀 모르는 듯했다. 그래도 그냥 그림을 넣었다. 신비로운 대상일수록 '많을수록 좋다'는 분위기가 퍼지던 때였다.

나는 피소가 드 본트의 상세한 현장 기록을 서인도 제도에 대한 자신의 책 《인도 제도의 자연과 의학Indiae Utriusque re naturali et medica》(1658)에 포함시켰다는 사실도 알아냈다. 피소는 "비늘 거북" 항목을 수수께끼 같은 말로 시작했다. "이건 어떤 괴물일까? 나는 물고기일까 아니면 땅에 사는 동물일까? 물에서도 살고 땅에서도 살며 비늘도 있고 거친 털도 난 나는 강둑을 파고 들어 잠자리를 만든다." 이 도입부는 "비늘 거북"이 왜 괴물인지 잘 요약한다. 동시에 여러 동물처럼 보이기 때문이다. 다른 저자들도 천산갑을 두고 아르마딜로인지, 돼지인지, 도마뱀, 물고기, 뱀, 거북, 심지어 움직이는 솔방울인지 제각각 의견을 내놓았다. 그러나 아리스토텔레스가 구축했고 유럽 자연사의 바탕이 된 익숙한 동물 분류법의 그 어디에도 들어맞지 않는다는 데는 다들 동의했다. 아리스토텔레스는 피가 붉은 짐승을 새끼를 낳는 사족동물(지상 포유류), 알을 낳는 사족동물(파충류와 양서류), 고래, 뱀, 물고기, 새로 구분했다. 털도 있고 비늘도 있으며 파충류와 포유류를 섞인 듯한 천산갑은 괴이한 수수께끼였다. 오늘날에도 천산갑의 사진을 처음 본 많은 사람이 같은 반응을 보인다.[6]

사실 드 본트는 천산갑에 대한 기록을 코앞에, 자바섬에 있는 그의 개인 서재 안에 두고도 몰랐다. 관찰력이 뛰어난 드 본트였지만 네덜란드 자연사 연구가 카롤루스 클루시우스가 쓴 《외래 동식물에 대한 열 권의 책Exoticorum libri decem》(1605)에 기록된 천산갑을 놓친 것이다. "인도"에서 온 이 "이국의 비늘 도마뱀"은 발에는 큰 발톱이 달렸고 머리에서 발끝까지 주름진 비늘 갑옷을 입었다. 이 난폭한 "악마"는 대만이라는 신비로운 섬에 살

---

[6]   아르마딜로는 17세기에 이미 미국에서 널리 알려져 있었다. 아리스토텔레스는 기원전 350년경 《동물지》에서 동물의 분류에 관한 이론을 펼쳐 놓았다.

며 화가 나면 비늘을 세운다. 곤충과 도마뱀을 먹고 사는데 굽은 발톱과 날카로운 주둥이로 먹잇감의 서식처를 파헤치고 살점을 뜯어먹는다. 유럽에 있던 피소는 이 항목을 날카로운 시선으로 포착해 클루시우스가 언급한 "인디언 비늘 도마뱀"을 자신의 책에 더했다. 동일한 동물을 두 번 포함시켰다는 사실은 미처 깨닫지 못했다. 피소는 훔친 내용이 드 본트의 기록이라고 명시했다. 그는 이미 사망한 뒤였기 때문에 불평할 수 없다는 점을 노렸다. 저작권법이 생기기 전 출판계는 무법 지대였다.

피소의 출간 시기는 완벽했다. 17세기 북유럽에서는 이국의 신비에 대한 욕구가 뜨겁게 치솟았다. 자연물의 가치는 실제 용도만으로 결정되지 않았다. 신기한 물건에 대한 수요도 존재했다. 먼 땅에서 온 신비로운 물건은 늘 존재했지만 이때처럼 풍부한 적도, 이때처럼 시장에 많이 나온 적도 없었다. 네덜란드 동인도 회사는 진정 최초로 세계적인 기업이 되어 가고 있었다. 선물 거래와 최초의 주식 시장에서 벌어들인 자금을 기반으로 군사력과 권력을 쌓아 화폐를 찍거나 범죄를 처벌하기도 했다. 유럽의 다른 모든 나라를 합쳐도 이 회사만큼 많은 화물을 실어 오지 못했다. 이 당시 암스테르담이나 앤트워프, 레이덴에 살던 사람은 말라카, 실론, 기니 등에서 돌아온 배가 항구에 향신료, 차, 직물, 약재, 광물, 도자기를 내리는 모습을 볼 수 있었다.

여기에 전설 속에 나올 법한 자연물도 따라왔다. 인어, 이국적인 새나 괴물, 용, 바다 괴물의 일부, 거대한 거북의 등껍질 등등. 일률적인 내용물로 가득한 요즘의 물류 창고와 달리 동인도 회사의 창고에는 특이한 화물이 잔뜩 쌓였다. 주문에 따라 나무 상자나 자루 가득 담겨 온 물건도 있었지만 몇 주 동안 배 한 구석에서 썩어 가던, 어쩌다 생긴 물건들도 많았다. 이 모든 것이 이익을 가져올 터였다. 화물은 빠르게 쏟아져 들어온 만큼 빠르게 팔려 나갔고 기이한 물건은 동물원이나 서커스, 유럽 전역에 사는 수집가들의 손으로 들어갔다.

유럽까지 살아서 올 뻔한 천산갑도 한 마리 있었다. 살아서 왔다면 암스테르담의 "흰 코끼리 동물원"에서 주목을 받았을 예정이었다. 이런 동물 전시 행사는 입장료가 아주 저렴했고 관람객은 싸구려 포도주와 맥주를 마음껏 마시며 기이한 동물을 구경하는 즐거운 오후를 보낼 수 있었다. 1690년대에는 얀 벨텐이라는 남자가 흰 코끼리 동물원을 방문했다. 열렬한 조개 수집가이고 실력이 평범한 화가였지만 이 남자의 스케치북을 보면 부족한 실력을 열정으로 메꾸었다는 사실을 알 수 있다. 벨텐은 애정을 담아 동물원의 원숭이, 앵무새, 맥, 사자를 그렸다. 스케치북에는 동물원에서 비늘 달린 "검은 악마"의 특별 전시가 열린다는 광고지도 붙어 있었다. 광고지에 따르면, "사악한 짓을 일

삼는" 이 동물은 수시로 돌바닥을 뚫고 들어가려고 했으며 인간의 목에 들러붙어 숨통을 조이려고 시도했다. 이 골칫덩어리 짐승은 유럽으로 오는 길에 도살되었으므로 동물원에서는 "정물" 상태로(즉 죽은 상태로) 전시한다고 했다. 천산갑을 그린 것으로 보이는 벨텐의 그림은 광고 전단이 묘사한 "악마"에 비해 훨씬 친근한 모습이었다. 천산갑을 돌보는 성가신 일을 맡은 당사자가 아니었기 때문일 것이다.[7]

훨씬 더 많은 천산갑이 말린 가죽 형태로 유럽에 도착해 수집가들에게 팔려 나갔다. 신기한 물건들을 수집하는 '분더카머른(신비로운 물건들의 방)Wunderkammern'에서 온갖 기이한 동물 사체를 적극적으로 사들였다. 수집은 엄청난 인기를 끌었다. 한다 하는 사람들은 다들 하나쯤, 아니 여러 개의 소장품이 있었다. 귀족과 상인들의 소장품은 적당한 장식장 하나를 채우는 정도부터 방 하나를 보물로 가득 메우는 정도까지 그 규모가 다양했다. 세밀한 조각과 금속 장식이 들어간 앵무조개 껍데기나 도금한 세

---

[7] 동물원은 귀족 사회에 수백 년 동안 존재했지만 16세기에 이르러 대중에게도 문을 열었다. 다양한 동물을 전시한 동물원은 매우 드물었다. 이 당시 동물을 데리고 먼 거리를 이동하는 일은 쉽지 않았으므로 17세기 후반 유럽 사람들에게 알려진 대형 포유류는 150종에 지나지 않았다. 얀 벨텐의 개인 스케치북은 최근 암스테르담의 아르티스 도서관에서 발견되었다.

이셀 코코넛, 기이한 광상, 기형으로 태어나 알코올 용액에 보존된 태아, 인간의 말린 신체 부위까지 없는 게 없었다. 톱가오리의 주둥이나 코뿔새의 머리뼈, 되새 둥지 같은 자연물은 특히 흔했다. 흥행이 보장된 표본들이었다.

 이런 수집품들은 유형과 무형의 세계를 비유적으로 드러냈다. 하나의 컬렉션이 전 세계를 한 장소에서 아울렀다. 수집은 수집한 이의 우주를 요약해 보여 주는, 이상적인 자아상을 드러내고 뽐내는 행위였다. 가장 진귀한 물건을 확보하는 능력은 수집가의 권력을 드러냈고 소집품의 수준은 수집가의 학식을 드러냈다. 또한 수집물은 관람객이 응축된 경험으로 짧은 순간에 기독교적 창조론을 충분히 감상할 기회였다. 하지만 수개월 동안 바다를 건너온 자연물은 상태가 매우 좋지 않았기 때문에 이러한 신비의 방은 하느님이 계신 하늘 위로 경의가 아닌 고약한 냄새만을 올려 보냈을 것이다.[8]

 나에게도 이런 역할을 하는 장식장이 있다. 내가 살면서

---

8 수집물은 세계의 '축도'로 여겨졌다. '환유'라는 수사적 방법처럼 하나의 사물이 더 넓은 세계에 있는 다른 어떤 것 혹은 추상적인 관념을 대표할 수 있다고 본 것이다. 서로 대비되는 사물을 나란히 배치하여 감각적인 충격을 불러일으키기도 하고 세상을 보여 주는 백과사전처럼 좀 더 긴밀하게 정리해서 전시하기도 했다. 르네상스 시대에서 계몽주의 시대로 가면서 '신비의 방'보다는 점점 더 체계적인 수집 방식이 나타났다.

모은 수집품들로 채운 이 장식장은 나의 관심과 경험의 자연사를 시각적으로 드러낸다. 코뿔새 머리뼈, 이산화규소로 이루어진 심해 해면의 나선형 골격, 투구게, 골리앗창뿔풍뎅이, 날도마뱀, 곰 이빨 그리고 내가 특별히 아끼는 다양하고 신기한 씨앗 꼬투리 등등. 어떤 물건에는 자연과 예술이 어우러져 있다. 베니스에서 온 섬세한 유리 왜가리나 타조 알 껍질 조각 등이 그렇다. 페루에서 죽은 군함새를 발견하고 가져온 머리뼈에는 여행의 추억이 담겼다. 특별한 관계를 기념하기 위한 물건도 있다. 내가 할머니처럼 여기는 분에게 받은 돌에는 오스트랄라시아에서 숭배하는 조류 신이 그려져 있다. 수년 전에 구매한 앵무조개는 이제 멸종 위기에 처한 야생 동식물의 국제 거래에 관한 협약에 따라 보호를 받아 더 이상 구할 수 없다. 이 컬렉션은 자연 세계의 조각들로 구성한 나의 모습이다. 하지만 오랜 세월에 걸쳐 뼈아픈 깨달음을 얻은 결과 더 이상 알락수시렁이가 먹을 수 있는 물건은 수집하지 않는다.

    17세기 사람들의 수집품은 이보다 덜 개인적이었지만 그럼에도 상징적 의미가 있었다. 수집 목록을 믿어도 된다면 수많은 컬렉션에 천산갑 가죽이 포함되었다. 대개 출처에 대한 정보가 없고 단지 "인도 제도"라고만 적혔지만. 동서 구분도 없었다. 그런 것은 중요하지 않았다. 정확히 **어디**서 왔느냐보다는 **다른**

데서 왔다는 사실이 더 중요했다. 진귀하고 충격적이라는 사실이 중요했다. 이러한 특징이 괴물의 값을 올렸고 관람객에게 깊은 인상을 남겼다. 바깥 세계는 신비로운 것들로 가득한 낯선 땅이며 마음껏 채취해도 된다는 식민주의적 편견을 강화하기도 했다. 개개의 괴물은 그 괴물을 만든 동물학자의 시각에 대해 많은 사실을 드러낸다. 유럽인들이 수집품 속의 세상을 어떤 눈으로 보았는지에 대해서는 더욱 많은 사실을 드러낸다.

17세기 괴물의 지리학

17세기 유럽의 서적과 수집 목록에 포함된 놀라운 동물과 식물들은 세계 지도 속에서 상징으로 기능했다. 유럽인들의 눈에는 그것들이 먼 땅을 상징하는 표상으로 보였다. 가령 꽁꽁 얼어붙어 가로지를 수 없는 북극은 크고 무시무시한 괴물이 나오는 곳이었다. 황금과 보물로 가득한 아메리카 같은 땅에서는 보석 같은 새가 살았다. 특이한 동물은 각기 지리적 영역을 대표했다. 코끼리는 아프리카, 아르마딜로는 아메리카, 북극곰은 북극, 낙타는 중동, 용은 극동 지역을 뜻했고 바다 괴물은 바다를 의미했다. 뱃사람들에게 실제로 도움이 되는 구체적인 지리 정보에 상징을 덧입혀 지도를 꾸미기도 했다. 오늘날에도 여러 나라에서 우표나 문장에 동물 상징을 그려 넣는다.

그러므로 물고기이자 도마뱀이자 돼지인 천산갑의 출처가 "인도 제도"였던 것은 놀랍지 않다. "인도 제도"는 언제나 놀랍고 기이한 존재들이 사는 신비한 곳으로 치부되었기 때문이다. 그러나 이 괴물은 좀 더 심오했다. 천산갑은 유독 논란을 불러일으켰고 그 결과 17세기에는 천산갑을 두고 여러 가지의 매우 상이한 설명이 존재했다. 드 본트처럼 천산갑을 온순하고 신비로운 '비늘 거북'으로 보는 관점에서 이 짐승은 겁을 먹으면 공 모양으로 몸을 마는 무해한 존재였다. 너무 연약해서 하느님께서 갑옷을 주셨으며 곤충만 먹기 때문에 해충 방지에 유용할 것이라는 관점이었다. 반면 클루시우스의 설명처럼 천산갑을 화많은 "인디언 비늘 도마뱀"으로 여기는 시선도 있었다. 천산갑이 식민지 건물의 기초를 파서 무너뜨리는, 악의에 찬 뾰족뾰족한 악마이며 유럽인들이 사용하던 무기로는 잡을 수 없는 존재라고 보는 관점이었다. 이런 부정적인 시각은 식민지 내 이해관계가 긴장된 지역, 예를 들면 중국 병력이 유럽의 무역 거점을 위협하던 대만 같은 곳에서 더 흔했다. 비늘 도마뱀은 악마일 수도 있고 무해한 존재일 수도 있었으며 유럽의 식민 활동을 도울 수도, 방해할 수도 있었다.

나는 '비늘 도마뱀' 연구를 통해 실재하는 동물이 상징적인 괴물이 될 수 있다는 사실을 깨달았다. '끼워 맞추기 힘든' 낯선 동물은 유럽인들의 상상력을 자극하는 놀잇감이었다. 천산갑이 보여 주는 서로 다른 성격은 식민지 내 이해관계의 이중적 측면이 구체화된 결과였다. 공격적이고 골칫덩어리인 천산갑은 유럽 식민주의자들에 대한 원주민의 맹렬한 저항을 상징했다. 수줍고 무해한 천산갑은 식민지 원주민들의 취약성을 의미했다. 천산갑을 보는 두 가지 시선은 식민지 원주민에 대한 유럽인들의 이중적인 태도에서 나왔고 관찰과 투영이 서로 다른 방식으로 혼합된 결과이다. 자연, 정치, 종교, 자본주의는 서로 중첩되어 이미 특이한 짐승을 더 특이해 보이게 만들었다.

천산갑은 아직도 상징에 갇혀 있다. 아시아의 전통 약재 시장에서 천산갑의 불법 거래는 그 어느 포유동물의 경우보다 많다. 천산갑 비늘이 온갖 병을 낫게 해 준다는 믿음에 기반한 매우 오래된 '의료' 행태 탓이다. 그러나 천산갑의 비늘은 인간의 머리카락이나 손톱과 똑같은 케라틴일 뿐이다. 지난 몇십 년에 걸쳐 아시아의 천산갑이 절멸 위급종으로 분류되면서 밀수꾼들은 아프리카에서 코끼리 상아, 호랑이 뼈 그리고 마약과 함께 천산갑을 들여오기 시작했다. 아프리카큰천산갑은 이제 굉장히 희귀해진 나머지 서식지가 공개되지 않고 무장한 특수 관리인들이 그곳을 보호한다. 자연의 풍요는 17세기 무역 회사에게 무한히

열려 있었지만 오늘날의 세계에서는 그렇지 않다.[9]

근대 초기 유럽인들은 새롭고 혼란스러운 세계를 이해하기 위해 괴물을 만들었다. 증거와 상상을 토대로 자연사를 구성해 온갖 신비로운 사물들과 함께 가두어 두었다. 세상의 경계가 움직이고 관계의 긴장이 고조되던 시기였다. 앞으로 살펴보겠지만 천산갑 같은 짐승을 포용하는 새로운 자연 분류 체계가 구축되었을 때 천산갑은 더 이상 괴물 취급을 당하지 않았다. 그렇다면 더 오래된 상상 속의 괴물들은 어떻게 되었을까? 용이나 유니콘, 바실리스크 같은 괴물은? 바로 이러한 전통적인 괴물에 속하는 히드라가 변화하는 세상에서 어떤 대우를 받았는지 살펴보자. 그들은 의외로 잘 이겨 냈다.

최후의 히드라

드 본트가 자바섬으로 파견된 후 약 1백 년이 흘렀다. 암스테르담에 살던 부유한 약제사 알베르투스 세바는 규모가 상당한 컬렉션으로 유럽 전역에서 이름을 날리고 있었다. 화려한 전

---

[9] 불법 거래는 규모가 크고 넓은 지리적 영역에 걸쳐 벌어지기 때문에 단속이 매우 까다롭다. 짐승 수천 마리에게서 채취한 가죽과 비늘이 한 번에 압수된 적도 있다. 2019년 한 해 동안 거의 20만 마리가 불법 거래 되었다는 추정치도 있다.

시품 목록에는 세바가 소장하지 않은 괴수의 그림도 포함되었다. 바로 머리가 일곱 개 달린 히드라였다. 세바는 1720년, 유명한 "함부르크의 히드라"에 대해서 들은 바 있었지만 가짜라 생각하고 일축했다. 하지만 이 히드라가 1만 플로린이라는 비싼 값에 매물로 나왔다는 사실을 듣자 솔깃했다. 그 가격이라면 정말 특별한 물건 아닐까? **진짜** 용이 아니면 그렇게 비쌀 리가 없다고 세바는 생각했다.

하지만 속고 싶지 않았던 세바는 함부르크 근처에 사는 동료 약제사에게 편지를 써서 의견을 묻고 그림도 그려서 보내 달라고 부탁했다. "적당한 호기심과 분별력이 있는 동물학자인 동료는 두 눈으로 직접 히드라를 보았고 그것이 가공품이 아니라 자연에서 왔음이 분명하다고 장담했다"고 세바는 기록했다. 이 동물학자가 "적당한 호기심과 분별력"을 가진 사람이라는 점이 중요했다. 호기심이 **지나치면** 쉽게 속아 넘어갈 수 있기 때문이다. 이러한 문제에 관한 한 순진한 사람의 의견을 믿을 수는 없지 않은가. 세바는 히드라를 구매하지는 않았지만 수집 목록에 과장된 그림을 실었다. 히드라의 수많은 머리 위로 작은 용이 날아가는 그림이었다. 수집 목록에 그림을 넣으면 돈을 들여 실물을 소유하지 않고도 컬렉션에 포함시키는 효과가 있었.

설명에 따르면 함부르크의 히드라는 길이 약 1.5~2미터에 울퉁불퉁한 밤색 가죽과 비늘로 덮인 꼬리를 지녔고 날카로운 이빨이 달린 머리가 일곱 개였다. 목에 고리 무늬가 있었고 발에는 발톱이 달려 있었다. 이 짐승은 딱히 위협적으로 보이지는 않았지만 1648년 프라하 전투 중 한 교회에서 약탈한 물건이라는 이유로 유명했다. 세바를 놀라게 했던 1만 플로린이라는 가격이 몇 년 전 덴마크 왕이 제시한 가격의 4분의 1에 불과하다는 이야기도 있었다.[10]

히드라가 높은 가치로 평가받은 이유는 그뿐이 아니다. 세상으로 나온 배경도 극적인데다 진짜처럼 보이기도 했지만 성서와 고전 문학 전통과 연관이 있었기 때문이기도 하다. 히드라는 성서 속 불과 유황의 세계에서 튀어나온, 신약의 요한 계시록에 등장하는 종말론 속 괴물이다. 요한 계시록에는 머리가 여러 개 달린 "괴물"이 다양하게 등장한다. 그중 하나인 큰 붉은 용은 하느님을 끌어내리려는 타락 천사들과 한편에서 싸웠다. "보라, 큰 붉은 용이 있으니 머리가 일곱, 뿔이 열이며 머리에는 일곱 왕관이 있다." 이 괴물은 현대인의 상상 속에도 살아 있다. 시인이자 화가였던 윌리엄 블레이크의 인상적인 수채화 연작(1805~1810)

---

10 프라하 전투는 30년 전쟁(1618~1648)의 마지막 전투였다. 한스 크리스토프 폰 쾨니히스마르크 장군이 히드라를 빼앗았고 그가 사망한 뒤 상인들의 손을 거쳐 함부르크로 왔다.

덕분이다. 2002년 영화 〈레드 드래곤〉의 등장인물인 사이코패스 프랜시스 달러하이드는 등에 이 용의 문신을 새겼다.[11]

18세기 초 수집가들의 눈앞에 놓인 실제 히드라는 다소 실망스러웠다. 왕관도 뿔도 없었고 불을 뿜어 본 적도 없는 것이 분명했다. 히드라의 운명은 함부르크로 가며 기울었고 가격도 점점 떨어지다가 1735년에는 헐값이 되었다. 최후의 일격은 스웨덴의 젊은 동물학자 칼 폰 린네의 몫이었다. 린네는 히드라가 수도사들이 극적인 효과를 위해서 만든 결과물이며 솜씨는 뛰어나지만 그래도 박제품에 지나지 않는다고 못 박았다. 뱀 가죽을 이어 붙이고 족제비의 머리와 발도 갖다 붙인 히드라는 유럽을 순회하는 동안 좀 흐트러지기도 했다. 성서에 나오는 무시무시한 지옥의 괴물과는 딴판이었다.[12]

내가 함부르크 히드라 이야기를 듣고 가진 의문은 두 가

---

11 〈레드 드래곤〉은 〈양들의 침묵〉(1991)의 전편이기도 한 호러 영화다. 달러하이드는 살인을 할 때마다 레드 드래곤에 가까워진다고 생각했다. 스스로 용이자 악마가 되어 비유적으로 하느님을 벌하는 방식은 연쇄 살인마가 아버지를 향한 감정을 해결하는 방법으로는 제법 신선하다.

12 세바의 수집 목록이 출간되고 2년 후인 1735년, 히드라의 소유주는 단돈 2천 탈러^{thaler}에 히드라를 내놓았다. 린네는 히드라를 평가 절하하는 최종 판결을 내린 뒤 판매자의 분노를 피해 서둘러 함부르크를 떠났다. 그 이후 히드라의 소식은 알 길이 없다.

지다. 첫째, 아무리 세계관이 달랐다고는 해도 지식인이라는 사람들이 어떻게 교회에 있던 곰팡이 슨 공예품을 진짜 히드라로 여기고 엄청난 돈을 지불할 생각을 했을까? 둘째, 괴물의 표본이 여러 가지 동물을 기운 누더기라는 사실이 알려진 뒤 그 괴물은 어떻게 되었을까?

첫 번째 물음에 대한 대답은 두 부분으로 이루어져 있다. 전통 그리고 시장 가치. 용의 '실재'는 생물학적 현실과 별 상관이 없었다. 용은 족보 있는 동물이었다. 대 플리니우스를 비롯한 고전 작가들이 먼 땅에 사는 용에 대해 이야기했고 그 이야기는 여전히 유효했다.[13] 용은 기독교 세계관 속에서도 강력한 존재였다. 요한 계시록에 나오는 머리가 일곱 개인 뱀 말고도 이사야서에 불을 뿜으며 날아다니는 뱀이, 시편 91편에 바실리스크와 용이 등장한다. 용감한 성 게오르기우스가 이교도 무리를 개종시키기 전에 무찌른 괴물도 용으로, 이는 종교적 믿음이 악과 싸워 승리한 사례이다. 교황 그레고리 13세(1572~1585) 가문의 문장에도 용이 들어 있었다. 그레고리 13세와 사촌지간인 율리세 알드로반디는 유명한 동물학자였고 1640년에 용의 자연사를 담은 크

---

13 플리니우스는 용이 코끼리의 천적이라고 썼다. 용은 날아다닐 수 있고 코끼리는 용을 밟아 죽일 수 있었다. 그는 둘 다 인도와 에티오피아에 있다고 했다.

고 중요한 서적을 출간했다.

    무엇보다 용은 알리바이가 확실했다. 사람들은 인간이 경험해 보지 못한 곳에 용이 산다고 믿었다. 지도 제작자들은 오래전부터 상상 속의 동물과 괴수의 그림으로 빈자리를 메우곤 했다. 그 경계가 후퇴하면서 괴물의 영역도 줄어들었다(하지만 실제로 '여기 용이 산다'는 문구가 적힌 지도는 하나밖에 없다).[14] 어떤 여행자들은 머나먼 지역에서 용을 보았다고 기록했다. 베니스 출신의 마르코 폴로는 13세기 중국을 탐험하고 "인간을 삼킬 만큼 주둥이가 넓고 이가 크고 날카로운" "거대한 뱀"을 만났는데 "생김새가 얼마나 무시무시한지 사람도 다른 동물도 마주치면 두려움에 떤다"고 했다. 17세기까지 그렇게 멀리 여행한 사람이 적었기에 폴로의 설명에 문제를 제기하는 사람도 없었다. 좀 더 가까운 지역에서 용을 봤다는 목격담도 값싼 전단지에 인쇄되어 널리 퍼지면서 사람들을 흥분시켰다. 용은 중세의 동물 우화집과 예술품 등 유럽 문학과 미술에 촘촘하게 얽혀 들었으므로 실존하는 것이나 다름없었다. 실제로 만나 본 사람이 없어도 상관없었다. 18세기인의 생각에 용은 충분히 실재하는 동물이었다.

---

14   1520년 제작된 헌트-레녹스 지구본에 이렇게 새겨져 있다. 세 번째로 오래된 지구본으로 현재 뉴욕 공공 도서관이 소장하고 있다.

이러한 실질적인 의미에서 용은 언제나 존재해 왔다. 용을 본 사람은 아무도 없고 저마다 다르게 생겼지만 용을 모르는 사람은 없다. 엄밀하게 정의되기를 거부하는, 강력한 정체성을 지닌 괴물이다. 하나인 동시에 여러 가지 모습을 가졌던 천산갑과 비슷한 점도 있다. 지금 아무에게나 용을 떠올려 보라고 한다면 누구나 꽤나 자세하게 그리고 자유롭게 상상한다. 괴물을 바라보는 과거의 시각을 오늘의 시각과 구분하는 요소는 바로 '진짜'의 의미이다. 우리에게 진짜는 '바깥세상에 실제로 존재하는 것'을 의미한다. 18세기에 이것은 '진짜'의 여러 가지 의미 중 하나일 뿐이었다.

17세기와 18세기에 용은 무척 뜨거운 인기를 누렸다. 지식인과 수집가 들이 즐긴 섬세한 경험과 상상의 놀이에 아주 적합한 대상이었다. 상상력을 발휘해 자연물을 옛이야기에 나오는 존재로 재해석하는 일도 흔했다. 그린란드외뿔고래의 길게 꼬인 엄니는 아랍 유니콘이 가진 마법의 뿔이 되었다. 코끼리 머리뼈는 중앙에 비강으로 연결되는 구멍이 있어서 키클롭스(눈이 하나 달린 신화 속의 괴물—옮긴이)의 머리라고 여겨졌다. 조각된 거대한 들소의 뿔은 그리핀의 발톱일 수 있었다. 하지만 이 놀이에 가장 적합한 존재는 용이었다. 여러 다양한 것들이 '용'이 되었으며 용을 가진 이는 큰 주목을 받았다. 그 결과 16세기에 꽤 희귀했고 직접 본 사람이 적은 경외의 대상이었던 용의 표본은 17세기와 18세기에 들어서 수가 급증했다.

용이 무엇**이냐**의 문제는 용이 무엇**으로** 만들어졌냐는 문제와 달랐다. 용은 주름투성이 바실리스크 모양으로 말려 형태를 잡은 가오리일 수도 있었고 함부르크 히드라처럼 물고기, 도마뱀, 뱀 그리고 소형 포유류 같은 작은 동물로 만든 좀 더 정교한 가공품일 수도 있었다. 상상 속의 짐승이 '진짜'처럼 보이도록 하는 가장 좋은 방법은 이미 존재하는 자연물을 조합하는 방법이었다. 결과물은 당당하게 장식장, 방문객의 목격담, 크고 작은 그림 속에 등장했다. 이러한 물건은 진짜 동물을 이용해 만든 상상물, 초자연화된 자연이었다.

하지만 용은 상상의 놀잇감 따위가 아니었다. 수집가들은 제 손에 있는 것이 예술품임을 모르지 않았다. 알드로반디가 아꼈던 16세기 "볼로냐의 용"은 명백히 풀뱀과 물고기를 기운 조합이었고 두꺼비 다리까지 붙어 있었다. 그는 이것이 인공물이며 용보다 훨씬 작다는 사실을 알았다. 그럼에도 이를 매우 귀중하게 여긴 이유는 단지 명성과 지위를 가져다주었기 때문만은 아니었다. 현대 예술 시장 또는 NFT 시장의 작동 원리나 일부 작품이 놀라운 가격에 팔리는 이유를 알고 싶다면 유럽의 용 경제가 어떻게 시작되었는지 살펴보라.

과학사학자 폴라 핀들렌의 말에 따르면 수집가들은 괴물이 "**어떻게** 만들어졌는지 알고 싶어 했지 실제 존재 **여부**는 묻지 않았다". 괴물 자체를 해체하지 않고 "어떤 동물 조각이 괴물을 구성하고 있는지 해부하는" 일은 쉽지 않았다. 용의 자연사에 대한 서적은 용을 만드는 방법도 소개했다. 갓 잡은 가오리를 어떻게 자르고 고정해야 말랐을 때 바실리스크와 닮은 모양이 되는지 자세하게 설명했다. 하지만 용이 가짜라는 사실을 드러내 놓고 말하는 일은 금기였다. 그렇게 하면 용의 마력이 사라지고 가치가 떨어져 단지 짐승의 발, 물고기의 뼈, 박제된 뱀 등의 조합이 되어 버릴 터였다. 용을 가진 사람에게 원한이 있거나 그 사람을 '사기꾼'으로 만들어 버리고 싶은 경우가 아니라면 바람직하지 않았다. 특히 상대의 권력이 막강하다면 말이다. 수집가, 관람객 그리고 괴물 상인 들이 정성 들여 만들어 가는 가장 무도회는 미묘한 사회적 약속이었다.

근본적으로 이 누더기 괴물은 사람들에게 기쁨을 주었기 때문에 가치를 인정받았다. 기이한 수집물 사이에 놓인 용은 언어와 관념을 시각 문학으로 만들어 주었다. 사람들은 두 눈 앞에 놓인 전설적인 동물이 교묘하게 가공된 물건이라는 사실을 알면서도 기꺼이 가상 현실을 체험했다. 히드라, 바실리스크류의 존재들은 감각을 희롱하며 짜릿함을 주었다. 나날이 발전하는 CGI

용이 나오는 영화를 관람하는 것도 비슷한 종류의 놀이이다. 우리가 '진짜 같은 용'을 만드는 데 들어가는 기술을 높이 사는 것처럼 관람객도 '진짜' 히드라를 만드는 데 들어간 솜씨를 중요하게 여겼다. 그때는 족제비 조각과 뱀을 가지고 만들었다면 요즘은 고화질 스크린과 복잡한 영상 소프트웨어로 용을 탄생시킨다.

그렇다면 히드라가 가짜라는 판정이 났을 때 괴물은 어떻게 되었는가? 과학이 고대로부터 이어져 내려온 믿음과 환상적인 존재에 대한 욕구를 누르기까지는 생각보다 **훨씬 더** 오랜 시간이 걸렸다. 함부르크 히드라는 족제비와 뱀을 이어 붙인 조형물에 지나지 않았지만 용을 비롯한 다양한 괴물들은 심지어 과학자들 사이에서도 아주 오래 살아남았다. 그 이유를 살펴보자.

마법에 걸린 세상

2015년 런던의 과학 박물관에서 카탈루냐 예술가 호안 폰쿠베르타의 전시 〈허구보다 기이한 Stranger Than Fiction〉을 볼 기회가 있었다. 역사적 혹은 과학적 이야기를 사실대로 전달하는 이 박물관의 다른 전시와는 달랐다. 폰쿠베르타는 박물관의 권위를 이용해서 매혹적인 공상 과학 이야기를 만들어 냈다. 한 작품은 여러 별난 짐승을 관찰한 어느 과학자의 연구가 "최근 세상에 알려졌다"는 내용으로 시작한다. 전시물로는 날개 달린 유니콘 원숭이, 날개 달린 큰 고양이, 프랑스 사나리 지방에 사는 인어를 닮은 히드로피테쿠스 등이 있었다. 박제 표본으로 전시된 각각의 짐승에게는 라틴어 학명이 주어졌으며 관련 사진, 스케치, 과학적 설명, 짧은 영상 등 자연사 박물관에서 흔히 볼 수 있는 정보도 제공되었다. 나는 온갖 환상적인 식물을 고화질로 담은 사진 연작이 가장 마음에 들었다. 실제 식물을 재료로 정교하게 제작한 작품이었다. 식물일 뿐 근대 초의 용과 다를 바 없었다.

    이러한 전시물은 모두 웃음기 없이 진지하게 전시되었다. 실재하는 동식물을 조합한 작품이지만 실재하는 동식물은 아니었다. 관람객의 반응은 갈렸다. 일부는 짓궂은 미소를 띠고 구경하면서 장난에 동참했다. 일부는 불편함을 느꼈다. 박물관에 전시된 동식물이 **아무래도** 가짜로 보였기 때문이다. 그러나 실제로 존재한다는 일반적인 근거가 버젓이 눈앞에 있었다. 어떤 사람들은 진정한 실증적 위기를 겪고 있는 듯했다. 눈앞에 놓인 존재가 알고 있는 사실과 충돌했기 때문이다. 게다가 박물관이라는 장소는 분명 관찰과 지식을 직접 연결해 주는 곳이었다. 과학적 근거가 있으니 불신을 버려야 하나? 지금 내가 놀림을 당하고 있는 걸까? 이러한 반응은 정확히 폰쿠베르타가 의도한 혼란이다. 보는 행위와 믿는 행위, 믿음과 실재의 관계를 의심하게 만드는 전시였다. 그 관계는 생각만큼 간단하지가 않다. 인간은 객관적 실재 이상을 필요로 하기 때문이다.

수집품 장식장을 구경하는 근대 관람객은 이러한 장난스러운 접근이 불편하지 않았을 것이다. 그들에게 실질적 경험과 상징적 의미는 유연하게 연결되었다. 근대인들은 마법에 걸린 세상을 살았다. 우리는 더 이상 객관적 세계와 주관적 세계가 자유롭게 섞이는 것을 허용하지 않는다. 적어도 섞이지 않는다고 생각한다. 이는 세상이 마법에서 풀려났다는 뜻이고 여러 의미에서 큰 손해이다. 이 문제는 8장에서 좀 더 이야기하겠다.

오늘날 우리의 생물학적 체계는 생명체가 진화한 방향에 따라 생물계 전체를 설명하고자 한다. 이렇게 만들어진 생물학적 범주는 인류가 가진 지식을 바탕으로 생물의 족보를 최대한 재구성한 결과이다. 그러나 17세기에는 자연계를 보는 여러 가지 틀이 있었고 그 틀은 서로 겹치거나 모순되기도 했다. 형태와 기능의 유사성에 따라 묶이는가 하면 상상 속 원산지, 약효, 도덕 가치 등에 따라 묶이기도 했다. 네덜란드 동인도 회사 같은 조직이 지구 반대편으로 항해한 원동력이었던 실용적이고 구체적인 지식은 성서에 기반을 둔 상징으로 이루어진 세계관과 공존했다. 서로 완벽하게 일치하지는 않아도 본질상 양립할 수 있었다. 심지어 서로 결합해서 전인적인 경험을 가능하게 했고 실제로 경험되는 동시에 영적이고 비유적인 앎 역시 가능하게 했다. 천산갑 같은 이국땅의 괴물과 용 같은 전통 속 괴물이 서로 다른 지식 체계를 이어 주었다.

이러한 유연성 덕분에 어떤 생물이 기존 지식 체계와 충돌해도 과학과 믿음 사이의 간극을 완화하는 지적 우회가 가능했다. 예를 들자면 괴물은 하느님이 창조의 피륙 안에 짓궂게 숨겨 놓은 재미있는 장난이다. 특히 18세기에는 기이한 생물이 나타나면 자연이 실험을 한 결과물로, 하느님의 거룩한 계획에 포함된 규칙을 드러내는 특별한 사례라고 생각하곤 했다.

다른 방식으로 합리화하는 경우도 많았다. 가령 어떤 생물이 에덴동산에 존재했다고 말하기에는 너무 기이하다면 다른 기원설이 주어졌다. 불곰이 에덴동산을 떠난 뒤 북극의 추위로 인해 색이 빠져 북극곰이 되었다는 식이었다. 부적절한 관계가 색다른 괴물을 만들어 냈다고 상상하는 경우도 있었다. 17세기 예수회 학자 아타나시우스 키르허는 자라와 고슴도치가 노아의 방주에서 합방한 결과 나온 자손이 아르마딜로라고 주장했다. 키르허가 만약 천산갑을 보았다면 한결 방정맞은 고슴도치가 몰래 방주를 빠져나와 물고기와 열정적인 시간을 보낸 결과라고 추측했을지도 모르는 일이다. 뭐, 내 생각은 그렇다.

물론 시간이 흐르자 과학 지식이 비유적인 세계관과 완전히 융합되기는 불가능해졌다. 간극은 여러 세기에 걸쳐 커졌다. 린네는 우리에게 익숙한 세계관, 과학이 상징보다 우월한 세계관의 정립을 주도했던 인물이다. 린네의 《자연 체계Systema Naturae》는 오늘날 우리가 사용하는, 이명법에 따른 분류 체계로 이어졌다. 진지한 동물학자라면 용을 비롯한 고릿적 괴물을 상상의 세계로 보내 버릴 수밖에 없는 포괄적인 분류학이 정립되었다. 그러나 괴물은 끈질겼다. 《자연 체계》의 다섯 번째 개정판(1747)에도 린네는 유니콘, 불사조를 비롯한 상상 속의 동물을 포함시켜 모순적 동물animalia paradoxica로 분류했다. 천산갑은 여러 번 분류를 바꾸다가 마침내 개미핥기와 나무늘보와 같은 무리인 브루타Bruta에 들어갔다.[15]

함부르크 히드라가 가짜로 드러난 지 1백 년 이상이 지난 이후에도 사람들은 여전히 신비로운 동물과 괴물을 찾았다. 실험 과학이 세상을 이해하는 주된 방식이 된 19세기에도 그 수요는 오히려 더 증가했다. 런던의 왕립 학회 과학자들은 위스키와 시가를 즐기며 함께 괴물 표본을 들여다보았다. 인어, 바실리스크, 거인 등은 바다 괴물과 마찬가지로 인기 몰이를 했다. 19세기

---

15 린네 이외에도 여러 동물학자들이 분류학적 방식으로 작업을 하고 있었다. 프랑스의 박식가 조르주루이 르클레르 드 뷔퐁 백작도 그러한 동물학자였다. '상징적' 접근 방식과 과학적 접근 방식의 경계는 명확하지 않았다.

말 미국의 쇼맨 P. T. 바넘은 이러한 욕구를 이용해 돈을 꽤나 벌었는데, 흔히 '괴물' 취급을 받던 불행한 사람들이 전시되었다.

오늘날에도 신기한 컬렉션과 그 안의 괴물들은 관심을 끈다. 2012년 미국 애리조나주의 국제 야생 동물 박물관은 예술가이자 생물학 교수 빌 윌리어스가 인간과 얼룩말의 뼈로 만든 〈팀피의 켄타우로스$^{Centaur\ of\ Tymfi}$〉를 전시했다. 윌리어스는 이전부터 계속해서 켄타우로스를 만들어 왔다. 초자연적인 존재를 만드는 박제술은 꾸준히 관심을 끌었다. 이스트런던에 자리한 빅터 윈드의 '신기한 장식장'이라는 인상 깊은 갤러리도 비슷한 만족감을 준다. 그곳에 간 관람객들은 속는 셈 치고 바실리스크나 위석을 보러 온 18세기 사람들과 다름없는 호기심을 보인다. 나 또한 기꺼이 의심을 버리고 제니 하니버, 쭈글쭈글한 '인어,' 곤충 날개를 단 '요정'을 등에 태운 건조된 매미, 진기한 동물들의 쪼그라든 머리와 뼈대 등을 즐긴다.[16]

괴물이 어떠한 조각으로 이루어졌는지 알더라도 존재 불가능한 사물을 감상하는 일은 즐겁다. 세계가 마법과 신비로 가득하다는 생각은 언제나 짜릿하다. 우리가 사는 세상을 온전히

---

16 제니 하니버는 가오리를 잘 말리고 잘라 '용'의 모양으로 만든 것인데 19세기까지 박물관에서 흔하게 볼 수 있었다.

느끼려면 과학이라는 진실 너머의 또 다른 진실이 필요한 것인지도 모른다.

제8장: 비늘 달린 슈퍼 히어로

"공룡은 우주 개발을 하지 않아 멸종했다."

래리 니븐

런던 남동부, 높다란 아치가 있는 웅장한 기차역에서 조금만 걸어가면 콘크리트로 만든 거대한 동물들이 있다. 크리스털 팰리스 공룡은 거의 2세기 가까이 그곳에 살면서 멍한 눈으로 공원 방문객이 오가는 모습을 지켜보았다. 여러 런던 주민에게 어린 시절의 애틋한 추억으로 남은 장소인 동시에 170년 전 고생물학자들이 만든, 자연 과학사의 훌륭한 단편이다. 직접 방문하기 전에 사진을 봤지만 몇 미터 거리에서 실제로 보니 놀랍기 그지없었다. 육중한 조각상은 마치 신전의 대리석상처럼 공원의 풍경을 살아 움직이게 하고 있었다. 공룡이라는 추상적인 관념에 익숙하거나 박물관에서 화석 뼈대만 본 사람이라면 뜻밖의 엄청난 크기에 놀랄 것이다.

하지만 오늘날의 기준으로 보면 형편없는 공룡이기도 하다. 소형 파충류들은 특히 온갖 추정 오류로 범벅이다. 카메라 셔터 같은 눈을 가진 이크티오사우루스, 주둥이가 길고 곧은 텔레오사우루스, 목이 뱀을 닮은 플레시오사우루스, 꼬리가 뭉툭한 라비린토돈이 물가에 모여 쉬고 있다.[1] 이들의 친척뻘인 공룡들은 더 심하다. 덩치가 우람한 이구아노돈은 마치 느린 저음으로 대화를 나누고 있다가 방해를 받은 양 고개를 돌려 주변을 살피는 중이다. 석화한 소철 둥치에 앞발을 올린 어느 공룡 한 마리는 그 모습이 마치 맥줏집에서 의자 등받이를 잡고 누군가를 구경하는 사람 같다. 막강하고 위협적인 모습의 메갈로사우루스의 딱 벌어진 어깨는 마치 금방이라도 튀어 나가 단지 재미로 수줍은 힐라이오사우르스를 겁주려는 듯 보인다. 빅토리아 시대 사람들에게 가장 낯설었던 공룡의 경우, 가령 가설만으로 재구성된 모사사우루스는 부끄러운 듯 관목 뒤에 숨어 전체가 보이지 않는다. 당시의 최첨단 방식을 동원해 형상화했지만 알고 보니 조각난 화석에 적극적인 상상력을 십분 가미하여 꾸며 낸 괴물이었다. 이제 이것들은 시대에 뒤떨어진 비현실이 되었고 고생물학 이론의

---

[1] 버클랜드는 이크티오사우루스의 눈이 "망원경"이나 "현미경"처럼 "다양하고 비상한 능력을 가진 광학 기기"라고 설명했고 이것이 크리스털 팰리스의 조형물에 반영되었음이 분명하다.

발전 덕분에 그 어처구니없는 모습이 더욱 도드라진다.

조형물들의 웅장한 자태는 그들의 후손인 아주 작은 비둘기들에 둘러싸여 다소 손상되었다. 비둘기가 조형물에 앉고 배설도 하지만 공룡은 여전히 매력 있다. 근처의 플라이스토세 포유류, 큰뿔사슴, 말을 닮은 아노플로테리아, 맥을 닮은 팔라이오테리아 등을 압도한다. 아무도 메갈로사우루스 대신 사슴 같은 동물을 보러 가지 않는다. 내가 비교적 작은 동물들 옆을 걸어가는데 한 아버지가 어린 딸에게 "진짜 괴물"을 보러 가지 않겠냐고 물었다. 아이는 환호성으로 답했고 둘은 이구아나돈을 향해 종종걸음을 쳤다. 그 순간 공원에 온 이유를 다시 깨달았다. 나는 파충류 화석을 발견한 사람들이 왜 그것을 괴물이라고 생각했고 그 믿음이 어떻게 계속 이어졌는지 이해하고 싶었다. 공룡은 단단하게 석화된 유골로 우리 앞에 나타나는 동물이기 때문에 우리가 상상하는 공룡의 모습은 세월에 걸쳐 크게 달라졌다. 미노타우루스나 하르피이아 같은 순전히 꾸며 낸 괴물보다 더 다양하게 변했다. 그러나 공룡은 부정할 수 없는 특별한 의미를 가진다. 나는 그 이유를 알고 싶었다.

어린이는 공룡을 사랑해

나는 어린 아이를 키우는 친구들에게 자녀가 공룡을 좋아하는지 물어보았다. 한 친구의 세 살짜리 아들인 제시는 모든 공룡에 푹 빠져 있다. TV에서 보는 것도 좋아하고 공룡을 주제로 한 옷도 좋아하며 다른 어떤 것보다 공룡의 다양한 종류에 대해서 잘 알고 있다(자동차만은 예외일 것이다. 차종을 맞추는 데 놀라운 정확도를 보인다). 제시는 스테고사우루스, 벨로키랍토르, 브라키오사우루스, 스피노사우루스를 대부분의 성인보다 빠르게 구분해 마치 흥분한 퀴즈쇼 참가자처럼 이름을 외친다. 어린이집에서도 공식 '공룡 전문가'로 이름 높아 모든 아이가 공룡과 관련된 질문이 있으면 제시를 찾는다.

사실 놀랍지는 않다. 1970년대 독일계 유대인 심리학자 에리히 프롬은 우리 모두에게 내재된 "삶과 살아 있는 모든 것에 대한 열정적인 사랑"을 의미하는 말로 "바이오필리아"를 만들었다.[2] 인간은 다른 생명체에 대한 호기심을 타고났다. 우리는 다른 존재에 끌리고 그들을 이해하고 싶어 한다. 적어도 어릴 때는 그

---

2   에리히 프롬은 자연에 대한 애정이 인간의 행복에 필수이지만 이것은 건강한 사회 내에서만 가능하다고 주장했다. 이후 E. O. 윌슨은 이 말을 저서 《바이오필리아 Biophilia》(1984)에 가져다 쓰면서 인간이 다른 생명체에 관심을 갖는 경향에 유전적인 근거가 있을 수 있다고 말했다.

렇다. **살아 있는** 존재가 아니라도 상관없다. 아이들은 쉽게 접하는 다양한 생물 혹은 인공물에 이런 관심을 가진다. 2002년 케임브리지대학교 연구자들은 영국의 8세 학생들이 국내의 흔한 야생 동물보다 다양한 〈포켓몬스터〉 생명체의 이름을 더 잘 안다는 사실을 발견했다. 화면을 보면서 자란 아이들이 사는 가상 세계의 야생 동식물은 곧 포켓몬이다.

이런 상호 작용은 아이들의 뇌에 오래 영향을 끼친다. 스탠포드대학교에서는 어린 나이부터 〈포켓몬스터〉 게임을 했던 사람들의 뇌 활성화 연구를 실시했다. 포켓몬이 나올 때 뇌의 특정한 영역이 반응했다. 신경에 번개 모양의 꼬리를 가진 샛노란 피카츄가 새겨져 있는 것이다. 어린 시절부터 〈포켓몬스터〉를 접한 아이들은 그 세계의 동물군을 구별하는 능력이 생겼다. 어린이의 공룡 사랑 역시 뇌에 공룡을 두고두고 새길지도 모른다. 공룡에 대한 애착은 성인이 되어서까지 이어져도 흠이 아니다. 내 배우자도 소파에서 빈둥거리는 날을 위한 꽤나 멋진 공룡 잠옷을 갖고 있다(실은 발설하면 안 되는 사실이다). 내가 가르치는 청소년 제자인 해리에게 왜 공룡을 좋아하느냐고 물었더니 이렇게 요약했다. "완전 **대박**(해리는 "대박"에 힘주어 말했다)이잖아요." 해리에게 공룡 식별 능력을 시험해 보지는 않았지만 아직도 열정이 남아 있는 게 분명했다.

공룡은 '대박'이기 때문에 제시 같은 아이들이 느끼는 바이오필리아에는 공포와 경이로움 등의 감정까지 더해진다. 가히 비늘 달린 슈퍼 히어로라고 할 만하다. 제시는 공룡 옷, 책, 방송만 좋아하는 게 아니다. 공룡이 **되기를** 좋아한다. 엄마가 만들어 준 공룡 꼬리를 달고 의자 위로 달랑 올라가 날카로운 발톱처럼 두 손을 구부리고 저 높은 곳에서 공포를 퍼붓는 티라노사우루스 렉스처럼 울부짖는다. 제시의 작은 몸집은 티라노사우루스라는 제2의 자아를 가졌다. 금발 머리에 애틋한 초록 눈동자를 가진 제시의 천사 같은 모습 안에 사나운 괴물이 갇혀 있다. 그렇기 때문에 공룡은 해방감을 준다. 이 작은 소년은 테스토스테론이 지핀 충동으로 가득하지만 현실에서 행사할 힘은 없다. 공룡 행세를 하면 세상에서 강력한 존재가 된 기분을 느낄 수 있다. 게다가 강력한 존재로 사는 데 뒤따르는 실질적인 책임은 지지 않아도 된다.

아이들이 공룡에 매료되는 이유는 공룡이 신기하고 무서운 존재인 동시에 안전하기 때문이다. 동물원에서 사자를 보는 것과 비슷하지만 안전 펜스와 두꺼운 유리 대신 6500만 년이라는 거리가 있다. '안전한 짜릿함'은 인기가 높다. 롤러코스터, 호러 영화, 스카이다이빙이 그렇다. 하나같이 큰 위험 없이 아드레날린을 끌어올리는 방법이다. 공룡은 사나운 포식자인 동시에 놀이 친구이다. 1990년대와 2000년대 어린이들이 TV에서 즐겨 본, 거대한 보라색 공룡 인형 '바니'가 그렇다. 그들은 시간이 흐른 덕분에 무해해졌지만 여전히 끔찍한 현실의 짜릿함을 즐기게 해 주는 괴물들이다.

다이노마니아

공룡은 성인도 사로잡는다. 스티븐 J. 굴드는 에세이 〈다이노마니아^{Dinomania}〉에서 이렇게 말한다. 우리가 공룡에 매료되는 이유에 관한 통상적인 설명을 요약하자면 공룡이 "크고 사나우며 멸종된" 짐승이기 때문이다. 그러나 고생물학자인 굴드는 이러한 간명한 요약이 불충분하다고 생각했다. 오히려 〈쥬라기 공원〉(1993) 같은 영화를 둘러싼 적극적인 홍보가 큰 역할을 했다고 본다. 하지만 사실 공룡을 홍보할 필요는 없다. 런던 자연사 박물관의 공룡 전시실 앞, 끝이 보이지 않는 줄은 이 사라진 거대 짐승이 얼마나 다양한 사람들을 매혹하는지 보여 준다. 전시실 안에는 거대한 구조물이 공룡의 뼈대를 지탱하고 과장된 조명이 생동감을 부여한다. 공룡의 발자국에 손을 대보면 크기 차이가 생생하게 느껴진다. 움직이는 공룡이 천천히 입질을 하거나 고개를 젖히고 울부짖으면 관람객은 흥미를 느끼면서도 본능적으로 몸서리를 친다. 이 전시실이 관람객을 끌어들이는 것은 당연하다. 공룡의 후손, 가령 중앙 전시장 건너편에 있는 조류 박제물이 받는 관심은 비할 바가 아니다. 공룡 전시실에서 관람객은 낯설고 익숙한 동물 그리고 아주아주 큰 동물에 가까이 갈 수 있다. 그 크기만으로도 어른은 거인들 사이 작은 존재였던 어린 시절의 세계로 돌아간다.

고생물학의 마스코트가 된 공룡도 있다. 26미터 길이의 디플로도쿠스 '디피'는 자연사 박물관의 중앙 전시장에서 길쭉한 치아를 드러낸 미소로 관람객을 맞이하곤 했다. 2018년에 디피가 흰긴수염고래 뼈로 대체되자 전국이 술렁였다. 당시 박물관에서 봉사자로 일하고 있었는데 관람객은 디피가 어디 있는지를 계속 물었다. 그들은 영국의 '국민 공룡'이 마치 한물간 인기가수처럼 제멋대로 전국을 순회 중이라는 말에 낙담했다.

6장에서 만났던 고생물학자 대런 네이시는 공룡의 생리와 문화적 영향을 주제로 글을 쓴다. 주류 미디어에서 최신 공룡학 정보를 알리면서 공룡의 대중적 인기를 끌어올리는 데 큰 역할을 한 사람이다. 그의 주장에 따르면 사자나 코모도왕도마뱀도 놀랍지만 공룡은 "크기와 능력, 힘이 그야말로 비교 불가"이다. 매머드나 메가테리움, 털코뿔소는 공룡만큼 대중의 관심을 붙잡지 못한다. 이 들은 코끼리나 곰, 흰코뿔소와 **크게** 다르지 않고 무엇보다 티라노사우루스 렉스처럼 "코끼리보다 열 배 크고 거대한 검치를 가진 포식 동물"과는 상대가 되지 않는다.

      세계의 신화에는 비늘 달린 거대한 괴물들이 온갖 모습으로 나타난다. 앞서 티아마트, 베오울프의 숙적인 용, 유럽의 진귀한 물건으로 가득한 장식장 속의 용을 닮은 존재들을 만나 보았지만 이뿐만이 아니다. 공룡은 거대 파충류에 품은 우리의 욕구를 채우기 위해 처음부터 성큼성큼 등장했다. 신화 속의 괴물만큼 신비롭기도 하다. 공룡이 끝없는 자연 속에서, 오늘날 존재하는 그 어떤 숲보다 커다란 숲속에서 살았다는 사실 또한 공룡이 노니는 우리 상상 속 세계에 적절한 배경을 제공한다. 그러나 우리가 공룡을 이처럼 좋아하는 이유를 충분히 이해하려면 인간과 공룡의 관계가 처음 시작된 지점부터 살펴보아야 한다.

이구아나돈 안에서 만찬을

      다이노마니아는 새롭지 않다. 공룡들은 이미 거의 2백년 전 빅토리아 시대 과학자들을 마구 흥분시켰다. 1853년 12월 31일, 지식인과 산업인 21명이 과학사에서 아주 유명한 만찬 자리에 모였다. 이들은 길이 약 9미터의 속이 빈 이구아노돈 모형 안에 어깨를 맞대고 앉았다. 앞서 본 크리스털 팰리스 공룡 모형으로, 뚜껑이 열려 있었다. 참석자는 유명한 고생물학자 윌리엄 버클런드, 조르주 퀴비에, 기디언 맨텔 등이었고 상석에는 리처드 오웬이 자리했다. 영국 최고의 고생물학자이자 상당한 불쾌감을 자아내는 인물이었던 오웬 말고는 누구도 이구아노돈 머리에 앉으려고 하지 않았기 때문이다.[3]

이들을 에워싼 웨이터들은 여덟 코스로 이루어진 만찬을 내고 참석자들의 잔을 채우기 위해 공룡 안쪽으로 깊이 들어가야 했다. 참석자들은 거북이 들어가지 않은 거북 수프, 구운 칠면조, 고기 파이, 생선, 페이스트리, 젤리, 과일 등을 즐겼다. 분위기는 시간이 지날수록 고조되었다. 목소리는 커졌으며 새벽 무렵까지 노래와 토론이 이어졌다. 남은 만찬 그림으로 미루어 볼 때 이구아노돈은 뱃속에서 벌어지는 소동이 꽤 언짢았던 듯하다. 적어도 이구아노돈은 소화 불량으로 고생하지 않았을 테지만 참석자들은 또 모를 일이다.

신문은 공룡 뱃속에서 열린 이 잔치를 크게 보도했는데 단

---

[3] 이날 저녁 만찬에 관한 기록은 분명하지 않다. 정확히 누가 초대되었는지, 사진에 등장하는 모든 사람이 실제로 이구아노돈 안에서 식사를 했는지, 만찬이 정말 열렸는지 알 수가 없다. 그러나 과학사 속 수많은 전설들의 경우가 그렇듯 그 사건에 대해서 어떤 이야기들이 오갔는지 살펴보는 것은 흥미로울 뿐 아니라 의외로 많은 사실을 알려준다.

지 희극 같기 때문만은 아니었다. 이 만찬은 비할 데 없는 과학적·기술적 역량을 과시하는 1851년 행사의 마지막 순서였다. 10마일에 걸쳐 10만 점 이상의 품목이 전시된 만국 산업 대 박람회는 대영 제국의 세계적인 힘을 자랑하는 자리였다. 하이드 파크에서 열린 박람회의 중심에 신비롭게 반짝이는 크리스털 팰리스가 있었다. 전례 없이 화려한 이 유리 구조물은 새로운 판유리 생산 방법의 쾌거를 보여 줬다. 박람회는 우쭐대기 위한 자리였다. 칠레에서 온 50킬로그램 무게의 금괴, 중국과 러시아에서 온 엄청난 도자기와 직물 들. 각국에서 보내온 귀중한 제품이 세계 무대에 전시됐다. 이전에도 없었고 앞으로도 없을 행사였다.

이구아나돈과 친구들은 벤저민 워터하우스 호킨스의 작품으로 박람회가 런던 외곽으로 옮겨졌을 때 만들어졌다. 총 37점이었다. 이구아나돈 2점, 힐라이오사우루스, 메갈로사우루스를 비롯해 공룡이 아닌 플레이오사우루스, 이크티오사우루스, 프테로닥틸루스, 파충류, 대형 포유류 등도 제작됐다. 멸종된 동물을 실제 크기로 재현한 최초의 작품이었다. 벽돌과 시멘트로 부활시킨 최첨단 유물이었던 것이다. 비늘로 뒤덮여 있고 목의 거죽이 늘어진 네 마리의 거대한 증기 엔진 공룡은 놀라운 산업 기술이 가미된 상상력의 산물이었다. 살아 있었다면 당장이라도 꼬리를 끌며 네 발로 걸어 다닐 것 같았다.

박람회가 열리기 수십 년 전 공룡의 존재가 밝혀지기 시작했다. 공룡 화석은 수백 년 전에도 발견되었지만 1800년대 들어서야 화석이 된 뼈가 좀 더 온전한 모습으로 발굴 및 기록되었다. 이 당시의 발견에 얽힌 일화들은 모두 빅토리아 시대 주인공을 중심으로 한 영웅담이다. 영웅은 마치 늙은 용의 굴로 들어간 기사처럼 과학 검증의 칼날을 휘두른다. 1822년 이구아노돈의 최초 발견에 관해 시골 의사 부부 기디언과 메리 맨텔이 길가에서 치아가 박혀 있는 바위를 보았다는, 출처가 의심스러운 이야기가 있다.[4] 지질학자 윌리엄 버클런드는 다양한 메갈로사우루스 화석을 발굴해 1824년에 처음으로 이 공룡에 대해 과학적으로 설명해냈다. 12살의 메리 애닝과 동생 조셉은 1810년에서 1811년 사이 라임 레지스의 절벽에서 온전한 이크티오사우루스

---

[4] 이구아노돈과 공룡들의 과거는 길고 복잡하다. 빅토리아 시대 사람들은 배가 불룩하고 코에 뿔이 난 도마뱀으로 생각했고 20세기에는 고질라처럼 두 발로 걷는다고 생각했으며 이제는 엄지발톱이 뾰족한 점잖은 네 발 짐승으로 여겨진다. 이구아노돈과는 한동안 이가 가지런한 온갖 다양한 공룡을 망라했는데 이들 중 다수가 잘못 분류되었으며 실은 같은 속이 아니다. 믿거나 말거나 일화에 따르면 맨텔 부부는 이구아노돈이 당연히 치아가 거대한 초식 도마뱀에 속한다고 생각했고 기디언 맨텔은 이러한 가정을 뒷받침할 다른 표본을 열심히 찾았다. 지식인들 중에는 이 생각에 코웃음을 치는 사람들이 많았다. 그러나 1834년 켄트 지방의 메이드스톤에 사는 채석장 주인이 기디언에게 연락해 왔고 발파한 석회석에서 이구아노돈 화석으로 보이는 것이 나왔다고 말했다. 기디언은 이를 이용해서 자신의 가설을 증명할 수 있었다.

화석을 발견했고 이 표본은 과학계의 이목을 끌었다. 메리 애닝은 거기서 멈추지 않았다. 1823년에는 거의 온전한 플레시오사우루스 화석을, 1828년에는 날개가 달린 프테로닥틸루스 화석을 발견했다.

그러나 이 분야에서 영국의 우위는 그다지 오래가지 않았다. 먼저 유럽 대륙에서 화석이 발견되었고 곧 신세계에서도 화석이 쏟아져 나왔다. 몬태나에서 치아가 몇 개 발견되는가 했더니 1850년대에는 뉴저지에서 온전한 하드로사우루스 화석이 나왔다. 탐험가들은 서부로 향하는 새로운 철도 노선의 도움을 받아 앨버타, 와이오밍, 네브래스카를 비롯한 북아메리카의 여러 지역에서 화석층을 발견했다. 신대륙의 화석층은 유럽의 그 어느 화석층보다 풍부했다. 거대한 골격이 온전히 보존되어 유럽에서 찾은 표본들보다 공룡에 대해 훨씬 더 많은 정보를 품고 있었다. 이후 20년 동안 광기 어린 '화석 러시'가 이어졌고 새로운 공룡이 130종 이상 발견되어 한때 알로사우루스, 브론토사우루스, 스테고사우루스, 트리케라톱스가 거닐었던 아메리카 대륙이 고생물학의 선두 주자가 되었다. 독립을 쟁취해 내고 새로이 국제 무대에 등장한 북아메리카를 장엄한 생명체들의 고향, 대형 산업이 급성장하는 위엄 있는 땅으로 보이게 만드는 짐승들

이었다. 공룡은 육중한 새 제국의 상징이었다.[5]

거대 동물 화석으로 만들어 낸 신화

지구는 19세기 훨씬 전부터 매머드 뼈와 공룡 조각을 토해 냈고 사람들이 이를 모르지도 않았다. 에이드리언 메이어는 스탠포드대학교의 민속학자이자 고대 과학사 연구자이다. 메이어는 고대 문학에 고생물학이 직접 언급되지 않았다고 해서 당시에 고생물이 발견되지 않았다는 의미는 아니라고 생각했다. 고대 신화 속 존재들이 기록에 없을 뿐 당시 발견된 화석에서 태어난 것이 아닐까 궁금했다. 신화 속 용이 실은 공룡에서 싹텄다면? 그래서 메이어는 깊이 파고들기로 했다.

메이어는 여러 해 동안 온갖 지도와 역사 속의 언급, 문학, 눈에 띄지 않은 유물 등을 이어 붙였다. 그는 고대 그리스와 로마 제국을 비롯한 넓은 지역에서 인상적인 화석들이 발견되었

---

[5] 19세기 에드워드 드링커 코프(1840~1897)와 오스니엘 찰스 마시(1831~1899)가 벌인 악명 높았던 '화석 전쟁'은 여러 새로운 발견으로 이어지기도 했지만 과학적 규명을 제대로 하기 어렵게 만들었고 표본이 여럿 파괴되는 결과를 낳기도 한 치열한 경쟁이었다. 아메리카 대륙의 공룡 연구는 박물관과 교육 재단, 언론까지 소유한 미국의 거대 산업 재벌들이 그 기틀을 잡았다.

으며 신화 속의 일부 동물은 화석을 바탕으로 꾸며 낸 동물일 가능성을 주장했다. 예를 들어 독수리 머리에 사자 몸을 한 기원전 5세기의 그리핀은 "자연에 존재하는 부분들을 기초로 한 설화 속 동물"로 스키타이의 유목민이 중앙 아시아에서 금을 찾다가 발견한 뼈와 둥지 화석이 발단이었다는 것이다. 특히 그 지역에 부리가 달린 공룡 프로토케라톱스 화석이 특히 많기 때문에 주둥이가 부리를 닮은 네발 동물이 있다는 사실을 뒷받침했다. 그리스와 로마의 작가들이라면 이 사실을 알게 된 뒤 황금을 지키는 그리핀을 상상했을지 모른다.

    메이어는 고대 세계에서 고생물 화석을 신화로 해석하는 습관이 널리 퍼져 있었다는 사실을 발견했다. 멸종한 거대 동물의 어마어마한 뼈와 치아는 먼 과거에 살았던 신화 속 영웅과 거신이라고 여겨졌다. 이러한 유물은 종종 그리스의 신전에 전시되었다. 매머드 뼈는 기간토마키아, 즉 기간테스족이 올림포스의 신들에 맞서 들고 일어났다는 증거였다. 기원전 1세기에 아우구스투스 황제는 카프리에 있는 자택에 박물관을 지어 괴물과 기간테스족의 화석을 전시했다. 몇십 년 뒤에는 지진으로 인해 흑해 근방에서 거대한 화석 뼈가 드러났다. 길이가 한 자에 달하는 어금니는 티베리우스 황제에게 바쳐졌다. 티베리우스는 한 수학자에게 이 어금니의 주인이었을 거대한 괴물의 상반신을 제작하라고 맡겼다. 이것은 멸종한 생물을 최초로 재현한 사건으로 알려져 있다. 아마도 스텝매머드의 어금니였을 텐데 당시 만들어진 자기 형상이 썩 마음에 들지는 않았을 것이다.[6]

그렇지만 신화 속 야수와 괴물이 단지 기이한 유골을 우연히 발견한 결과는 아니다. 화석을 바탕으로 만들어진 형상이 꼭 신화의 기원이 되었다기보다 이미 존재하던 신화 속에 녹아들어 갔을 가능성도 있다. 거대한 영웅이나 티탄족에 대한 이야기가 이미 존재한다면 거대한 뼈를 보고 그들이 남긴 것으로 해석하기는 어렵지 않다. 고대인들의 수집품이었던 이러한 거대 괴물 표본에 18세기 말 한스 슬로언 경, 조르주 퀴비에 등의 동물학자들이 주목했다. 그들은 비교 해부학을 이용해 코끼리나 고래의 뼈임을 밝혔다. 그럼에도 뼈가 가진 마법은 사라지지 않았다.

---

[6] 뒤이어 다른 학자들도 메이어의 예측에 살을 붙였다. 베를린 자연사 박물관의 박사 후 과정 연구생 마르코 로마노와 이탈리아 트렌토의 과학 박물관 소속 마르코 아반치니는 고대 작가들이 직접 기록하거나 중세 및 르네상스 학자들이 간접적으로 기록한 남부 유럽 내 거대 괴물 목격담을 취합했다. 시칠리아와 사르데냐의 구릉에서 발견된 코끼리 머리뼈를 보고 키클롭스를 상상하거나 황새치 뼈를 보고 용의 혀를 상상한 경우 말고도 고대인들은 멸종된 거대 인간이 존재했다는 근거를 광범위한 지역에서 찾아냈다. 예를 들어 대 플리니우스는 크레테섬에 영웅 오리온의 뼈가 있다고 기록했다. 또 약 20미터 길이의 골격도 찾았는데 이를 오토라는 거인의 뼈라고 생각했다. 고생물 화가 마크 위튼은 이런 류의 해석에 동의하지 않는다. 위튼은 그리핀 그림이 메이어가 말한 화석이 발견되기 훨씬 전부터 나타난다는 사실을 찾아냈다.

수많은 화석이 오래전 사라진 거대 괴물의 유골이라는 설명을 달고 진귀한 물건들 사이에 남았다.

    삽화로 그려져 발간된 최초의 공룡 뼈 역시 같은 길을 따랐다. 1676년, 옥스퍼드셔의 스톤필드 석회석 채석장에서 대퇴골의 하부가 발견되었고 동물학자 로버트 플롯은 이를 《옥스퍼드셔 자연사 Natural History of Oxfordshire》(1677)에 수록했다. 처음에는 로마 군대와 함께 왔던 코끼리의 뼈라는 생각이 들었다. 그러나 플롯은 이후 마음을 바꾸어 이 뼈가 성서 속의 거인이라는 주장을 내놓았다. 잉글랜드 전원을 더 흥미진진한 곳으로 상상하고 싶었던 것이다. 100년 뒤 의사이자 동물학자 리처드 브룩스는 《자연사 체계 System of Natural History》(1763)에 바로 이 뼈 그림을 싣고 "인간 음낭 Scrotum humanum"이라고 명기했다. 현재 대퇴골 자체는 유실되고 없으나 아마도 메갈로사우루스의 뼈였을 것이다. 그러니 따지고 보면 공룡에게 주어진 최초의 이름은 '인간 음낭'이다.[7]

---

[7] 20세기에는 과연 이 이름이 린네의 이명법보다 앞선 것인지에 대한 논란이 있었다. 나아가 메갈로사우루스보다 앞선 이름이었는지, 이 이름을 지워야 할지에 대해 의견이 갈렸다. 네이시는 인간 음낭이라는 명칭이 붙은 이유가 브룩스의 책에 오류가 있었기 때문이라고 설명했다. 본문을 보면 뼈가 대퇴골의 일부라고 되어 있으나 그림 설명이 "인간 음낭"으로 잘못 붙어 있었던 것이다. 그러나 이후에 온 저자들은 그림과 명칭을 그대로 가져다가 썼다. 네이시와 동료들은 실제 뼈를 찾으려고 했으나 인간 음낭의 행방은 묘연하다.

무시무시하게 큰 도마뱀이라고?

윌리엄 버클런드나 기디언 맨텔 같은 빅토리아 시대 고생물학자들이 발굴한 공룡 화석은 뼈 하나, 금이 간 턱뼈, 치아 등 단편이었다. 그래서 더욱 마법을 발휘했다. 모호하기 때문에 오히려 상상력이 뛰놀 공간이 충분했고 그 공간에서 괴물이 만들어졌다. 때로는 흔치 않은 방식이 사용되었다. 문학과 과학의 상호 작용을 연구하는 리처드 팰런은 19세기 후반의 오컬트 고생물학을 언급한다. 영매가 화석을 만지고 어떤 괴물이 보이는지 이야기하는 방식이었다. 물론 영매가 본 것은 객관적이고 과학적인 데이터로 제시되었고 또 그렇게 여겨졌다.[8]

1842년, 오웬은 공룡의 대중적 이미지를 제대로 구축하기로 하고 메갈로사우루스, 이구아노돈, 힐라이오사우루스로 이루어진 무리에 정체성을 부여했다. "무시무시하게 큰 도마뱀"이라는 의미로 "디노사우리아"라고 명명한 것이다.[9] 이 단어가 퍼지는 데는 시간이 좀 걸렸다. 오웬 자신도 자주 쓰지 않았다. '괴

---

[8] 리처드 팰런은 오컬트 고생물학과 그 바탕이 된 정신측정학(물체에 그 물체가 노출된 빛의 파동 같은 기록이 남아 있기 때문에 영매가 그 물건의 과거를 볼 수 있다는 가설)이 20세기에도 이어졌다고 말했다.

[9] 그리스어 데이노스(공포스러운)^{deinos}와 사우로스(도마뱀)^{sauros}를 조합해서 오웬이 직접 만든 단어이다.

물'이나 '용' 같은 좀 더 생생한 표현이 우세했다. '공룡dinosaur'은 1870년대 미 대륙에서 놀라운 화석들이 발굴되면서 널리 쓰이기 시작했다. 다양한 종이 온전한 모습으로 풍부하게 나타났고 선사 시대 다른 파충류들과 전혀 다른 모습을 하고 있었기 때문에 공룡의 특별한 정체성이 정립되었다.

오웬은 화석을 자신이 선호하는 방식으로 해석해 '디노사우리아'를 구축했다. 그는 생물체가 단순한 형태에서 복잡한 형태로 진화하면서 저절로 발전한다는 생각이 별로 마음에 들지 않았다. 신께서 각 동물 무리를 순차로 만들었으며 한 무리가 정점을 찍고 점점 사그라들면 다음 무리가 대두한다고 생각했다. 그래서 공룡들이 파충류 무리의 정점이라는 가설을 만들었다. 오웬의 주장에 따르면 공룡은 네발로 걷는 짐승이었고 포유류를 닮은 강력한 어깨를 가지고 있었다. 그는 공룡이 온혈 동물이고 생리학적 기능은 포유류와 비슷하다고 여겼다. 크리스털 팰리스의 공룡들이 오웬의 생각을 있는 그대로 드러낸다. 쥐라기 황금 시대에 어울리는 장엄한 지배자의 모습이다. 오웬의 주장에 따르면 오늘날의 양서류와 파충류는 공룡의 애처로운 후손들로, 연못과 덤불 아래 음습한 데서 어슬렁거린다. 창조주가 정한 전성기 이후로 파충류가 얼마나 쇠락했는지 일깨워 주는 지난날 영광의 그림자에 지나지 않을 뿐이다.

빅토리아 시대 공룡에 대한 관심이 증가하자 수많은 유명 작가들도 공룡에 매료되었다. 문학 교수 랠프 오코너의 말에 따르면 작가들은 독자들의 상상력에 불을 당기기 위해 흥미로운 "괴물 작법"을 따랐다. 이크티오사우루스는 "돌고래의 주둥이 …… 악어의 이빨, 도마뱀의 머리, 물고기의 척추, 오리너구리의 흉골, 고래의 지느러미"를 갖고 있었다. 힐라이오사우루스는 "거대한 고슴도치"나 "거대한 도깨비도마뱀" 같다고 했다. 플레시오사우루스는 흔히 "거북 등껍질에 뱀이 들어간 형태"로 묘사되었다. 예상대로, 이구아노돈, 메갈로사우루스, 프테로닥틸루스는 과학 문학에서 종종 '용'으로 불렸다. 분류학적 구분이 어떻고 어떠한 지질 시대에 살았든 멸종된 거대 동물은 '괴물'이라는 매력적이고 포괄적인 범주 안에 들어갔다. 오늘날 언론인과 문학인들도 여전히 비슷한 수사를 즐겨 사용한다.

이 태곳적 용들은 흔히 대홍수 이전 낭만적인 풍경에서 서식하는 모습으로 그려진다. 지구라는 '대하소설'에서 초반 주인공으로 등장하는 것이다. 판타지 문학에서는 단지 사실만 전달하지 않고 독자들을 문학으로 지은 쥐라기 공원에 초대하는 경향이 두드러졌다. 가령 윌리엄 버클런드는 프테로닥틸루스를 이야기하면서 독자들이 상상력을 발휘해 탐험하도록 지옥 같은 세계를 만들어 냈다. 하늘에는 악마가 날아다니고 에워싼 바다에는 파충류가 가득하다. "밀턴의 악마처럼 …… 녀석은 험난한 행성의 바다를 가득 채우거나 해안을 기는 동족의 파충류에게는 좋은 친구였다 …… 마찬가지로 무시무시한 이크티오사우루스와 플레시오사우루스가 바다에 떼 지어 들끓었다." 태곳적 과거는 단테의 〈지옥편〉에 나올 법한 곳이다. 또 다른 작가는 이 "소름 끼치는 괴물"을 "삽화가 들어간 베르길리우스의 서사시나 《실낙원》에서 아이네아스나 사탄을 공격하는 악령"에 비교했다. 바빌로니아의 티아마트 신화나 북유럽 신화의 뱀 요르문간드와 비교해 보자. 공룡은 새롭고 생생한 창조 신화를 빼곡히 채운 혼돈의 용이었다.

그중에서도 영향력이 매우 큰 책이 있었다. 바로 헨리 네빌 허친슨의 《멸종한 괴물 Extinct Monsters》(1892)로, 허친슨은 루이스 캐롤의 〈재버워키〉부터 그림 형제의 동화까지 다양한 문학적 원천을 현란하게 동원해 공룡을 생생하게 그려 냈다. 그러나 그는 독자에게 보여 주려는 동물들이 신화나 문학 속 존재 그 이상이라고 약속했다. "사람들이 쉬이 귀를 기울였던 고릿적 이야기속 무장한 기사들이 아무리 대단한 용들을 무찔렀다 한들 우리가 곧 만나게 될 진짜 용과는 그 크기와 힘을 비교할 수 없다." 독자들은 **바로 이곳**에 존재했고 거대한 치아와 뼈를 남긴 괴물들을 만나게 되었다. 그렇기에 공룡은 머나먼 땅에 살았던 신화 속의 용과는 비교할 수 없는 경쟁력을 가졌다.

공룡이라는 막다른 길

그러나 공룡의 존재는 커다란 의문을 낳았다. 공룡은 어디로 간 걸까? 그렇게 위엄 넘치던 존재들이 어떻게 사라졌을까? 한때 공룡들은 옥스퍼드셔, 도셋, 서머셋에 살았고 이제는 그들을 연구하는 고생물학자들의 발밑에 잠들어 있었지만 공룡의 세계는 어떤 연유에서 사라지고 없었다. 19세기 중반에 멸종이라는 개념은 이미 익숙했다. 18세기 북아메리카에서 발견된 마스토돈 뼈와 화석은 동물종이 모두 죽어 완전히 없어질 수 있다는 반박 불가한 근거였다. 그러나 암모나이트나 삼엽충 같은 무척추 동물들의 멸종은 학문적인 연구 대상이었지 세상 속 인간의 역할과는 별 관련이 없었다. 마스토돈 같은 거대한 동물의 멸종은 가까운 친척이 여전히 존재한다는 사실로 위안을 삼을 수 있었다. 그러나 과거를 지배했던 강력한 용이 사라져 석화된 뼈만 남겼다니. 이 사실은 좀 더 불길했다.

찰스 라이엘의 《지질학의 원리 Principles of Geology》는 지질학계의 분수령이었다. 라이엘은 지구가 수억 년에 걸쳐 어떻게 점진적으로 그리고 균일하게 변화했는지 설명하는 "깊은 시간 deep time" 모델을 만들었다. 이것은 찰스 다윈의 자연 선택에 의한 진화론에 깊은 영향을 끼쳤다(진화론에 공룡이 언급되지 않는다는 점은 주목할 만하다). 라이엘의 모델에는 특히 근심스러운 부분이 있었다. 지질학적 시간이 주기를 띤다는 주장이었다. "거대한 이구아노돈이 숲속에, 이크티오사우루스가 바다에 다시 나타날 수도 있고 프테로닥틸루스가 나무고사리 숲속을 다시 날아다닐 수도 있다." 끔찍한 생각이었다. 인간이 단지 먹잇감에 지나지 않았던 공룡의 세계가 존재했고 다시 돌아올 수도 있다는 뜻이었기 때문이다. 인간이 확고히 정상을 차지했다고 여긴 전통적인 자연 질서를 심각하게 위협하는 발견이었다.[10]

19세기 공룡을 주제로 한 우스갯소리들의 기저에는 이러한 불안이 깔려 있다. 주간지 〈펀치Punch〉는 이구아노돈 만찬에 대한 기사에서 이렇게 조롱했다. "일행이 모두 이 시대에 살고 있어 다행스럽다. 다른 지질 시대에 이구아노돈 뱃속에 모였다면 만찬이 열리지 못했을 것이다." 〈멸종한 괴물Extinct Monsters〉(1893)에서 시인 유진 필드는 이 시대에 태어나 다행이라고 노래했다.

---

[10] 공룡은 갑작스러운 재앙으로 멸종한 대표적인 동물로 여겨지지만 라이엘은 그 생각에 동의하지 않았다. 지질학적 시간에 걸쳐 매우 점진적인 변화가 이루어졌고 그 변화는 화석층에 기록된 내용을 통해 관찰할 수 있다는 라이엘의 "동일 과정설"은 성서 속 대홍수 같은 "격변설"과 첨예하게 대립한다.

발굽과 날개가 달린 멸종한 괴물은

서정시를 쓰는 데 도움이 되지 않기에

자연은 이 연약한 시인에게

한결 친절한 돼지고기와 비계의 시대를 선사했지

    선사 시대의 존재가 주는 막연한 위기감을 다스리는 또 다른 방법에는 공룡을 과소평가하기, 멸망할 운명이었던 성서 속 과거의 유물로 취급하기가 있었다. 프랑스 작가 오귀스트 빌리에 드 릴아당은 "자연은 이 어색한 스케치, 이 생애 최초의 악몽 위로 대홍수라는 지우개를 재빨리 문질렀다"고 썼다. 디피가 처음 런던에 만들어졌을 때 허친슨은 공룡이 자연의 "진화 실험"의 결과라고 하면서 공룡의 멸종 덕분에 수렁에서 허우적대지 않는 "더 나은" 생명체가 나왔다고 말했다.[11]

    한 걸음 더 나아가 공룡을 강력한 괴물이 아니라 우스꽝스러운 흉물로 보는 시선도 있었다. 1912년 6월 23일 〈워싱턴 포스트Washington Post〉는 "지극히 기괴한 동물"이라는 제목 아래 생김새가 기이한 스테고사우루스의 그림을 싣고 "아주 오래전 유타

---

11   헨리 네빌 허친슨의 "선행 법칙" 이론은 연이어 나타났다 멸종한 생물들이 더 나은 생물이 나올 수 있는 길을 닦으며 이 점진적인 발전 과정을 통해 "자연은 어둠 속을 더듬으며 좀 더 완벽한 형태를 추구"한다고 가정했다.

에 살았던 스테고사우루스는 자연의 실수인 듯 괴이한 모습"이라는 설명을 덧붙였다. 1920년 8월 15일자 〈오그던 스탠더드 이그재미너Ogden Standard Examiner〉는 자연이 "창의력 체증"을 겪은 예시로 "가장 기이한 선사 시대 괴물 중 하나"인 스테고사우루스를 꼽았다. 뼛속에 "커다란 공기 주머니"가 있고 "등을 따라 커다란 판이 달려 거대한 활공 기계처럼 하늘을 날 수 있다"고 설명했다. 골판을 수평으로 펼친 스테고사우루스가 절벽 끝에서 하늘로 몸을 던질 준비를 하는 그림도 나왔다. 스테고사우루스가 하늘을 난다는 생각은 터무니없다. 그러나 공룡의 후손인 조류는 뼛속이 비었기 때문에 날 수 있으므로 이는 흥미로운 시각이다.[12]

흘러간 파충류 시대의 지배자들은 우리 문화에 상당한 영향을 끼쳤지만 그럼에도 불구하고 종종 늪에 사는 우스꽝스러운 느림보이자 진화에 실패할 운명으로 그려졌다. 반면 포유류는 재빠르고 적응력이 뛰어나며 지능이 높은 존재, 천지창조의 위

---

12   그림에 달린 설명은 이러했다. "이것은 '모든 조류의 아버지'를 재구성한 그림으로 머리는 새를 닮았고 움직이는 골판은 활공을 할 때 날개 역할을 했다." 기사는 이렇게 시작했다. "지구 대부분이 펄펄 끓는 습지였을 때 자연은 동물을 만들면서 몹시 엉뚱한 실험을 했다. 이 시대는 공룡의 시대였다. 거대한 파충류인 공룡은 악몽에 나올 것 같은 기괴한 모습이다. 어머니 자연이 치즈 토스트를 먹고 심한 창의력 체증을 겪은 게 아닌지 심히 의심스럽다…… 오랜 세월이 흐른 뒤 자연은 교훈을 얻었고 공룡은 지구에서 사라졌다."

대성을 뒷받침하는 존재로 그려졌다. 공룡은 사라지고 없는 세상에서는 최강자로 군림했겠지만 공룡의 근력으로는 인간의 두뇌와 슬기, 그리고 어느새 전 세계를 장악한 대영 제국이라는 정교한 기구와 겨룰 수 없었다.

멸종된 용 되살리기

크리스털 팰리스 공룡에 붙은 팻말에는 19세기 공룡 그림과 현대 복원도가 나란히 있다. 두 그림은 비슷하지조차 않다. 뼈가 돌 속에 보존되었는데도 이토록 다르다는 사실이 아이러니하다. 마치 유행하는 패션이 바뀌듯 공룡의 생김새를 보는 관점도 몇십 년마다 바뀌었다. 이 덩치 큰 괴수들은 처음에는 악어나 도마뱀처럼 다리를 양쪽으로 벌리고 있었다. 공룡이 거대한 파충류라는 점을 생각하면 당연하기도 하다. 19세기 후반부터 공룡은 직립 동물이지만 움직임이 둔하다고 여겨졌다. 다리는 골반 아래로 뻗어 있었고 꼬리는 뒤로 끌고 다녔다. 1960년대와 1970년대에 '공룡 르네상스'가 열리자 고생물학은 단지 신비로운 학문에서 고대 동물에 관한 새로운 과학으로 변모했다. 이 시기에 공룡은 때로는 재빠르게 움직이는 흥미진진한 온혈 동물로 여겨

졌다.[13]

지금은 '공룡 계몽주의' 시대가 한창이며 이전보다 훨씬 희한한 복원도가 나오고 있다. 최근 고생물학 연구 결과에 따르면 공룡들은 다리의 비율이 괴상하다거나 다채로운 깃털에 온갖 정교한 부속 기관을 갖고 있는 등 다양한 모습이다. 길이가 무려 39미터에 달하는 수페르사우루스나 티라노사우루스 렉스보다 다섯 배 크고 치아가 상어를 닮은 카르카로돈토사우루스, 꼬리가 아즈텍 문명의 전투용 몽둥이를 닮은 안킬로사우루스까지 새로운 발견을 통해 놀라운 사실이 드러나고 있다. 공룡은 더 이상 비늘 달린 자동인형이 아니다. 그들은 조류를 닮은, 복잡한 울음소리를 내는 동물이며 화려한 장식을 달고 세심하게 육아하는 동물이다. 신기하게도 공룡을 더 많이 알수록 이 '용'은 더 색다른 모습이 되어 간다. 화석 증거가 늘고 증거를 해석하는 방식 또한 점점 정교해지기 때문이다.

그러나 인간이 공룡을 연구해 온 과거를 돌아보는 일은

---

13 이 시기에는 또한 '공룡'이 이론적으로 정확한 분류라는 사실이 재정립되었다. 20세기 동안 '공룡'이라는 명칭은 과학적으로 부정확하며 두 개의 서로 다른 무리를 칭하는 대중적인 이름이라는 생각이 있었다. 그러나 1980년대에 더 깊은 분류학 연구가 이루어지면서 진화의 역사를 고려할 때 오웬의 최초 정의가 타당하다는 사실이 드러났다.

여전히 중요하다. 이 괴물들은 인간에 대해서도 많은 정보를 주기 때문이다. 공룡을 과학적인 관점에서 진지하게 해석하는 일은 그 주체가 대형 산업의 거물이든 오늘날의 열정적이고 세련된 지식인이든 언제나 문화의 영향을 받아 왔다. 어떠한 의미에서는 17세기 동물학자들이 이국의 동물들을 조합해서 괴물을 만들던 시대와 크게 달라지지 않았다. 온전한 화석 골격도 상상이 가미되어야만 살아 움직이는 동물로 그려질 수 있다. 역사학자 루카스 리펠은 이렇게 말한다. "공룡은 키메라(그리스 신화 속 괴물로 여러 동물이 합쳐져 있다―옮긴이)이다. 어떤 부분은 …… 생물학적 진화의 결과이다. 그러나 또 어떤 부분은 인간이 가진 창의력의 결과이다. 예술가, 과학자, 기술자 들은 발굴 현장, 동물학자의 연구실, 박물관의 준비실 등 다양한 장소에서 고된 노력으로 공룡을 만든다." 세월이 흘러 그 재료가 바뀌면 공룡도 바뀐다. 미래의 고생물학자들은 오늘날 우리가 복원한 공룡을 보고 쓴웃음을 지을지도 모른다.

  죽은 지 오래되었지만 공룡은 여전히 과학적·정치적 논란에 휩싸이곤 한다. 2022년 '깨어 있는 티라노사우루스' 논란이 이를 잘 보여 준다. TV 다큐멘터리 시리즈 〈선사 시대의 지구 Prehistoric Planet〉는 어느 날 수컷 티라노사우루스가 자식을 돌보는 모습, 함께 놀아 주고 같이 헤엄을 치는 모습을 방영했다. 이것은 최첨단 과학 연구의 결과로 밝혀진 사실이지만 〈더 선The Sun〉 등의 타블로이드지에서는 이 "정치적으로 올바른 티라노"를 조롱했다. 〈더 선〉의 독자층이 보기에 공룡 중에서도 가장 마초적인 티라노사우루스의 수컷이 아기를 보는 장면은 진보적인 젠더 역할을 지지하는 '깨어 있는' 시민들이 설정한 의제 같았다. 그들의 아우성은 실제로 우리 사이에 얼마나 많은 공룡이 남아 있는지를 잘 보여 주었다.

고생물학자 마이클 크라이튼의 소설을 바탕으로 만든 스티븐 스필버그의 1993년 영화 〈쥬라기 공원〉은 현대 공룡 문화에서 가장 화제였다. 〈쥬라기 공원〉과 후속작들은 대중이 공룡과 관련된 새로운 과학에 눈뜨게 해 주었고 공룡의 대중적 인기를 다시 정상으로 끌어올렸다. '공룡 피'를 지닌 모기를 이용한다는 설정은 멸종한 공룡을 생생하게 부활시키는 방법으로 충분히 설득력이 있었다. 유전학 기술의 한계가 곧 무너질 듯했던 그 시대의 분위기와도 어울렸다. 공룡뿐 아니라 인간의 막대한 힘이 통제를 벗어날 것만 같았다. 〈쥬라기 공원〉은 우리가 단지 그럴 능력을 소유했다는 이유로 과거의 괴물을 되살리는 결정을 했을 때 어떤 일이 벌어질지 보여 주는 영화였다. 인간의 오만과 재탄생한 거대 괴물이 뒤섞여 나온 결과는 보기 좋지 않았다. 결국 자연이 인간의 기술을 상대로 압승했다.

영화에는 잭 호너라는 저명한 고생물학자를 바탕으로 한 인물도 나온다. 호너는 영화의 기술 감수를 맡기도 했는데 이 영화의 경고를 듣지는 않았다. 호너의 "공룡닭 프로젝트"는 "치키노사우루스"를 만드는 것이 목표이다. 조류가 "실은 살아 있는 공룡"이라는 가정 아래 "조류로부터 공룡을 닮은 동물을 역으로 만들어 내는" 프로젝트이다. 진화의 역사를 거슬러 올라가면서 어떤 유전자가 변형되었거나 끄고 켜졌는지 알아낸 다음 말하자면 'Ctrl+Z'를 눌러 하나씩 "실행 취소"를 시키는 것이다. 모기 안에 남은 DNA는 시간이 지날수록 손상된다. 그러나 생물체 안에서 재생산된 DNA는 조류의 오래된 조상에 대해 더 많은 정보를 가지고 있을지도 모른다. 호너는 작은 벨로키랍토르 비슷한 생명체를 만들어 낼 수 있으리라 자신한다. 그가 벨로키랍토르의 위험을 경고하는 공익 광고 같은 영화를 감수했다는 사실을 고려하면 그 자체로 놀라운 프로젝트이다.

하지만 멸종된 동물을 복원한다는 생각은 아주 매력적이고 우리는 이를 이미 시도한 적이 있다. 과학자들은 2017년, 털매머드 DNA 조각과 인도코끼리 게놈을 가지고 유전자 편집 도구인 크리스퍼(CRISPRCas9)를 이용해 '매머펀트' 배아를 만들었다. 도도, 모아, 주머니늑대 같은 다른 멸종된 동물도 유전학 기술로 되살릴 수 있다는 희망이 생겼다.[14] 그러나 정말로 공룡을 되살리는 데 성공한다면 어떻게 될까? 멸종된 괴물과 마주친다면? 콜린 트레보로우 감독의 〈쥬라기 월드〉(2015)에서 공원 관리인은 이렇게 불평한다. "요즘 애들은 스테고사우루스를 동물원에서 코끼리 보듯 해." 되살아난 공룡은 놀이공원의 흔해 빠진 볼거리이자 오늘날 만연한 소비자주의를 지적하는 사회 논평의 도구가 되었을 뿐이다. 그런데 이러한 사고방식은 아이들이 동물원에서 코끼리를 보고 느끼는 즐거움을 과소평가하기도 하지만 공룡에게도 도움이 되지 않는다. 공룡이 인기 몰이를 하는 이유는 멸종했기 때문이 아니다. 〈쥬라기 공원〉에서 고생물학자 앨런 그랜트 박사는 풀을 뜯던 브라키오사우루스와 교감하다가 남자아이에게 말한다. "이 녀석들은 괴물이 아니야, 렉스. 그냥 동물이야." 얼마 안 가 그랜트 박사는 굶주린 티라노사우루스를 피해 달아난다. 박사는 공룡의 낮은 으르렁거림에 맞추어 진동하는 자동

14 털매머드 회생 프로젝트는 2015년에 시작되었다. 보존된 매머드 조직에서 회수한 DNA 조각을 이용해서 털매머드의 게놈을 재구성할 수 있으리라는 기대가 있었다. DNA 조각은 매머드의 살아 있는 친척 중 가장 가까운 인도코끼리의 게놈에 삽입되었다. 둘의 결합에서 나온 동물들은 2012년 세르게이 지모프가 시베리아 북극에 만든 약 50평방 마일 크기의 플라이스토세 공원에서 기를 예정이다. 그러나 프로젝트는 아직 성과를 내지 못했다. 현재로서 멸종된 유전 형질을 되살릴 수는 있으나 멸종된 동물의 살아 있는 세포가 없다면 그 동물을 되살릴 수는 없다.

차 안에 웅크린 채 생각을 바꾸지 않았을까? 거대한 최상위 포식자는 결코 평범한 동물이 아니다.

공룡 주변으로는 긴장감이 흐른다. 우리는 공룡을 깊이 체험하고 공룡에 대해 가능한 많이 알고 싶어 한다. 그러나 우리가 어렸을 때 알던 공룡이 변하는 데에는 강력하게 반대한다. 공룡의 모습을 초사실주의적으로 재현하기 위해 온갖 창의력을 쏟아부었음에도 〈쥬라기 공원〉 시리즈는 고생물학 분야의 발전을 놀라울 만큼 따라가지 못한다. 이 사실에 전문가들은 유감을 표한다. 시리즈를 통틀어 깃털이 달린 공룡은 한 마리만 등장했는데 기이할 정도로 광포한 동시에 꽤나 우둔한 피로랍토르이다.[15] 영화 속 괴물은 대중의 상상 속에 남은 한물간 이미지의 제약을 받는다. 할리우드가 관객을 잘 안다면 영화 관객 대부분은 어린 시절에 보았던 괴물이 눈앞에서 다시 움직이기를 원한다. 최첨단 과학을 핑계로 공룡의 겉모습에 손대기를 원치 않는다. 환상은 현실에 우선하고 20세기 후반의 공룡은 우리에게 너무 큰 의미라 쉽게 놓아줄 수 없다.

현실과 비현실, 물증과 상상을 섞은 공룡은 인간이 다른

---

15   피로랍토르는 백악기 후기에 오늘날의 프랑스 남부와 스페인에 살았던 공룡이다. 콜린 트레보로우 감독의 〈쥬라기 월드: 도미니언〉(2022)에 등장한다.

동물과 맺는 관계에 얼마나 열정적이고 주관적인지 보여 준다. 물론 공룡과의 관계는 좀 더 특별하다. 티라노사우루스 렉스 수천 마리가 선사 시대의 광활한 자연을 거니는 모습은 생각만 해도 벅차다. 공룡을 본따 만든 자동인형이나 공룡 이빨 화석은 보는 것만으로도 짜릿하다. 공룡은 신화 속 용에 대한 우리의 상상을 구체적 현실에 가깝게 만들어 준다. 거대한 포식자 앞에서 느끼는 본능적 공포를 촉발하고 낯선 생명체에 대한 호기심을 자극한다. 이러한 변화무쌍하고 의미심장한 괴물은 안전한 거리를 두고 자연의 막대한 힘을 깨닫게 한다. 인간이 동식물의 세계에 지배력을 행사하다가 용의 굴속으로 들어가는 처지가 된 바로 지금, 이 깨달음은 그 어느 때보다 중요하다.

맺는 말: 대지의 티탄족

"이 비인간적인 장소가 인간을 괴물로 만든다."

스티븐 킹

바다에서 솟구쳐 오른 거대한 생물이 가죽 같은 날개를 퍼덕여 육중한 몸을 공중으로 부양시키자 물이 후드득 떨어진다. 세 개의 긴 목이 서로 뒤엉켜 있는데 머리 하나는 어디 가고 없다. 뒤로는 끝이 뾰족한 꼬리 두 개가 공중을 휘감는다. 이 생물은 하늘로 날아올라 곧 벼락을 내리칠 듯한 먹구름 뒤로 잠시 사라진다. 그러더니 폐허가 된 도시가 내려다보이는 산 꼭대기에 묵직하게 내려앉는다. 화염과 용암이 서서히 산비탈을 타고 흘러내린다. 하지만 열기를 아랑곳하지 않는 괴물은 충만한 원기로 이글거린다. 머리가 잘려 나간 목이 꿈틀대더니 잘린 부위에서 양막에 싸인 머리가 꼭대기부터 자라난다. 비늘 달린 주둥이가 끈적끈적한 막을 뚫고 나온다. 다시 온전해진 괴물은 날개를 펼치고 자세를 고쳐 앉은 채 세 개의 입을 모두 벌려 하늘을 향해 포효한다. 전 세계에서 거대한 괴수들이 움직이기 시작한다. 괴수들은 얼음을 깨고 나오며, 산으로 울퉁불퉁한 지각을 가볍게 털어 버리며, 석유가 고인 자리에서 솟구치며 용의 부름에 대답한다. 그들이 지나간 자리에는 짓밟힌 도시만이 남았다.

  이는 요한 계시록에 나올 법한 광경이지만 사실 레전더리 스튜디오와 워너 브라더스가 공동 제작한 〈고질라: 킹 오브 몬스터〉(2019)의 한 장면으로 인류가 마주한 위험이 절정을 향해 달려가는 부분이다. 머리가 세 개 달린 히드라인 킹 기도라 King Ghidrah는 환경 테러범에 의해 냉동 수면에서 깨어난 뒤 최근에 폭발한 하와이의 한 화산을 차지한다. 거기서 수천 년 동안 지구 속에 묻혀 있던 다른 태곳적 괴물을 불러낸다. 괴물의 꿈틀거림은 인류에 의한 지배 혹은 인류 자체의 종식을 예언한다. 다행히 든든한 고질라가 핵탄두를 씹어 먹고 바다 속에서 승승장구한다. 방사능에 들뜬 고질라는 기도라와 결투를 벌이고 무리의 우두머리 자리를 되찾는다. 다른 괴물들도 제압되어 생태 복원을 위해 일하는 무해한 존재가 된다. 사막에 씨앗을 뿌려 우림을 만들어 내고 백화된 산호초를 되살리는 등 인간이 파괴한 생태계를 치유한다. 멸망을 자초했던 인간은 구원받는다.

  영화적 관점에서 그다지 좋은 작품은 아니다. CGI를 제외한 모든 요소가 다소 우스꽝스럽다. 특히 생태계가 작동하는 방식에 대한 작가들의 생각이 그렇다. 그러나 영화계에서는 긴 혈통을 자랑하는 시리즈로, 고질라는 일본에서 수입한 '카이주(괴수)怪獸' 일가의 우두머리이다. 카이주에는 고질라, 기도라를 비롯해 거대한 나방 괴물 모스라, 거대한 프테로닥틸루스 로단, 거대 거북 가메라 등이 있다. 원래 카이주는 '기괴한 짐승'이라는 의미로 미지의 동물이나 환상 속의 존재를 가리켰다. 이시로 혼다 감독이 이제 고전이 된 1954년 영화 〈고질라〉를 만든 이후 카이주라는 말은 구체적으로 이 거대 괴물 일가를 가리켰다. 카이주는 일본과 할리우드에서 수많은 영화를 통해 그려졌고 카이주 영화 프랜차이즈는 세계적으로도 가장 오래된 시리즈다.[1]

괴수가 싸우는 광경도 흥미진진하지만 카이주 영화를 관통하는 주제는 무엇보다 인류가 마주한 끔찍한 위협이다. 인간 삶이라는 피륙을 갈기갈기 찢어 놓기 위해 지구 뱃속 깊은 속에서 솟구친 원한 깊은 티탄족이 오늘날의 카이주이다. 이 책의 도입부에서 보았듯 혼돈에 맞서 싸운 결과로 세계가 창조되었다. 이제 한 바퀴 빙 돌아 혼돈의 괴수가 지면을 뚫고 나와 세계의 멸

---

[1] 고질라(고지라)는 고릴라를 뜻하는 '고리라ゴリラ'와 고래를 의미하는 '쿠지라鯨'를 합성한 말이다. 고래만한 고릴라이다.

망을 꾀한다. 이 책을 마무리 지으며 세계의 무시무시한 멸망이라는 우리의 악몽을 살펴보면 좋을 듯하다.

괴물은 현대 인류를 괴롭히는 수많은 불안을 구체화한다. 다윈 이론이 인간과 동물 사이에 놓인 절대적인 장벽에 구멍을 뚫은 이후 공상 과학 소설은 이 장벽이 어디까지 무너질 수 있는지 묻는 데 집착했다. H. G. 웰스의 1896년 고전 《모로 박사의 섬》은 인간과 동물을 결합하고 학대한 잔인한 과학자에 대한 소설로 수많은 영화에 영감을 주었다.[2] 실패한 유전학 실험이 어떤 키메라를 낳을지에 대한 염려는 소름 끼치는 혼종 생물 드렌이 등장하는 〈스플라이스〉(2009) 같은 영화에서 구체화된다. 그러나 인류 멸망 그리고 그것을 초래할지 모를 괴물에 대한 불안이 무엇보다 압도적이다.

멸망에 대한 상상은 이미 익숙하다. 우리는 오래도록 지구의 시작을 그려 온 만큼 지구의 끝을 상상해 왔다. 일부 멸망 신화는 종말과 재생을 반복하며 순환하는 우주를 배경으로 한다. 그리스 작가 헤시오도스는 인류의 여러 시대를 이야기했다. 금, 은, 동, 영웅, 철기 시대를 지나며 인류는 신들에 의해 죽임당하

---

[2] 얼 C. 켄턴 감독의 〈길 잃은 영혼들의 섬 The Island of Lost Souls〉(1932) 돈 테일러의 〈모로 박사의 섬 The Island of Dr Moreau〉(1977) 스탠리 리처드와 존 프랑켄하이머의 〈모로 박사의 섬 The Island of Dr Moreau〉(1996) 등이 있다.

거나 사라지고 점점 더 열등한 인류로 대체되며 열화된다. 헤시오도스는 자신이 철기 시대에 있다고 여겼다. 그 직전의 반신 영웅들에 비해 철기 시대의 인간은 형편없고 이기적이었다. 헤시오도스는 신이 소탕 작전을 다시 실행하여 세상은 다시 깨끗하게 청산되어 이어진다고 예상했다.[3] 홍수는 그러한 순환 과정에서 흔히 나타나는 멸종 방법이다. 《에누마 엘리시》보다 오래된 메소포타미아 신화인 《아트라하시스Atrahasis》는 말을 듣지 않는 인류를 죽이기 위해 신들이 보낸 재앙으로의 홍수에 대해 이야기한다. 현명한 아트라하시스만이 신의 귀띔 덕분에 지붕으로 덮인 거대한 배를 지었고 거기에 가족과 온갖 동물을 태워 이레간 지속된 홍수에서 살아남았다. 노아의 방주처럼 말이다.

또 다른 종말론에서는 불과 유황이 비처럼 쏟아지는 와중에 신들과 괴수들이 최후의 결전을 벌인다. 라그나로크는 10세기 북유럽 시 〈볼루스파Völuspá〉에서 말하는 종말이다.[4] 속임수에 능한 신인 로키의 괴물 같은 자식들이 날뛰며 최상층의 아시르

---

3 헤시오도스는 기원전 약 700년, 교훈시 〈일과 나날Works and Days〉에서 이 이론을 자세하게 설명했다

4 〈볼루스파〉는 저자 미상의 북유럽 시를 한데 묶은 《시 에다Poetic Edda》에서 가장 유명한 시이다. 가장 유명한 필사본은 1270년경으로 거슬러 올라가는 아이슬란드의 《왕의 서Codex Regius》이다(아르니 마그누손 아이슬란드 연구소에서 소장하고 있다). 〈볼루스파〉는 13세기의 아이슬란드 《산문 에다Prose Edda》에도 들어 있다.

족을 하나씩 없앤다는 내용이다. 거대 늑대인 펜리르는 사슬을 끊고 땅을 누비며 앞을 가로막는 모든 것을 삼키다가 마침내 아버지 신 오딘을 찾아 집어삼킨다. 세계를 에워싼 뱀 요르문간드는 꿈틀거리며 해안으로 올라와 사방을 물에 잠기게 하고 땅을 독으로 뒤덮는다. 천둥의 신 토르가 망치로 이 세계의 용을 무찌르지만 치명적인 독에 노출된다. 얼음 거신, 불 거신을 비롯한 온갖 재앙의 공격에 신들은 죽고 세상은 불길에 휩싸이며 바다의 텅 빈 물속으로 가라앉는다.

요한 계시록에 기록된 세상의 종말은 혼란스럽고 괴물로 가득하다. 신약 성경의 마지막 서인데 긴장이 고조된 상태에서 갑자기 끝이 난다. 역병과 지진, 홍수, 불이 인류를 쓸어버리는 동안 괴물은 마구잡이로 인간을 공포에 빠뜨린다. 사탄이 거대한 용의 모습으로 나타나는데 머리가 일곱 개, 뿔이 열 개, 왕관이 일곱 개이며 꼬리를 한 번만 휘둘러도 하늘의 별 3분의 1이 떨어진다. 바다에서도 거대한 머리 일곱 개, 뿔이 열 개, 왕관이 열 개인 괴물이 솟구쳐 신을 모독한다.[5] 그러다 땅에서 짐승이 나타나고 양의 뿔이 두 개 달린 이 사자는 사람들로 하여금 "짐승의 표^{mark}"를 받게 한다. 이 과정에서 자신의 난폭하고 음란하고 짐승적인

---

5   이 이미지는 뱀 껍질에 족제비 발을 갖다 붙인 박제 히드라와는 딴판이다.

면에 굴복한 사람들은 영원히 죄인이 된다. 이후 세상은 역병과 불길에 휩싸이고 바다는 피로 변하며 태양 빛이 사그라든다. 이것이 서양 기독교 전통의 종말이라면 지금 우리가 상상하는 종말은 어떻게 다를까? 어떠한 면에서는 더 심하다. 톨킨의 말을 빌리자면 그들에게 신은 없다. 오직 괴물 그리고 인간만 있다.

고질라와 인류세

카이주 영화는 종말에 관한 우리의 상상력이 과거와는 전혀 다른 시대에 나왔다. 신이 권력을 가지지 못한 세상의 종말을 상상하고 그래서 더욱 끔찍하다. 혼다 감독의 1954년 영화 속 최초의 고질라는 공룡을 닮은 120미터 크기의 괴물로, 핵 실험으로 깨어나 더 강력해진다. 바다 깊은 곳에서 잘 자다 깨어난 고질라는 마치 짜증 난 공성 병기처럼 도쿄를 쓸어버린다. 거대한 데다 방사능을 내뿜고 있어서 그저 산책을 하며 바람만 쐬더라도 지나간 자리는 폐허가 된다.

고질라는 영화 속 최초의 괴물은 아니지만, 말하자면 유례없는 타격을 입혔다. 마크 제이콥슨은 〈뉴욕타임즈 New York Times〉 기사에서 이렇게 요약했다. "히로시마에 떨어진 원자 폭탄은 태양 1천 개를 합한 것보다 밝고 뜨거운 섬광을 냈다. 이 일은 10만명을 죽인 데 그치지 않고 그저 제 먹고사느라 바빴던 모니터 속의 도마뱀을 둔갑시켜 지구 파괴를 간절히 원하는 아주 화가 난 공룡 비슷한 녀석으로 만들었다." 전후 일본에서 고질라의 엄청난 몸집은 핵 참화의 공포, 1945년 히로시마와 나가사키를 파괴했던 원자 폭탄의 종말적인 힘을 상징했다. 고질라는 또한 1945년 미팅하우스 작전 당시 도쿄 대공습이 남긴 폐허, 전후 일본을 점령한 미군의 폭정(1945~1952), 비키니 환초에서 벌어진 미국의 핵 실험(1946~1958)이 불러온 공포 등을 구체화한 결과이다. 나라의 파멸이라는 매우 현실적인 두려움이 만들어 낸 괴물이다. 고질라가 아주 기본적인 공룡 괴물처럼 보이지만 여전히 현대 종말 신화의 대부인 이유가 바로 이것이다.[6]

인류는 20세기 초 처음으로 우리 자신의 파괴적 능력을 온전히 깨달았다. 두 차례의 세계 대전으로 유례없는 규모의 참상과 비인권적 행위가 폭발했다. 로스앨라모스 프로젝트의 수장이자 1940년 최초의 핵 폭발 실험을 지켜본 로버트 오펜하이머는 이렇게 읊조렸다. "이로써 나는 죽음의 신, 세계의 파괴자가 되었다." 사실 그는《바가바드 기타》속 크리슈나의 말을 잘못 인

---

[6] 모스라나 킹 기도라 같은 다른 카이주들은 또한 대한민국과 맺은 1965년 한일 기본조약, 중국의 핵 개발 같은 정치 상황과 관련되었을 수 있다. 이러한 함의는 미국에서 영화가 만들어질 당시 반미 감정을 줄이기 위해 모두 지워졌다.

용했다.[7] 이 말은 마치 불길한 예언처럼 크리스토퍼 놀란의 2023년 영화 〈오펜하이머〉를 관통한다. 도시를 파괴하는 혼다 감독의 고질라는 한 도시뿐 아니라 한 세상을, 우리의 세상 전체를 파괴할 막강한 힘이었다. 카이주가 가져오려고 하는 종말과 더 오래된 이야기 속의 종말에 다른 점이 있다면 종말을 지휘하는 신이 없다는 점이다. 인간이라는 집단의 행동이 압도적인 자연의 힘을 자극한다. 카이주는 우리 인간이 가진 파괴적 힘에 대한 공포, 우리 행위가 가져올 멈출 수 없는 후과에 대한 두려움이다. 그러나 그뿐만은 아니다.

20세기에 일어난 기술적 사건들은 새로운 시대, 나아가 새로운 지질학 시대의 시작을 알렸다. "인류세"라는 개념은 생물학자 유진 스토머와 화학자 파울 크뤼천이 2000년에 만든 용어로, 인간이 지구 환경의 변화를 이끄는 주된 세력인 현 지질학 시대를 일컫는 비공식 단어다. 이 시대가 산업 혁명과 함께 시작되었다는 주장도 있다. 바로 새로운 기술이 대기로 탄소와 메탄을 내뿜기 시작한 시기이다. 어떤 이들은 인류세가 원자 폭탄이 사용된 1945년에 시작되었다고 주장하기도 한다. 이때 토양에서 처

---

[7] 오펜하이머는 1965년 TV 다큐멘터리 〈폭탄 투하 결정 The Decision to Drop the Bomb〉 속에서 이 말을 했다고 이야기한다. 《바가바드 기타》에 나오는 원문은 다음과 같다. "나는 죽음의 신, 세계의 파괴자이다."

음 방사능이 검출되면서 인간이 발명한 기술이 처음으로 지구를 피폭했으며 지질학적 영향을 미쳤다는 것이다. 어느 쪽이든 산업화가 시작된 지 얼마 지나지 않았을 때이다. 이미 우리는 우리가 지구를 바꿀 힘, 심지어 싹 쓸어버릴 힘을 가졌음을 발견했다.

그때부터 지금까지 우리가 한 일은 별로 없다. 2015년 파리 협정에서 지구 기온 상승을 1.5도로 제한하자는 목표가 세워졌다. 이 정도의 상승만으로도 세계의 생물 다양성과 인간의 삶에 심각한 영향을 미친다고 예상된다. 그러나 이 목표는 이제 우스울 정도이다. UN은 2022년에 기온 상승을 1.5도로 제한할 수 있는 어떠한 '믿을 만한' 방법도 없음을 인정했다. 수억 년 전 육상에 퍼진 식물과 균류가 대기에서 이산화탄소를 빨아들여 산소 농도를 높이기 시작한 이후로 그 어떠한 생물도 지구에 인간처럼 극심한 영향을 끼치지 않았다.

요즘 기후 변화에 대한 글을 읽을 때마다 어린 시절 아버지와 차를 타고 여행하면서 1970년대에 활동한 밴드 제네시스의 노래를 따라부르던 기억이 떠오른다. 세월이 흘렀지만 〈랜드 오브 컨퓨전Land of Confusion〉의 가사는 퇴색되지 않았다. 여전히 오늘날 우리의 상황에 적절하다. 인구 과잉, 부패, 지구의 파괴에 대한 노래, 풀뿌리 단계에서 피해를 복구하려는 한 세대의 열망에 대한 노래, 지구를 다시 내 집으로 만들자는 노래다(물론 여기에 가사를 인용하면 좋겠지만 음악 산업이란 황금 곳간을 지키는 경계심 많은 용 같다). 아버지는 인류가 환경에 끼칠 수 있는 영향이 드러나기 시작한 시점이 1970년대였다고 말했다. 그 무렵 우리는 인간이 불필요한 멸종을 초래했고 맹목적이고 탐욕스러운 지구전을 벌이며 자연이 제공한 인프라를 무너뜨리고 있을지 모른다는 사실을 깨달았다.

종말이 정말 우리를 기다리고 있는지, 아니면 여전히 지구를 망치는 우리의 행동을 통제하면 양호한 상태에 이를 가능성이 있는지 나는 대답할 수 없다. 스티븐 쿠닌의 《지구를 구한다는 거짓말》(2021)은 심판의 날이 온다는 식의 사고방식을 넘어서 환경 과학 분야의 미묘한 문제들과 아직 답변이 존재하지 않는 물음을 캐내고자 한다. 문제를 없애려는 게 아니라 접근 방식에 객관성을 부여하려는 노력이다.[8] 그러나 종말이라는 공포에서 빠져나오기는 힘들다. 우리가 마주한 문제가 어마어마한 문제일 가능성 때문에 더욱 그렇다. 우리는 불길한 상상을 하는 아주 오랜 전통이 있고 이야기를 전개하기 위해 괴물을 이용한다.

이 책의 여러 장에 걸쳐 살펴보았듯 불안에서 빠져나오는

---

[8] 쿠닌은 미국 오바마 행정부에서 2009년부터 2011까지 에너지부 차관을 역임했다.

효과적인 방법은 상상 속으로 빠져들기이다. 우리가 계속해서 카이주 영화를 보는 이유이기도 하다. 가상 세계에서 우리의 공포를 풀어 나가 보는 것이다. 카이주는 바다보다 더 깊고 더 헤아릴 수 없는 곳에서 나온다. 카이주의 크기와 그것이 짓밟는 인간의 크기 차이는 마치 인류가 일으킨 문제와 그걸 막아야 하는 개개인이 가진 힘의 차이를 보여 주는 듯하다. 카이주는 지구의 자궁에서 풀려나 인류의 유리 같은 자존심을 위협한다. 그리고 인간이 다만 작고 어리석은 짐승에 지나지 않는다는 사실을 드러낸다. 인류세에 꼭 맞는 비율을 가진 존재들인 셈이다.

그러나 모든 카이주는 각자 다른 방식으로 이 일을 수행한다. 혼다 감독의 1950년대 〈고지라〉는 원폭의 무자비함을 보여 주는 음울한 우화였다. 레전더리 스튜디오의 2019년 〈고질라: 킹 오브 몬스터〉는 매우 다른 괴수였다. 화석화된 공룡처럼 고질라의 비늘 덮인 몸집은 다양한 쓸모가 있다. 레전더리 스튜디오는 이 새로운 시리즈에서 "세계의 가장 유명한 괴수가 과학이라는 인류의 오만에 힘입어 인류의 존재 자체를 위협하는 악한 괴물과 싸운다"고 홍보한다. 이 새로운 고질라는 원폭 실험으로 **만들어진** 괴물이 아니다. 오히려 고질라와 그 무리는 지구의 방사선 농도가 지금보다 훨씬 높았던 허구의 과거에서 도래한 존재이다. 먼 과거, 지속 가능한 핵융합의 황금기에 고질라는 초

자연적인 에너지선을 쏠 수 있는 능력을 얻었고 크기도 어마어마해졌다. 이 자연적인 에너지원이 감소하자 괴수들은 방사선이 더 강한 땅 밑으로 들어갈 수밖에 없었다. 지하에 살던 존재들은 원폭 실험과 노천 채굴 등으로 방해를 받다가 지구 표면으로 올라와 파괴를 시작한다. 모두 핵탄두를 핫도그처럼 씹어 먹으며 방사선을 충전한다. 인간이 수소 폭탄 실험을 하면서 가지고 놀았던 끔찍한 힘은 우리가 아니라 저들의 것이었다.

이 새로운 카이주들은 틀린 것을 바로잡기 위해 일어선다. 영화 속에서 카이주를 연구하는 과학자 이치로 세리자와 박사는 "오만한 인간은 자연이 우리 손안에 있다고 생각하지만 실은 그 반대"라고 말한다. 자연은 우리를 바로잡으러 돌아왔다. 선과 악, 죄와 구원 간의 싸움이 벌어진다. 이 장의 시작에서 언급했던 장면, 킹 기도라가 산꼭대기 왕좌를 차지하는 장면에서 카메라는 근처 산 정상에 있는 십자가를 비춘다. 서구의 관객에게 보내는 메시지는 명확하다. 킹 기도라는 우리 손으로 봉인을 해제한 적그리스도이다. 그러나 맞서기 위해서는 여전히 믿음이 필요할지 모른다. 어떤 괴수는 악하고 어떤 괴수는 우리 편이다. 고질라는 우리의 구원자로 우리의 죄를 사하기 위해 죽음에서 다시 살아 돌아왔다. "균형을 회복"하는 자연의 힘을 상징한다. 고질라는 우리가 믿을 수 있고 우리를 악에서 지켜 줄 새로운 종류의 신이다. 고질라의 부하 괴수들은 우리의 실수를 바로잡아 줄 생태 천사인 셈이다. 인간이라는 어리석은 소신이 초자연적인 힘을 가지고 장난을 치는 세상에서는 거신만이 상황을 바로잡을 수 있다.

새로운 고질라 시리즈는 단순한 괴물 영화같이 보인다. 그러나 생태 위기의 시대에 괴물 구원자를 상상하는 것은 도피이자 면죄부를 구하는 일이다. 우리가 세상에 괴물을 풀어놓았으나 다른 괴물이 우리를 구원한다는 환상은 큰 위로가 된다. 난장판을 만들어 놓은 어린아이들에게 강력한 존재들이 와서 조용히 하라 말하고 상황을 정리해 준다고 생각하면 마음이 진정된다. 〈다크 나이트〉의 하비 덴트의 말을 빌리자면 고질라는 우리에게 과분한 괴물인 동시에 필요한 영웅이다.[9] 그러나 우리의 모든 상상이 위로가 되어 주는 것은 아니다.

호모 데우스가 마주한 새로운 공포

나는 괴물 연구를 시작하면서 고대의 만티코어, 불사조,

---

[9] 크리스토퍼 놀란의 〈다크 나이트〉(2008)에 나오는 원 대사는 이렇다. "지금 고담시에 필요한 영웅이지만 과분한 영웅이다." 배트맨이 고담을 도울 수 있는 유일한 존재이나 전혀 인정을 받지 못하는 상황에서 나온 말이다.

이국의 도도새와 천산갑 등 먼 곳의 존재들부터 먼저 살펴보았다. 이들은 경이롭고 멋진 존재로 '저기 어딘가'에, 지도의 빈자리에, 아주 먼 시공간에 있었다. 그다음은 미노타우로스, 메두사, 그렌델처럼 인간의 기괴하고 불쾌한 면을 끌어안은 채 쫓겨난 괴물들을 살펴보았다. 이러한 괴물들은 여전히 우리의 문화적 상상력 속에서 번성한다. 그러나 19세기경부터 괴물 만들기는 변화했다. 새로운 종류의 괴수가 생겨났다. 이들은 피할 수 없는, 외면할 수 없는 존재들이 되었다. 우리가 되었다. 실험실 밖으로 기어 나오고 인류의 기술에 동력을 제공하면서. 그리고 우리의 뱃속에서 자라거나 우리의 인간성을 지우면서. 인류세의 괴물은 내 보금자리에 더 가까이 있기 때문에 더 무시무시하다. 자연 세계와의 유례없는 관계에서 잉태된 존재들이다.

T. S. 엘리엇의 시 〈황무지〉(1922)는 20세기의 가장 중요하면서도 불가사의한 시 가운데 하나로 꼽힌다.[10] 엘리엇은 제1

---

10   엘리엇은 1914년에 이 시를 구상했지만 1921년에 완성했다. 1919년에 아버지를 잃고 걸린 신경 쇠약을 이겨 낸 뒤였다. 시인 에즈라 파운드가 편집을 맡았고 1922년 10월 엘리엇이 편집 위원으로 있던 문예지 〈크라이테리온Criterion〉에 처음 소개되었다. 며칠 뒤 〈더 다이얼The Dial〉에 실렸으며 이후에도 거듭 출간되었다. 자신의 다른 시에 비해 〈황무지〉가 압도적인 성공을 거두자 엘리엇은 이 작품에 대해 "삶에 대한 사적이고 철저히 무의미한 불평, 리듬에 맞추어 투덜거린 결과일 뿐"이라고 일축했다.

차 세계대전 이후 찾아온 신경 쇠약에서 회복하는 동안 이 시를 썼다. 그는 방황하는 젊은이들과 상처에서 회복 중인 망가진 도시의 핵심을 포착했다. 런던을 주제로 한 시임에도 아더 왕의 전설이나 낭만 시처럼 사막과 바다를 가로지르며 움직인다. 엘리엇이 다양한 문학적 영향과 전통을 뒤섞은 방식은 여러 비평가들을 불편하게 만들었지만 이러한 다양한 문체의 다채로운 혼합 덕분에 깊이도, 문명도 없는 곳에 놓인 존재의 공허함이 온전히 도드라진다. 엘리엇의 황무지는 생명이 없는 세상이다. "죽은 나무는 쉴 곳을 …… 메마른 바위는 물소리를 건네지 않는" 곳이다. 의미로부터 단절되었고 사라진 전통의 희미한 흔적만이 출몰하는 곳, "부서진 표상만이 수북이" 쌓인 곳이다.

엘리엇이 말하는 위협은 괴물적인 힘이나 적에게서 오는 게 아니라 무와 망각에서 온다. 화자는 이렇게 제안한다. "먼지 한 줌 안의 공포를 보여 주리라." 이 먼지가 지금 우리가 걱정해야 할 문제다. 땅속 지렁이의 밥이 되는 일, 즉 죽음에 대한 공포보다 더 중요하다. 생을 구성하는 모든 부분들, 우리와 연결되어 있었거나 우리가 떠나고 뒤에 남을 것들의 완전한 소멸이 문제이다. 5장에서 언급했듯 중세에 황무지는 생산성이 없는 땅을 말했다. 불모의 벌판과 바위투성이 언덕처럼 쓸 수 없는 땅도 여전히 신이 창조한 세계의 일부였다. 오늘날 황무지는 '인간이 황폐하게 **만든** 땅'이다. 이러한 변화는 우리의 가장 큰 공포를 반영한다. 우리는 더 이상 에덴동산을 가꾸는 하느님의 하인이 아니다. 우리는 존 밀턴의《실낙원》속 루시퍼처럼 신의 권력을 흉내 내다 동산을 폐허로 만들어 버렸다. 루시퍼처럼 우리도 자기 연민에 빠졌다.

인류는 언제나 자신을 다른 존재들로부터 구분하려 했다. 그래서 인간이 신의 모습을 본따 빚어졌다는 신화를 만들었다. 기독교의 창조 신화는 인간에게 선물로 주어진 세계를 그린다. 우리는 위계질서에서 다른 모든 생물체보다 높은 곳에 있고 신을 닮고자 애쓰다가 마침내 과학 기술의 세계로 들어섰다. 시도는 괜찮았다. 전지, 전능, 편재라는 말은 인간이 만든 통신망, 감시망을 비롯한 기술에 어느 정도 해당된다. 기술은 여러 면에서 우리의 삶을 무한히 향상시켰다. 오늘날 인간은 선조 대부분이 상상조차 할 수 없었을 수준의 안락함을 누리며 산다. 유발 하라리가 말했듯 우리는 "호모 데우스"(데우스는 신을 뜻하는 라틴어—옮긴이)가 되었다. 그러나 이 노력은 신이 제거된 세상을 만들기도 했다. 우리는 기어이 생태계와 맺은 관계에서 빠져나왔다. 그리고 신을 향한 공포를 극복하고 상상 속의 위계를 기어오르다 매우 고독하고 위태로운 장소에 이르렀다.

문제는 우리가 버틸 수 없다는 사실이다. 이 위에는 우리를 붙잡아 줄 어떤 존재도 없다. 우리의 행위로 인해 정교하게 조율된 생태적 상호 작용의 망이 찢어발겨졌다. 인류는 끊임없이 뒤를 돌아보며 어떤 대가를 치르게 될지 궁금해한다. 짐승 같은 본성과 유기체적 한계를 극복하려고 애쓴 결과 우리 자신이 괴물이 되지 않을까 두려워하고 있다. 이런 상상은 온갖 형태로 나타난다. 우리는 영화 〈에이리언〉(1979)[11]처럼 우주 탐험대가 가지고 돌아온 침습적 외계 기생 생물이 인간의 몸을 이용해 번식할까 두려워한다. 역병이 돌아 〈28일 후〉(2002)에 나오는 인간 이하의 좀비로, 혹은 〈데이브레이커스〉(2009)의 흡혈귀로 변하는 것은 아닐까 걱정한다. 물론 뒷골목 암시장에서 사고파는 이국에서 온 기이한 동물이 옮겼거나 누군가 악의를 가지고 실험실에서 만들었을지 모른다는 의심을 받은 코로나19는 이러한 공포를 더욱 악화시켰다. 자신도 모르는 사이에 내면에 자리 잡은 괴물이라는 공포는 쫓아내거나 가둘 수 있는 괴물보다 더욱 우려스럽다.

또 생명이 사라진 세상에서 자기 파괴의 길을 걷는 인간 이하의 존재가 될지도 모른다. 인간이 기름과 물을 다 빨아내 메

---

[11] 〈에이리언〉(1979)은 리들리 스콧 감독, 〈28일 후〉(2002)는 대니 보일 감독, 〈데이브레이커스〉(2009) 마이클과 피터 스피어리그 감독의 영화이다.

말라 버린 미래의 호주를 배경으로 하는 〈매드맥스〉 시리즈의 암울한 디스토피아를 상상하면 된다. 목숨은 더 이상 중요하지 않다. 연료와 물이라는 생명의 액체가 없는 곳에서 사회는 무너진다. 짐승이 된 인간은 잔혹해진다. 조지 밀러의 2015년 대작 〈매드맥스: 분노의 도로〉에서 몸에 암이 자라는 워보이들은 마치 흰 일개미처럼 무지성의 기계 병사로 키워진다. 링겔에 달린 인간의 "피 주머니"로 흡혈귀처럼 목숨을 지탱하는 워보이의 목표는 하나다. "크롬으로 온통 반짝이며" 폭죽의 불꽃 속에서 영광스럽게 죽는다. 스프레이 페인트를 마셔 광포해진 정신 상태로 전투에서 자기를 희생한다는 뜻이다. 이 공허한 인간들은 황폐한 세상 속 비대한 제국이 낳은 결과이자 역진화의 악몽이다. 또 전쟁과 고난이 인간의 핵심 가치를 얼마나 쉽게 제거해 짐승보다 못한 모습만 남기는지 보여 주는 상상이다.

　　이 모든 와중에 인류의 기술이 만들어 낸 결과물은 양면적인 존재로 남아 있다. 우리를 구원할 수도 있지만 우리를 지배할 수도 있기에 공포스럽다. 내가 이 글을 쓰고 있는 순간에도 오픈 AI의 ChatGPT 언어 모델이나 재스퍼 AI의 카피라이터는 거의 모든 것에 대한 정보성 글을 어느 인간보다 빨리 써낸다. 보스턴다이내믹스가 만든 기계 동물은 끊임없이 새로운 한계를 돌파하고 있다. 사냥개를 닮은 '스팟'은 어디로든 가서 정보를 수집할 수 있고 작고 땅딸막한 '와일드캣'은 그 어느 네발 로봇보다 빠르다. 스프링 꼬리가 달린 재빠른 '샌드플리'는 10미터 높이까지 뛰어오를 수 있다. 이 모든 로봇은 생물적 동작의 한계를 해결하기 위해 동물을 기반으로 만들었지만 동물과는 매우 다르기도 하다. 보스턴다이내믹스의 휴머노이드 로봇 '아틀라스'는 연습 없이 체조를 할 수 있고 지치지도 않는다.

이러한 새로운 발명은 놀라운 결과를 낳을 가능성이 높다. 전 지구적으로 우리가 가고 있는 방향을 고려할 때 특별히 천재적인 신기술이 없다면 가망이 없을 수도 있다. 하지만 여기에는 위험이 도사린다. BBC와의 2014년 인터뷰에서 스티븐 호킹은 "온전한 인공 지능이 개발되면 인류의 끝이 올 수도 있다"고 경고했다. 스스로 진화하는 기술의 방향성에 대한 우려는 최근 나오는 공상 과학 소설의 표면 아래서 들끓는다. 생태계가 돌이킬 수 없는 수준으로 망가진다면 무생물로 이루어진 생태계가 등장하고 우리가 만든 기술이 우리를 대체할지도 모른다. 기술이 만든 첨단 괴물이 새로운 세계 질서를 만드는 종말 시나리오는 넘쳐 난다. 디지털 의식을 가진 무생물은 어떠한 공감 능력도 없기에 미노타우로스나 고르곤보다 더 끔찍하다.

이제 고전이 된 라나와 릴리 워쇼스키의 1999년 영화 〈매트릭스〉의 세계에서 지구는 오징어처럼 생긴 거대한 기계들의 서식지다. 그들은 폐허가 된 인간 문명 사이를 떠다닌다. 구름이 짙게 낀 하늘은 태양 에너지조차 통과하지 못하고 유기물은 생장이 막혔다. 대규모 공장 내 빽빽하게 늘어선 계란 모양의 끈끈한 주머니 속 생명체는 다름 아닌 인간으로 기계들의 에너지원이다. 열역학은 여전히 유효한 세계인 모양이다. 태아처럼 창백한 몸은 움직이지 않는다. 인간들은 수요가 있을 때까지 주머니에 보관된다. 인간은 깨어나 세상을 볼 수도 없고 서로 대화를 나눌 수도 없다. 이런 일은 정신을 통해서만 가능하다. 영리한 인간이 만든 기계는 이제 인간을 먹이로 삼았다. 기계들은 인간의 정신이 사는 가상의 세계를 만들고 몸은 마취된 상태로 유지한다. 이 대안 현실을 감시하는 요원들은 히드라처럼 자기 복제를 하며 의식 상태를 되찾으려고 애쓰는 인간을 붙잡는다.

플러그를 빼고 집단적 꿈속에서 빠져나온 인간들은 이제 마치 카이주 같은 존재가 된다. 이들은 지구 표면에 있는 기계들의 개미굴을 피하기 위해 더 깊은 곳으로 후퇴한다. 동굴 같은 안식처에서 마치 내일이 없는 양 다른 인간들은 더 이상 하지 않는 일들, 춤을 추고 싸우고 성교하는 일을 비롯한 모든 생명 활동을 한다. 이러한 종말 시나리오가 전하는 메시지는 명확하다. 우리는 우리 자신이 가진 오만의 먹잇감이 될까 봐, 우리가 착취해 왔던 존재들과 우리가 만들어 낸 기계들보다 더 열등한 존재가 될까 봐 두려워한다. 인간은 온갖 괴물을 상상해 왔으나 결국은 인간 자신의 괴물성이 인간을 집어삼킬지도 모르는 일이다.

괴물 그리고 마법에 다시 매혹되기

1918년 강연에서 독일 사회학자 막스 베버는 현대의 서구 세계를 환멸disenchantment이라는 말로 설명했다.[12] 동화를 좀 읽어 본 사람이라면 환상의 깨어짐을 뜻하는 환멸이 곧 '마법이 풀리는 일'과 같은 의미라는 사실을 알 것이다. 베버는 주술적 사고가 감소하고 이성과 과학을 동력으로 하는 사회가 대두하고 있다고 설명했다. 한 비평가는 이렇게 말했다. "마법이 풀린 세상에서는 모든 것을 이해하거나 길들일 수 있다고 여겨진다. 지금 당장은 그렇지 않더라도 그렇게 여겨진다." 세상의 마법이 풀리면 신비의 장막이 걷히고 모든 것이 인간의 손아귀 안에 들어온다. 발전은 진보처럼 느껴지고 여러 의미에서 진보가 맞다. 진보가 아니라면 현대 의학이나 애플 같은 기적은 일어나지 않았다. 그러나 환멸이라는 말은 이후 사회학자들과 철학자들을 계속해

---

[12] 막스 베버가 1918년 강연에서 사용한 독일어 단어는 'Entzauberung'이다. 직역하면 '탈마법'에 가깝다.

서 괴롭혀 왔다. 첫째, 환멸에는 각성과 끔찍한 상실이 뒤따라오기 때문이다. 둘째, 베버가 주장한 정도로 우리의 환멸이 심하지 않을 수 있다.

옛이야기에 나오는 불과 유황이 쏟아지는 전투에 비해서 이 장에서 살펴본 종말 시나리오는 암울하고 기계적이며 생기가 없다. 마법에서 풀려난 세상의 마지막에는 결국 괴물 같은 인간과 인간의 창조물만 남았다. 초자연적이고 신화적인 세계와의 연결이 거의 끊어져 버린 시대에서 바라보는 미래는 이런 모습이다. 우리는 구석기 시대 사람들처럼 지구의 자궁 같은 동굴로 기어들지만 그 속의 짐승들과 소통할 수 없다. 동물은 그저 동물이고 풍경은 내면 세계를 담은 은유가 아니다. 끊어진 연결 고리는 소비자 엔터테인먼트가 대신한다. 신화를 향한 열망은 여전하지만 과거에 비해 덜 풍부하고 덜 강력하기 때문에 수익을 노리는 미디어의 간편한 먹잇감으로 전락했다.

인류는 논리적 사고와 과학적 이해 능력이 놀랍도록 뛰어난 존재다. 그러나 그것이 다는 아니다. 최고의 과학과 철학을 만들어 내는 열정과 창의력은 비이성적인 무의식으로 구동된다. 과학 탐구만으로는 알 수 없기에 결코 완전히 이해하지 못할 드넓은 세계가 그 속에 있다. 우리가 발 딛고 살아 가는 세상은 물리와 화학 법칙으로 구성된 세계가 아니다. 개인의 주관적인 경험으로 질서 지어진 세계이다.

이 책의 서두에서 인용한 정신 분석학자 베텔하임이 보여 주었듯 마법에는 근본적인 효용성이 있다. 신과 영웅, 괴물과 마법 이야기를 통해 우리의 불완전한 심리적 경험이 공유되고 형성된다. 불빛에 어른거리는 동굴 속 괴물, 고르곤 부적, 계몽주의 시대 유럽의 분더카메른, 상상 속의 동물들이 보여 주듯 인류는 언제나 마법 세계와 이어지고자 했다. 그러나 근래에는 이러한 연결이 주는 풍요가 사라지고 물질주의적인 세계관으로 대체되었다. 상징적 경험의 가치를 축소하면 인간 정신이 느낄 수 있는 가장 세련된 쾌락이 훼손되고 인간의 자기 이해 또한 극심하게 제한된다.

나는 괴물들이 여전히 우리에게 의미를 가지는 방식을 탐구했다. 괴물의 신비를 지우지 않고 그 깊이를 헤아려 보는 데 기여했기를 바란다. 앞서 말했듯 각각의 괴물로 한 권씩 책을 써도 모자람이 없고 더 포함시키고 싶은 괴물도 많았다. 그러나 일부만을 선택해서 그들이 어떻게 인류의 초창기를 형성하고 일상을 관통하여 인간의 마지막까지 함께 왔는지 보여 주고자 했다. 우리는 괴물을 통해 인간 경험의 신비롭고 비이성적인 부분과 연결된다. 우리 정신이 내면의 혼란스러운 조각들을 다루기 위해 붙잡는 존재가 바로 괴물이다. 인간이기에 자연 세계를 연구하고 인간이기에 괴물을 만든다.

    나는 **바로 우리가** 마법에 걸린 존재라는 말을 전하고 싶었다. 세상이 활기 넘치는 생명으로 가득한 한 우리의 상상 속에서 마법이 풀리는 일은 없을 것이다. 인간의 정신은 괴물로 그득한 깊고 어두운 동굴이다. 우리는 바이오필리아를 타고났고 꿈속에는 계속해서 다른 존재들이 등장한다. 1973년 디스토피아 영화 〈소일런트 그린Soylent Green〉에서 2022년의 뉴욕은 사막에 가깝다. 이곳에 사는 사람들은 오래전 사라진 식물과 동물이 재생되는 화면을 보며 행복을 느낀다. 이 공상 과학 영화는 소름 끼치는 예언 같다. 오늘날의 우리 역시 평생 보지 못하거나 오래 살아남지 못할 자연의 일부분들을 이렇게 소비한다. 북극 얼음 위에 사는 동물이나 색깔이 화려한 산호초, 푸릇푸릇한 우림은 다큐멘터리를 통해서만 접할 수 있다. 황무지에 대한 공포는 사람의 손길이 닿지 않은 풍요로운 생태계라는 환상과 공존한다. 〈아바타〉(2009)의 자체 발광하는 세계 판도라, 〈콩: 스컬 아일랜드〉(2017) 속 선사 시대 동물들로 가득한 푸르른 스컬 아일랜드. 그 밖에도 많다. 인류는 여전히 헤아릴 수 없는 신비가 숨겨진 세계를 갈망한다.

    우리 대부분은 아직도 자연과 거기 남아 있는 야생 동물을 찾는다. 세계경제포럼에 따르면 재야생화 덕분에 유럽에는 늑대 1만 7천 마리가 산다. 일부 농부들이 반발하고 있으나 늑대인간을 사냥했던 17세기 이후 늑대에 대한 문화적 인식은 바뀌었다. 불곰과 이베리아스라소니, 유럽들소도 1960년대에 비하면 아주 번성하는 중이다. 자연을 재야생화하려는 충동은 자연의 일부가 훼손되더라도 지속된다.

      인간과 자연의 관계가 무너질 위험에 처한 지금, 그 어느 때보다 괴물을 잘 알아야 한다. 그리고 인간이 세상과 상호 작용하는 방식에 대해서 괴물이 무엇을 말하고 있는지에도 귀 기울여야 한다. 우리는 이상 속 에덴동산에 살 수 없다. 티아마트 같은 어머니 여신이나 뱀 여성들처럼 자연은 멋진 동시에 무시무시하고 우리 또한 그러하다. 지금까지 과거의 인류가 어떻게 자신의 어둠을 자꾸만 자연에 투사해 왔는지 살펴보았다. 우리는 다른 민족, 다른 종, 심지어 지형까지 괴물로 만들어 말살하고 정복하려고 했다. 우리가 인정하고 싶지 않은 우리의 모습은 다른 동물에 덧입혀져 늑대와 뱀, 상어, 심지어 천산갑까지 괴물로 만들었다. 괴물이 만들어지는 과정을 잘 안다면 작게는 그토록 여러 번 반복된 불필요한 박멸과 생태 훼손을 막을 수 있을 것이다.

      크게 보면 자연계 내 인간의 위치에 대해 좀 더 균형 잡힌 관점을 가져야 할 필요가 간절하다. 인류는 신도 아니고 괴물도 아니다. 그저 분열된 세상 속 불완전한 존재이다. 우리는 현 생태계에 매우 중요한 존재로 생태계를 지속시키고 다시 채워야 할 의무가 있다. 이를 위해 상상력이라는 넘치는 힘을 이용해 자연에 의미와 마법을 부여해야 한다. 인간이 다른 생물 그리고 세계와 관계하는 방식을 바꾸기 위해서는 과학적 이해와 경이로움을 느끼는 능력, 이 둘 모두가 필요하다. 우리가 악마를 뿔 달린 신으로 되돌릴 수 있다면, 우리 안의 괴물을 받아들일 수 있다면, 나아갈 길을 찾을 수 있을지 모른다.

감사의 말

나는 2012년부터 2016년까지 케임브리지대학교에서 과학사 및 과학 철학 전공 석박사 과정을 이수하는 동안 이 책의 집필을 '공식적으로' 시작했다. 인문연구협회Arts and Humanities Research Council가 연구비를 지원해 준 덕분이었다. 게다가 운이 좋게도 누구보다 존경스러운 지도 교수 세 분, 사이먼 셰이퍼 박사, 니콜라스 자딘 교수, 앤 세코드 박사의 도움을 받았다. 이 세 분보다 더 너그럽고 재능 있는 스승을 만날 수는 없었을 것이다. 논문을 쓰면서 라틴어 번역이 필요할 때는 자연사 캐비닛 연구 모임의 도움을 많이 받았다. 이 모임이 없었다면 기댈 데가 없었을 것이다. 석박사 과정을 시작하기 전에는 케임브리지대학교의 세인트존 칼리지에서 3년간 자연사를 아주 재미있게 공부했다.

책을 집필하는 동안 여러 뛰어난 전문가들이 나에게 시간과 지식을 빌려주었다. 줄리아 러블, 대런 네이시, 질 쿡, 린 이스벨, 에이드리언 메이어, 헬렌 스케일스, 리처드 팰런, 안젤라 잘롱고, 멜라니 챌린저, 파코 칼보, 에이미 제프스, 크리스토퍼 플럼 등에게 감사를 전한다.

이미 눈치챘겠지만 나의 호기심은 그동안 나에게 운 좋게 주어진 여러 가지 경험들을 비료 삼아 성장했다. 모두 부모님 수전 로렌스와 존 로렌스 덕분이다. 두 분은 언제나 나를 격려하고 어린 내가 특이한 호기심과 관심사를 유지할 수 있도록 뒷받침해 주었다. 두 분의 보살핌 덕에 학제의 구분에 구애받지 않는 시각을 키울 수 있었다. 어릴 때부터 과학적이고 정신 분석학적인 패러다임 내에서 성장하는 경우는 많지 않다. 축복이자 저주였지만 한순간도 지루하지 않았다. 부모님과 동생 리지 로렌스 그리고 그의 배우자 제임스 슈나이더 모두 내가 이 책을 쓰는 동안, 그리고 그동안 일어난 모든 일에 격려와 지원을 아끼지 않았다. 친할머니와 다름없었던 고 퍼트리샤 래드포드께도 감사의 마음을 표한다. 그리고 그 어떤 날카로운 말 없이 항상 상냥하게 나의 괴물들을 사라지게 해 주었던 라엘 마이어로위츠에게도 감사를 올린다.

나와 나의 작업에 영향을 끼친 사람들은 그밖에도 많다.

가이 토머스는 수년 동안 격려와 애정을 아끼지 않았고 내가 보다 충만한 경험과 지적 활동을 할 수 있도록 도와주었다. 늘 고마운 마음을 잊지 않겠다. 그와 함께한 시간 덕분에 이 책을 쓸 수 있었다. 동료 멀린 셸드레이크, 모디 파웰틱, 나오미 레벤스, 에마 이네스, 아로 벨메트, 벤 큐라, 리처드 그레니에리, 로렌스 헌트, 마이크 헤밍스, 로나 스미스 등이 격려와 영감을 주었으며 원고를 읽고 귀중한 의견을 제공했다. 동료들의 도움이 없었다면 이 책을 쓰지 못했을 것이다.

세상에 하나밖에 없는 에이전트 제시카 울러드에게도 감사의 마음을 전한다. 제시카의 무한한 호기심과 적극적인 태도는 언제나 나의 동력이었다. 나아가 뛰어난 편집자 제니 로드와 케이트 모어튼의 예리한 조언과 노력 덕분에 이 책이 최상의 모습으로 나올 수 있었다.

참고문헌

들어가는 말: 괴물 만들기

Aldrovandi, Ulysse. *Monstrorum Historia: Cum Paralipomenis Historiae Omnium Animalium ... Bartholomaeus Ambrosinus ... Volumen Composuit. Marcus Antonius Bernia in Lucem Edidit*. N. Tebaldini, 1642.

Becker, Ernest. *Denial of Death*. The Free Press, 1973.

Berger, John. 'Why Look at Animals'. In *About Looking*. Bloomsbury Publishing PLC, 2009.

Bettelheim, Bruno. *The Uses of Enchantment: The Meaning and Importance of Fairy Tales*. Penguin, 1991.

Challenger, Melanie. *How to Be Animal*. Canongate Books, 2021.

Findlen, Paula. 'Inventing Nature. Commerce, Art, and Science in the Early Modern Cabinet of Curiosities'. In *Merchants and Marvels: Commerce, Science, and Art in Early Modern Europe*, 297–323. Routledge, 2002.

Gottschall, Jonathan. *The Storytelling Animal: How Stories Make Us Human*.

Mariner Books, 2013.
Lawrence, Natalie. 'Monstrous Assembly: Constructing Exotic Animals in Early Modern Europe'. PhD, University of Cambridge, 2016.
Levi-Strauss, Claude. *Totemism*. Translated by Rodney Needham. Beacon Press, 1963.
Lovejoy, Arthur O. *The Great Chain of Being.A Study of the History of an Idea*. Harvard University Press, 1936.
Quammen, David. *Monster of God – The Man-Eating Predator in the Jungles of History and the Mind*. W. W. Norton & Company, 2003.
Scanlon, Paul, and Michael Gross. *The Book of Alien*. Simon & Schuster, 1979.
Wilson, Dudley Butler. *Signs and Portents: Monstrous Births from the Middle Ages to the Enlightenment*. Routledge, 1993.

제1장: 뿔 달린 주술사

Aubert, Maxime, Rustan Lebe, Adhi Agus Oktaviana, Muhammad Tang, Basran Burhan, Hamrullah, Andi Jusdi, *et al*. 'Earliest Hunting Scene in Prehistoric Art'. *Nature* 576:7787 (2019), 442–5.
Azema, Marc, and Florent Rivere. 'Animation in Palaeolithic Art: A Pre-Echo of Cinema'. *Antiquity* 86:332 (2012), 316–24.
Begouen, Eric, and Marie-brune Begouen. 'Centenary of the Discovery of the Tuc d'Audoubert Cave (Ariege) and of Its "Clay Bison"'. *INORA* 65 (2013), 24–7.
Begouen, Henri. 'Un Dessin Releve Dans La Caverne Des Trois-Freres, a Montesquieu-Avantes (Ariege)'. *Comptes Rendus Des Seances de l'Academie Des Inscriptions et Belles-Lettres* 64:4 (1920), 303–10.
———. 'Comte Henri Begouen Photographs of Peleolithic Cave Art, circa

1912-1930'. National Museum of Natural History, Smithsonian Institute, Washington: National Anthropological Archives, c. 1912 – 30.

Begouen, Henri, and Henri Breuil. *Les Cavernes Du Volp: Trois-Freres – Tuc d'Audoubert*. Reprint of 1958 monograph. American Rock Art Research Association (ARARA), 1999.

Begouen, Robert. 'Sur Quelques Objets Nouvellement Decouverts Dans Les Grottes Des Trois Freres (Montesquieu-Avantes, Ariege)'. *Bulletin de La Societe Prehistorique Francaise* 26:3 (1929), 188 – 96.

Begouen, Robert, Jean Clottes, Valerie Feruglio, and Andreas Pastoors. *La Caverne Des Trois-Freres, Anthologie d'un Exceptionnel Sanctuaire Prehistorique*. Louis Association Begouen / Somogy Editions d'Art, 2014.

Clottes, Jean, and David J. Lewis-Williams. 'Palaeolithic Art and Religion'. In *A Handbook of Ancient Religions*, edited by John R. Hinnells, 7 – 45. Cambridge University Press, 2007.

Conneller, Chantal. 'Becoming Deer. Corporeal Transformations at Star Carr'. *Archaeological Dialogues* 11 (2004), 37 – 56.

Davidson, Iain. 'Images of Animals in Rock Art: Not Just "Good to Th ink"'. In *The Oxford Handbook of the Archaeology and Anthropology of Rock Art*. Oxford University Press, 2019.

———. 'Symbols by Nature: Animal Frequencies in the Upper Palaeolithic of Western Europe and the Nature of Symbolic Representation'. *Archaeology in Oceania* 34:3 (1999), 121 – 31.

Dein, Simon. 'Transcendence, Religion and Social Bonding'. *Archive for the Psychology of Religion* 42:1 (2020), 77 – 88.

DeSilva, Jeremy M., James F. A. Traniello, Alexander G. Claxton, and Luke D.

Fannin. 'When and Why Did Human Brains Decrease in Size? A New Change-Point Analysis and Insights From Brain Evolution in Ants'. *Frontiers in Ecology and Evolution* 9 (2021).

Dowson, Thomas A. 'Re-Animating Hunter-Gatherer Rock-Art Research'. *Cambridge Archaeological Journal* 19:3 (2009), 378–87.

Dunbar, Robin I. M. 'The Social Brain Hypothesis and Its Implications for Social Evolution'. *Annals of Human Biology* 36:5 (2009), 562–72.

———. 'The Origin of Religion as a Small Scale Phenomenon'. In *Religion, Intolerance and Conflict: A Scientific and Conceptual Investigation*, edited by S. Clark and R. Powell, 48–66. Oxford University Press, 2013.

———. 'The Social Brain: Psychological Underpinnings and Implications for the Structure of Organizations'. *Current Directions in Psychological Science* 23:2 (2014), 109–14.

———. 'What's Missing from the Scientific Study of Religion?' *Religion, Brain & Behavior* 7:4 (2017), 349–53.

———. *How Religion Evolved: And Why It Endures*. Pelican, 2022.

Eshleman, Clayton. 'Lectures on the Ice-Age Painted Caves of Southwestern France'. *Interval(Le)s* II.2–III.1 (2008), 235–70.

Faisal, Aldo, Dietrich Stout, Jan Apel, and Bruce Bradley. 'The Manipulative Complexity of Lower Paleolithic Stone Toolmaking'. *PLOS ONE* 5:11 (2010), 1–11.

French, Jennifer C. *Palaeolithic Europe: A Demographic and Social Prehistory*. Cambridge World Archaeology. Cambridge University Press, 2021.

Freud, Sigmund. 'Creative Writers and Daydreaming'. In *The Standard Edition of the Complete Psychological Works of Sigmund Freud*, 9 (1908), 141–54.

Fuentes, Agustin. *Why We Believe: Evolution and the Human Way of Being*. Yale University Press, 2019.

Guthrie, R. Dale. *The Nature of Paleolithic Art*. University of Chicago Press, 2005.

Hadingham, Evan. *Secrets of the Ice Age*. William Heinemann Ltd, 1980.

Hodgson, Derek. *The Roots of Visual Depiction in Art: Neuroarchaeology, Neuroscience and Evolution*. Cambridge Scholars Publishing, 2019.

Hodgson, Derek, and Patricia Helvenston. 'The Emergence of the Representation of Animals in Palaeoart: Insights from Evolution and the Cognitive, Limbic and Visual Systems of the Human Brain'. *Rock Art Research* 23 (2006), 3–40.

Hodgson, Derek, and Anna Petit. 'Warning Signs: How Early Humans First Began to Paint Animals'. *The Conversation*, 4 May 2018.

Hoffmann, D., C. Standish, Marcos Garcia-Diez, Paul Pettitt, J. Milton, Joao Zilhao, Jose Javier Gonzalez, et al. 'U-Th Dating of Carbonate Crusts Reveals Neandertal Origin of Iberian Cave Art'. *Science* 359 (2018), 912–15.

Kind, C.-J., N. Ebinger-Rist, Sibylle Wolf, T. Beutelspacher, and K. Wehrberger. 'The Smile of the Lion Man. Recent Excavations in Stadel Cave (Baden-Wurttemberg, Southwestern Germany) and the Restoration of the Famous Upper Palaeolithic Figurine'. *Quartar* 61 (2014), 129–45.

Kolankaya-bostancı, Neyir. 'The Evidence of Shamanism Rituals in Early Prehistoric Periods of Europe and Anatolia'. *Colloquium Anatolicum* 13 (2014), 185–204.

Lewis-Williams, David. 'Harnessing the Brain: Vision and Shamanism in Upper Paleolithic Western Europe'. In *Beyond Art: Pleistocene Image* and *Symbol*, edited by Margaret W. Conkey, 321–42. California Academy of Sciences, 1997.

Lewis-Williams, David J., and Jean Clottes. 'The Mind in the Cave – the Cave in the Mind: Altered Consciousness in the Upper Paleolithic'. *Anthropology of Consciousness* 9:1 (1998), 13–21.

Little, Aimee, Benjamin Elliott, Chantal Conneller, Diederik Pomstra, Adrian A. Evans, Laura C. Fitton, Andrew Holland, *et al*. 'Technological Analysis of the World's Earliest Shamanic Costume: A Multi-Scalar, Experimental Study of a Red Deer Headdress from the Early Holocene Site of Star Carr, North Yorkshire, UK'. Edited by Michael D. Petraglia. *PLOS ONE* 11:4 (2016).

Medina-Alcaide, MaAngeles, Diego Garate, Inaki Intxaurbe, Jose L. Sanchidrian, Olivia Rivero, Catherine Ferrier, Ma Dolores Mesa, Jaime Perena, and Inaki Libano. 'The Conquest of the Dark Spaces: An Experimental Approach to Lighting Systems in Paleolithic Caves'. Edited by Peter F. Biehl. *PLOS ONE* 16:6 (2021).

Merchant, Jo. 'A Journey to the Oldest Cave Paintings in the World, The Discovery in a Remote Part of Indonesia Has Scholars Rethinking the Origins of Art – and of Humanity'. *Smithsonian Magazine*, 2016.

Monbiot, George. *Feral: Rewilding the Land, Sea and Human Life*. Penguin, 2014.

Mormann, Florian, Julien Dubois, Simon Kornblith, Milica Milosavljevic, Moran Cerf, Matias Ison, Naotsugu Tsuchiya, *et al*. 'A Category-Specific Response to Animals in the Right Human Amygdala'. *Nature Neuroscience* 14 (2011), 1247–9.

Pastoors, Andreas, Tilman Lenssen-Erz, Tsamgao Ciqae, Ui Kxunta, Thui Thao, Robert Begouen, and Thorsten Uthmeier. 'Episodes of Magdalenian Hunter-Gatherers in the Upper Gallery of Tuc d'Audoubert (Ariege, France)'. In *Reading Prehistoric Human Tracks, Methods and Materials*, edited by Andreas Pastoors and Tilman Lenssen-Erz, 211–49. Springer Charm, 2021.

Sauvet, Georges, Cesar Gonzalez Sainz, Jose Luis Sanchidrian, and Valentin Villaverde. 'Europe: Prehistoric Rock Art'. In *Encyclopedia of Global Archaeology*, edited by Claire Smith, 2599–612. Springer New York, 2014.

Sieveking, Ann. *The Cave Artists*. Thames & Hudson Ltd, 1979.

Sirocko, Frank, Johannes Albert, Sarah Britzius, Frank Dreher, Alfredo Martinez-Garcia, Anthony Dosseto, Joachim Burger, Thomas Terberger, and Gerald Haug. 'Thresholds for the Presence of Glacial Megafauna in Central Europe during the Last 60,000 Years'. *Scientific Reports* 12:20055 (2022).

Van Pool, Christine S. 'The Signs of the Sacred: Identifying Shamans Using Archaeological Evidence'. *Journal of Anthropological Archaeology* 28:2 (2009), 177–90.

Vasilevich, G. M., and A. V. Smolyak. 'Evenki'. In *The Peoples of Siberia*, edited by Stephen Dunn, translated by Scripta Technica, Inc., 620–54. The University of Chicago, 1964.

Vernon, Mark. 'Divine Transports Whether via Music, Dance or Prayer, the Trance State Was Key to Human Evolution, Forging Society around the Transcendent'. *Aeon Magazine*, 7 November 2019.

Wallis, Robert J. 'Art and Shamanism: From Cave Painting to the White Cube'. *Religions* 10:1 (2019).

Winkelman, Michael. 'Shamanism as the Original Neurotheology'. *Zygon*, 39:1 (2004), 193–217.

―――. 'A Cross-Cultural Study of the Elementary Forms of Religious Life: Shamanistic Healers, Priests, and Witches'. *Religion, Brain & Behavior* 11:1 (2021), 27-45.

제2장: 혼돈의 용

Black, Jeremy, and Anthony Green. *Gods, Demons and Symbols of Ancient Mesopotamia*. British Museum Press, 1992.

Campbell, Joseph. *The Masks of God: Occidental Mythology*. Souvenir Press, 1964.

―――. *The Power of Myth*. Edited by Betty Sue Flowers. Anchor Books, 1991.

Dalley, Stephanie. *Myths from Mesopotamia. Creation, The Flood, Gilgamesh and Others*. Oxford University Press, 1989.

Frankfort, Henri, Thorkild Jacobsen, and John A. Wilson. *Before Philosophy*. Penguin Books Ltd, 1960.

Freud, Sigmund. *Civilization and Its Discontents*. Translated by James Strachey. W. W. Norton & Company, 2010.

Gunkel, Hermann. *Schopfung Und Chaos in Urzeit Und Endzeit: Eine Religionsgeschichtliche Untersuchung Uber Gen 1 Und Ap Joh 12*. Vandenhoeck und Ruprecht, 1895.

Hesiod. *The Homeric Hymns and Homerica with an English Translation by Hugh G. Evelyn-White. Theogony*. Translated by H. G. Evelyn-White. H. Vol. 57. G. Loeb Classical Library. William Heinemann, 1914.

Jung, Carl G. *The Archetypes and the Collective Unconscious*. Edited by Herbert Read, Michael Fordham, Gerhard Adler, and William McGuire. Vol. 9.1. Bollingen Series XX. Pantheon, 1959.

Jacobsen, Thorkild. *The Treasures of Darkness: A History of Mesopotamian*

Religion. New Haven & London: Yale University Press, 1976.

Jones, A. W. and A. N. Lasenby. 'The Cosmic Microwave Background'. *Living Reviews in Relativity* 1:1 (1998), 11.

Lambert, W. G. *Ancient Mesopotamian Religion and Mythology Selected Essays*. Edited by A. R. George and T. M. Oshima. Orientalische Religionen in Der Antike 15.

Tubingen: Mohr Siebeck, 2016.

Neumann, Erich. The Origins and History of Consciousness. Translated by R. F. C. Hull. Princeton Classics, Bollingen Series. Princeton University Press, 2014.

Ngo, Robin, Megan Sauter, Noah Weiner, and Glenn J. Corbett, eds. *Exploring Genesis: The Bible's Ancient Traditions in Context*. Washington DC: Biblical Archaeology Society, 2013.

Rose, Charlie. 'Astrophysicist Neil deGrasse Tyson's One-Man Mission'. *CBS News*, 22 March 2015.

Scurlock, JoAnn, and Rickard H. Beal, eds. *Creation and Chaos. A Reconsideration of Hermann Gunkel's Chaoskampf Hypothesis*. Eisenbrauns, 2019.

Rackley, Rosanna. 'Kingship, Struggle, and Creation: The Story of Chaoskampf'. M.Res., University of Birmingham, 2015.

Ronnberg, Ami, and Kathleen Martin, eds. *The Book of Symbols. Reflections on Archetypal Images*. Archive for Research in Archetypal Symbolism. TASCHEN, 2010.

Uzan, Jean-Philippe. 'The Big-Bang Theory: Construction, Evolution and Status'. In *The Universe: Poincare Seminar 2015*, edited by Bertrand Duplantier and Vincent Rivasseau, 1-72. Vol. 76. Progress in Mathematical Physics. Springer Nature, 2021.

제3장: 미노타우로스와 미로

Borges, Jorge Luis. *The Aleph Including the Prose Fictions from the Maker*. Translated by Andrew Hurley. Penguin Books, 2000.

Campbell, Joseph. *The Masks of God: Occidental Mythology*. Souvenir Press, 1964.

———. *Hero With a Thousand Faces*. 3rd edition. New World Library, 2008.

Fox, Margalit. *Riddle of the Labyrinth: The Quest to Crack an Ancient Code and the Uncovering of a Lost Civilisation*. Profile Books, 2013.

Freud Sigmund, and G. S. Viereck. 'An Interview with Freud' (1927). In *Psychoanalysis and the Future*, edited by Th. Reik, C. Staff and B. N. Nelson. National Psychological Association for Psychoanalysis, INC (1957).

Graves, Robert. *The Greek Myths, Complete Edition*. Penguin, 1992.

Hemingway, Ernest. 'Bullfighting Is Not a Sport – It Is a Tragedy'. *The Toronto Star Weekly*, 20 October 1923.

Kotsonas, Antonis. 'A Cultural History of the Cretan Labyrinth: Monument and Memory from Prehistory to the Present'. *American Journal of Archaeology* 122:3 (2018), 367–96.

———. 'Greek and Roman Knossos: The Pioneering Investigations of Minos Kalokairinos'. *The Annual of the British School at Athens* 111 (2016), 299–324.

Lamb, Robert. 'The Myth of the Minotaur, the Legendary Beast We Can't Forget'. *HowStuffWorks.Com* (blog), 15 May 2020.

Macgillivray, Joseph Alexander. *Minotaur: Sir Arthur Evans and the Archaeology of the Minoan Myth*. Hill and Wang, 2000.

McInerney, J. 'Bulls and Bull-Leaping in the Minoan World'. *Expedition Magazine* 53:3 (2011).

Momigliano, Nicoletta. *In Search of the Labyrinth, The Cultural Legacy of Minoan Crete*. New Directions in Classics. Bloomsbury Academic, 2020.

Momigliano, Nicoletta, and Alexandre Farnoux, eds. *Cretomania: Modern Desires for the Minoan Past*. Routledge, 2019.

Nin, Anais. *Seduction of the Minotaur*. Swallow Press/Ohio University Press, 1990.

Ovid. *Metamorphoses*. Translated by E. J. Kenney. Oxford World's Classics. OUP Oxford, 2008.

Padel, Ruth. 'Labyrinth of Desire: Cretan Myth in Us'. *Arion: A Journal of Humanities and the Classics* 4:2 (1996), 76–87.

Penrose, Roland. *Picasso: His Life and Work*. Harper, 1959.

Pressman, Matt. 'Q&A: John Richardson on Picasso's "Uncontrollable" Sex Drive'. *Vanity Fair*, 5 April 2011.

Ridderstad, Marianna. 'Evidence of Minoan Astronomy and Calendrical Practices', Cornell University (2009), 1–1.

Ronnberg, Ami, and Kathleen Martin, eds. *The Book of Symbols: Reflections on Archetypal Images*. Archive for Research in Archetypal Symbolism. TASCHEN, 2010.

Sbardella, Amaranta. 'The Monstrous Minotaur Riveted Ancient Greece and Rome'. *National Geographic*, 1 October 2019.

Seneca, Lucius Annaeus. *Phaedra and Other Plays*. Translated by R. Scott Smith. Penguin Classics, 2011.

Shapland, Andrew. 'Jumping to Conclusions: Bull-Leaping in Minoan Crete'. *Society & Animals* 21 (2013), 194–207.

Simpson, Liz. *The Magic of Labyrinths: Following Your Path, Finding Your Center*. Element, 2002.

Smith-Laing, Tim. 'What the Minotaur Can Tell Us about Picasso'. *Apollo*

Magazine, 2 May 2017.

Tilney, Martin. 'Waiting for Redemption in The House of Asterion: A Stylistic Analysis'. *Open Journal of Modern Linguistics* 2:2 (2012), 51–6.

Widener, Michael. 'A Papal Bull against Bullfighting'. *Yale Law School Lillian Goldman Law Library* (blog), 17 December 2014.

제4장: 뱀이 된 이브

Anastasiadou, Amria. 'The Origin of the Different: "Gorgos" and "Minotaurs" of the Aegean Bronze Age'. In *Making Monsters: A Speculative and Classical Anthology*, edited by E. Bridges and D. al-Ayad, 165–75. Futurefire.net Publishing, 2018.

Arras, Jean d'. *Melusine*. Vol. 68. Kegan Paul, Trench, Trubner, for the Early English Text Society, 1895.

———. *Melusine; or, The Noble History of Lusignan*. Translated by Donald Maddox and Sara Sturm-Maddox. Pennsylvania State University Press, 2012.

Bell, Robert E. *Women of Classical Mythology: A Biographical Dictionary*. Oxford University Press, 1993.

Bertels, J., M. Bourguignon, A. de Heering, F. Chetail, X. De Tiege, A. Cleeremans, and A. Destrebecqz. 'Snakes Elicit Specific Neural Responses in the Human Infant Brain'. *Scientific Reports* 10:7443 (2020).

Campbell, Joseph. The Masks of God: Occidental Mythology. Souvenir Press, 1964.

———. The Power of Myth. Edited by Betty Sue Flowers. Anchor Books, 1991.

Carvalho, Livia S., Daniel M. A. Pessoa, Jessica K. Mountford, Wayne I. L.

Davies, and David M. Hunt. 'The Genetic and Evolutionary Drives behind Primate Color Vision'. *Frontiers in Ecology and Evolution* 5 (2017).

Caraffi, Patrizia. 'History of Education with Angela Giallongo and Her Snake Women'. *Encounters in Theory and History of Education* 20:1 (2019).

Coss, Richard G., and Eric P. Charles. 'The Saliency of Snake Scales and Leopard Rosettes to Infants: Its Relevance to Graphical Patterns Portrayed in Prehistoric Art'. *Frontiers in Psychology* 12:763436 (2021).

Felton, Debbie. 'Monsters and the Monstrous: Ancient Expressions of Cultural Anxieties'. In *A Cultural History of Fairy Tales in Antiquity 1*, edited by Debbie Felton and Anne E. Duggan, 109–30. Bloomsbury Publishing, 2021.

Freud, Sigmund. 'Medusa's Head'. Translated by James Strachey. *International Journal of Psychoanalysis* 22 (1941), 69–70.

Giallongo, Angela. *The Historical Enigma of the Snake Woman from Antiquity to the 21st Century*. Translated by Anna C. Forster. Cambridge Scholars Publishing, 2017.

Graves, Robert. *The Greek Myths, Complete Edition*. Penguin, 1992.

Greenblatt, Stephen. *The Rise and Fall of Adam and Eve, The Story That Created Us*. Penguin Random House, 2017.

Henshilwood, Christopher S., Francesco d'Errico, Royden Yates, Zenobia Jacobs, Chantal Tribolo, Geoff A. T. Duller, Norbert Mercier, et al. 'Emergence of Modern Human Behavior: Middle Stone Age Engravings from South Africa'. *Science* 295:5558 (2002), 1278–80.

Hesiod. *The Homeric Hymns and Homerica: With an English Translation by Hugh G. Evelyn-White*. Vol. 57. G. Loeb Classical Library. William

Heinemann, 1914.

Holland, Tom. *Dominion: The Making of the Western Mind*. Little Brown, 2019.

Homer. *The Iliad*. Translated by Martin Hammond. Penguin Classics, 1987.

———. *The Odyssey*. Translated by E. V. Rieu. Penguin Classics, 2003.

Howe Gaines, Janet. 'Lilith: Seductress, Heroine or Murderer?' *Biblical Archaeology Society, Bible History Daily* (blog), September 2012.

Isbell, Lynne A. 'Snakes as Agents of Evolutionary Change in Primate Brains'. *Journal of Human Evolution* 51:1 (2006), 1–35.

———. *The Fruit, the Tree, and the Serpent: Why We See So Well*. Harvard University Press, 2009.

Isbell, Lynne A., and Stephanie F. Etting. 'Scales Drive Detection, Attention, and Memory of Snakes in Wild Vervet Monkeys (Chlorocebus Pygerythrus)'. *Primates* 58:1 (2017), 121–29.

Kawai, Nobuyuki, and Hongshen He. 'Breaking Snake Camouflage: Humans Detect Snakes More Accurately than Other Animals under Less Discernible Visual Conditions'. Edited by Hisao Nishijo. *PLOS ONE* 11(10):e0164342 (2016).

Koivisto, Satu, and Antti Lahelma. 'Between Earth and Water: A Wooden Snake Figurine from the Neolithic Site of Jarvensuo 1'. *Antiquity* 95(382):e19 (2021).

Langley, Patricia. 'Why a Pomegranate?' *BMJ* 321:7269 (2000), 1153–4.

Milton, John. *Paradise Lost*. Edited by Alastair Fowler. Longman, 1991.

Murgatroyd, Paul. *Mythical Monsters in Classical Literature*. Bristol Classical Press, 2007.

Murray, Elisabeth A., and Lesley K. Fellows. 'Prefrontal Cortex Interactions with the Amygdala in Primates'. *Neuropsychopharmacology* 47:1 (2022), 163–79.

Narby, Jeremy. *The Cosmic Serpent: DNA and the Origins of Knowledge*. Penguin Random House, 1998.

Ovid. *Metamorphoses*. Translated by E. J. Kenney. Oxford World's Classics. OUP Oxford, 2008.

Patai, Raphael. *The Hebrew Goddess*. Wayne State University Press, 1990.

Petersen, Peter Vang. 'Zigzag Lines and Other Protective Patterns in Palaeolithic and Mesolithic Art'. *Quaternary International* 573 (2021), 66–74.

Ronnberg, Ami, and Kathleen Martin, eds. *The Book of Symbols: Reflections on Archetypal Images*. Archive for Research in Archetypal Symbolism. TASCHEN, 2010.

Soares, Sandra C., Rafael S. Maior, Lynne A. Isbell, Carlos Tomaz, and Hisao Nishijo. 'Fast Detector/First Responder: Interactions between the Superior Colliculus-Pulvinar Pathway and Stimuli Relevant to Primates'. *Frontiers in Neuroscience* 11:67 (2017).

Van Strien, Jan W., Ingmar H. A. Franken, and Jorg Huijding. 'Testing the Snake-Detection Hypothesis: Larger Early Posterior Negativity in Humans to Pictures of Snakes than to Pictures of Other Reptiles, Spiders and Slugs'. *Frontiers in Human Neuroscience* 8 (2014).

Wallis, Jonathan D. 'Cross-Species Studies of Orbitofrontal Cortex and Value-Based Decision-Making'. *Nature Neuroscience* 15:1 (January 2012), 13–19.

제5장: 경계 위를 걷는 자들

Alfano, Christine. 'The Issue of Feminine Monstrosity: A Reevaluation of Grendel's Mother'. *Comitatus: A Journal of Medieval and Renaissance*

Studies 23:1 (1992), 1–16.

Berger, John. 'Why Look at Animals'. In *About Looking*. Bloomsbury Publishing PLC, 2009.

Bintley, Michael D. J., and Thomas J. T. Williams. *Representing Beasts in Early Medieval England and Scandinavia*. Anglo-Saxon Studies. Boydell & Brewer, Boydell Press, 2015.

Cohen, Jeffrey J. 'The Promise of Monsters'. In The *Ashgate Research Companion to Monsters and the Monstrous*, edited by Asa Simon Mittmann and Peter J. Dendle, 449–64. Ashgate, 2012.

Collins, Michael. *St George and the Dragons: The Making of English Identity*. Fonthill, 2018.

Cronon, William. 'The Trouble with Wilderness; or, Getting Back to the Wrong Nature'. In *Uncommon Ground: Rethinking the Human Place in Nature*, edited by William Cronon, 69–90. W. W. Norton & Co., 1995.

Dalley, Stephanie. *Myths from Mesopotamia. Creation, The Flood, Gilgamesh and Others*. Oxford University Press, 1989.

Farrell, Jennifer Kelso. 'The Evil Behind the Mask: Grendel's Pop Culture Evolution'. *The Journal of Popular Culture* 41:6 (2008), 934–49.

Fisher, Adrian G., Charlotte H. Mills, Mitchell Lyons, William K. Cornwell, and Mike Letnic. 'Australia's Dingo Fence from Space: Satellite Images Reveal Its Effects on Landscape'. *The Guardian*, 24 February 2021.

———. 'Remote Sensing of Trophic Cascades: Multitemporal Landsat Imagery Reveals Vegetation Change Driven by the Removal of an Apex Predator'. *Landscape Ecology* 36:5 (2021), 1341–58.

Forni, Kathleen. *Beowulf's Popular Afterlife in Literature, Comic Books*. Routledge Studies in Medieval Literature and Culture. Routledge,

Taylor & Francis Group, 2020.

Gardner, John C. *Grendel*. Gollancz, 2015.

Gervase of Tilbury. *Otia Imperialia Recreation for an Emperor*. Edited by S. E. Banks and J. W. Binns. OUP Oxford, 2002.

Hankins, John E. 'Caliban the Bestial Man'. *PMLA/Publications of the Modern Language Association of America* 62:3 (1947), 793–801.

Heaney, Seamus. *Beowulf*. W. W. Norton & Company, 2000.

Hennequin, M. Wendy. 'We've Created a Monster: The Strange Case of Grendel's Mother'. *English Studies* 89:5 (2008), 503–23.

Holmes, Brandon, and Gareth Linnard. *Thylacine: The History, Ecology and Loss of the Tasmanian Tiger*. CSIRO, 2023.

Howell, John Michael. *Understanding John Gardner*. University of South Carolina Press, 1993.

Kiernan, Kevin. 'Grendel's Heroic Mother'. *In Geardagum* (1984), 13–33.

Klaasen, Elisa Lee. 'Tolkien's Tribute to England and Its Roots in Beowulf'. *Elaia* 2 (2019), Article 8.

Le Guin, Ursula K. 'The Critics, the Monsters, and the Fantasists'. *The Wordsworth Circle* 38:1–2 (2007), 83–7.

Letnic, M., and M. S. Crowther. 'Pesticide Use Is Linked to Increased Body Size in a Large Mammalian Carnivore'. *Biological Journal of the Linnean Society* 131:1 (2020), 220–29.

Lewis, Charles N. 'A Psychological Commentary on John Gardner's Grendel'. *American Journal of Psychoanalysis* 44:4 (1984), 431–6.

Lorey, Elmar M. *Heinrich Der Werwolf: Eine Geschichte Aus Der Zeit Der Hexenprozesse Mit Dokumenten Und Analysen*. Anabas-Verlag, 1998.

McShane, Kara L. 'The Questing Beast'. University of Rochester, The Camelot Project, Robbins Library Digital Project.

Mellinkoff, Ruth. 'Cain's Monstrous Progeny in "Beowulf": Part I, Noachic Tradition'. *Anglo-Saxon England* 8 (1979), 143–62.

Murr, Judy Smith. 'John Gardner's Order and Disorder: Grendel and The Sunlight Dialogues'. Critique: Studies in Contemporary Fiction 18:2 (1976), 97–108.

Neville, Jennifer. Representations of the Natural World in Old English Poetry. Cambridge Studies in Anglo-Saxon England. Cambridge University Press, 1999.

———. 'Monsters and Criminals: Defining Humanity in Old English Poetry'. In *Monsters and the Monstrous in Medieval Northwest Europe*, edited by K. E. Olsen and L. A. J. R. Houwen, 103–22. Mediaevalia Groningana. Peeters, 2001.

Orchard, Andy. *Pride and Prodigies: Studies in the Monsters of the Beowulf-Manuscript*. D. S. Brewer, 1985.

Shakespeare, William. *The Tempest*. Edited by Barbara Mowat, Paul Werstein, Poston, and Rebecca Niles. Folger Shakespeare Library. Simon & Schuster, 2015.

Smallman, Shawn, and Grace Dillon. *Dangerous Spirits: The Windigo in Myth and History*. Heritage House, 2015.

Smith, Sydney. 'The Face of Humbaba'. *Journal of the Royal Asiatic Society* (1926), 440–42.

Stankey, George H. 'Beyond the Campfire's Light: Historical Roots of the Wilderness Concept'. *Natural Resources Journal* 29 (1989), 9.

Summers, Montague. *The Werewolf in Lore and Legend*. Dover Publications, 1933.

Swinford, Dean. '"Some Beastlike Fungus": The Natural and Animal in John Gardner's *Grendel*'. *Lit: Literature Interpretation Theory* 22:4 (2011),

323 – 35.

Symons, Victoria. 'Monsters and Heroes in Beowulf'. *British Library* (blog), 31 January 2018.

Tolkien, J. R. R. 'Beowulf: The Monsters and the Critics'. Presented at the Sir Israel Gollancz Memorial Lecture, British Academy, 1936.

Warner, Marina. *No Go the Bogeyman: Scaring, Lulling and Making Mock*. Chatto & Windus, 1998.

제6장: 리바이어던의 후예들

Abel, Serena M., Fangzhu Wu, Sebastian Primpke, Gunnar Gerdts, and Angelika Brandt. 'Journey to the Deep: Plastic Pollution in the Hadal of Deep-Sea Trenches'. *Environmental Pollution* 333:122078 (2023).

Aguilar, Alex. 'A Review of Old Basque Whaling and Its Effect on the Right Whales of the North Atlantic'. In *Reports of the International Whaling Commission*, 10 (1986), 191 – 9.

Braat, J. 'Dutch Activities in the North and the Arctic during the Sixteenth and Seventeenth Centuries'. *ARCTIC* 37:4 (1984), 473 – 80.

Bryant, Miranda. 'Spielberg Tells of Guilt over Harm His Film Jaws May Have Done to Sharks'. *The Guardian*, sec. The Observer, 18 December 2022.

Caxton, William. *The Cronycles of Englond*. London, 1482.

Chapman, Blake. *Shark Attacks Myths, Misunderstandings and Human Fear*. CSIRO, 2017.

Duzer, Chett van. *Sea Monsters on Medieval and Renaissance Maps*. British Library Publishing, 2013.

Esteban, Ruth, Alfredo Lopez, Alvaro Garcia De Los Rios, Marisa Ferreira,

Francisco Martinho, Paula Mendez Fernandeza, Ezequiel Andreu, et al. 'Killer Whales of the Strait of Gibraltar, an Endangered Subpopulation Showing a Disruptive Behavior'. *Marine Mammal Science* 38:4 (2022), 1699–1709.

Friedland, Klaus. 'The Hanseatic League and Hanse Towns in the Early Penetration of the North'. *ARCTIC* 37:4 (1984), 539–43.

Heuvelmans, Bernard. *In the Wake of the Sea-Serpents*. Translated by Richard Garnett. Rupert Hart-Davis Ltd, 1968.

Isidore of Seville. *The Etymologies of Isidore of Seville*. Edited by S. A. Barney, W. J. Lewis, J. A. Beach, and O. Berghof. Cambridge University Press, 2006.

Jung, Carl G. *The Archetypes and the Collective Unconscious*. Edited by Herbert Read, Michael Fordham, Gerhard Adler, and William McGuire. Vol. 9,1. Bollingen Series XX. Pantheon, 1959.

Kiparsky, Valentin. *L'histoire Du Morse*. Vol. 73,3. Suomalaisen Tiedeakatemian Toimituksia. Series B. Suomalainen Tiedeakatemia, 1952.

Koch, Albert. *Description of the Hydrarchos Harlani: (Koch,)...A Gigantic Fossil Reptile: Lately Discovered by the Author in the State of Alabama, March, 1845. Together with Some Geological Observations Made...in the Years 1844–1845*. 2nd edn. B. Owen, 1845.

———. 'The Hydrarchos or Leviathan! Of the Antediluvian World, as Described in the Book of Job, Chapt. 41. This Immense Skeleton of a Sea Monster! Exceeds 114 Feet in Length and Weighs 7,500 Pounds . . . As This Extraordinary Creature Will Shortly Leave', 1845. Broadsides, leaflets, and pamphlets from America and Europe. Library of Congress.

Lawrence, Natalie. 'Monstrous Assembly: Constructing Exotic Animals in

Early Modern Europe'. PhD, University of Cambridge, 2016.

―――. 'Decoding the Morse: The History of 16th-Century Narcoleptic Walruses'. *The Public Domain Review* (blog), 14 June 2017.

―――. 'Greenland Unicorns and the Magical Alicorn'. *The Public Domain Review* (blog), 19 September 2019.

Magnus, Albertus. *On Animals: A Medieval Summa Zoologica*. Vol. 2. Edited by Kenneth. F. Kitchell Jr. and translated by Irven Michael Resnick. John Hopkins University Press, 1999.

Magnus, Olaus. *Historia de Gentibus Septentrionalibus*. Vol. 1 and Vol.3. Edited by Peter Fisher and translated by Peter Foote and Humphrey Higgens. Hakluyt Society, 1998.

Margocsy, Daniel. 'The Camel's Head: Representing Unseen Animals in Sixteenth-Century Europe'. *Netherlands Yearbook for History of Art / Nederlands Kunsthistorisch Jaarboek* 61:1 (2011), 62–85.

Marx, Lizzie. 'Picturing Scent: The Tale of a Beached Whale'. *The Public Domain Review* (blog), 21 July 2021.

McKay, John. 'The White Elephant of Rucheni'. *Scientific American* (blog), 22 November 2011.

Melville, Hermann. *Moby Dick: Or, The Whale*. Edited by Tom Quirk. Illustrated. Penguin Classics, 2003.

Meurger, Michel. *Lake Monster Traditions, A Cross-Cultural Analysis*. Fortean Times, 1988.

Naish, Darren. 'Where Be Monsters?' *Fortean Times*, March 2000.

―――. *Hunting Monsters*. Arcturus, 2017.

―――. 'Sea Monster Sightings and the "Plesiosaur Effect"'. *Tetrapod Zoology Blog* (blog), 28 April 2019.

Neff, Christopher. 'The Jaws Effect: How Movie Narratives Are Used to

Influence Policy Responses to Shark Bites in Western Australia'. *Australian Journal of Political Science* 50:1 (2015), 114–27.

Nichols, Wallace J. *Blue Mind: The Surprising Science That Shows How Being Near, In, On, or Under Water Can Make You Happier, Healthier, More Connected, and Better at What You Do*. Back Bay Books, 2015.

Nigg, Joseph. 'Olaus Magnus' Sea Serpent'. *The Public Domain Review* (blog), 5 February 2014.

Ogilvie, Brian W. *The Science of Describing: Natural History in Renaissance Europe*. University of Chicago Press, 2006.

Pare, Ambroise. *On Monsters and Marvels*. Translated by Janis L. Pallister. University of Chicago Press, 1982.

Pacoureau, Nathan, Cassandra L. Rigby, Peter M. Kyne, Richard B. Sherley, Henning Winker, John K. Carlson, Sonja V. Fordham, *et al*. 'Half a Century of Global Decline in Oceanic Sharks and Rays'. *Nature* 589:7843 (2021), 567–71.

Paxton, C. G. M. 'Unleashing the Kraken: On the Maximum Length in Giant Squid (*Architeuthis Sp*.)'. *Journal of Zoology* 300:2 (2016), 82–8.

Paxton, C. G. M., and D. Naish. 'Did Nineteenth Century Marine Vertebrate Fossil Discoveries Influence Sea Serpent Reports?' *Earth Sciences History* 38:1 (2019), 16–27.

Pennant, Thomas. *British Zoology*. Vol. 3. Printed by William Eyres, for Benjamin White, 1768.

Perathoner, Simon, Maria Lorena Cordero-Maldonado, and Alexander D. Crawford. 'Potential of Zebrafish as a Model for Exploring the Role of the Amygdala in Emotional Memory and Motivational Behavior: Amygdala in Fish'. *Journal of Neuroscience Research* 94:6 (2016), 445–62.

Pliny The Elder. *Natural History*. Translated by J. Healy. Penguin Classics, 1991.

Quammen, David. *Monster of God – The Man-Eating Predator in the Jungles of History and the ind*. W. W. Norton & Company, 2003.

Rieppel, Lukas. 'Albert Koch's Hydrarchos Craze: Credibility, Identity, and Authenticity in Nineteenth-Century Natural History'. In *Science Museums in Transition*, 139–61. University of Pittsburgh Press, 2017.

Ronnberg, Ami, and Kathleen Martin, eds. *The Book of Symbols: Reflections on Archetypal Images*. Archive for Research in Archetypal Symbolism. TASCHEN, 2010.

Rosa, Rui, and Brad A. Seibel. 'Slow Pace of Life of the Antarctic Colossal Squid'. *Journal of the Marine Biological Association of the United Kingdom* 90:7 (2010), 1375–8.

Schama, Simon. *An Embarrassment of Riches: An Interpretation of Dutch Culture in the Golden Age*. Harper Perennial, 2004.

Seaver, Kirsten A. '"A Very Common and Usuall Trade": The Relationship between Cartographic Perceptions and "fishing" in the Davis Strait circa 1500–550'. *The British Library Journal* 22:1 (1996) 1-26.

Szabo, Vicki Ellen. '"Bad to the Bone"? The Unnatural History of Monstrous Medieval Whales'. *The Heroic Age, A Journal of Early Medieval Northwestern* Europe 8 (2005).

―――. *Monstrous Fishes and the Mead-Dark Sea: Whaling in the Medieval North Atlantic*. Vol. 35. The Northern World: North Europe and the Baltic c. 400–1700 AD: Peoples, Economies and Cultures. Brill, 2008.

Worm, Boris, Brendal Davis, Lisa Kettemer, Christine A. Ward-Paige, Demian Chapman, Michael R. Heithaus, Steven T. Kessel, and Samuel H. Gruber. 'Global Catches, Exploitation Rates, and Rebuilding Options for Sharks'. *Marine Policy* 40 (2013), 194–204.

Zachos, Elaina. 'Why Are We Afraid of Sharks? There's a Scientific Explanation'. *National Geographic*, 29 June 2019.

제7장: 마법에 걸린 세상 속 히드라

Aldrovandi, Ulysse, and Bartolemmo Ambrosini. *Serpentum et Draconum Historiae Libri Duo*. Bononiae: C. Ferronium, 1640.

Blatchford, Thomas W. *Observations on Equivocal Generation: Prepared as Evidence in a Suit for Slander*. Albany: Printed by J. Munsell, 1844.

Bleichmar, Daniela, and Peter Mancall. '"Seeing the World in a Room"'. In *Collecting Across Cultures: Material Exchanges in the Early Modern Atlantic World*, 15–30. University of Pennsylvania Press, 2011.

Bontius, Jacobus. 'MS Sherard: "Jacobi Bontii Medici Arcis Ac Civitatis Bataviae Novae in Indiis Ordinarii Exoticorum Indicorum Centuria Prima, 1630"', 1630. Sherard Collection, Plant Sciences Library, Oxford.

―――. '"Tropische Geneeskunde/On Tropical Medicine"'. In *Opuscula Selecta Neerlandicorum de Arte Medica*, edited by M. Andel, Vol. 10. Sumptibus Societatis, 1931.

Carey, Daniel. 'Compiling Nature's History: Travellers and Travel Narratives in the Early Royal Society'. *Annals of Science* 54:3 (1997), 269–92.

Challender, Daniel W. S., Helen C. Nash, and Carly Waterman. *Pangolins: Science, Society and Conservation*. Biodiversity of the World: Conservation from Genes to Landscapes. Academic Press, 2019.

Clusius, Carolus. *Exoticorum Libri Decem: Quibus Animalium, Plantarum, Aromaticum, Aliorumque, Peregrinorum Fructum Historiae*

>   *Describuntur*. Leiden: Plantin Press, 1605.

Cook, Harold. 'Global Economies and Local Knowledge in the East Indies: Jacobus Bontius Learns the Facts of Nature'. In *Colonial Botany: Science, Commerce, and Politics in the Early Modern World*, edited by Londa Schiebinger and Claudia Swan, 111–18. University of Pennsylvania Press, 2005.

––––. *Matters of Exchange: Commerce, Medicine and Science in the Dutch Golden Age*. Yale University Press, 2007.

Dance, Peter. *Animal Fakes and Frauds*. Sampson Low, 1975.

Findlen, Paula. 'Jokes of Nature and Jokes of Knowledge: The Playfulness of Scientific Discourse in Early Modern Europe'. *Renaissance Quarterly* 43:2 (1990), 292–331.

––––. *Possessing Nature: Museums, Collecting, and Scientific Culture in Early Modern Italy*. Berkeley, Los Angeles and London: University of California Press, 1996.

––––. 'Inventing Nature. Commerce, Art, and Science in the Early Modern Cabinet of Curiosities'. In *Merchants and Marvels: Commerce, Science, and Art in Early Modern Europe*, 297–323. Routledge, 2002.

Jahme, Carol. *Beauty and the Beasts: Woman, Ape, and Evolution*. Virago, 2001.

Jong, Johan de. 'Drawings, Ships and Spices: Accumulation in the Dutch East India Company'. In *Centres and Cycles of Accumulation in and Around the Netherlands During the Early Modern Period*, edited by Lissa Roberts, 177–203. LIT, 2011.

Kircher, Athanasius. *Arca Noe*. Amsterdam: Apud Joannem Janssonium a Waesberge, 1675.

Koerner, Lisbet. *Linnaeus: Nature and Nation*. Harvard University Press, 2009.

Lawrence, Natalie. 'Exotic Origins: The Emblematic Biogeographies of Early

Modern Scaly Mammals'. *Itinerario* 39:1 (2015), 17–43.

———. 'Monstrous Assembly: Constructing Exotic Animals in Early Modern Europe'. PhD, University of Cambridge, 2016.

MacGregor, Arthur. *Curiosity and Enlightenment: Collectors and Collections from the Sixteenth to Nineteenth Century*. Yale University Press, 2008.

Margocsy, Daniel. 'The Camel's Head: Representing Unseen Animals in Sixteenth-Century Europe'. *Netherlands Yearbook for History of Art / Nederlands Kunsthistorisch Jaarboek* 61:1 (2011), 62–85.

———. *Commercial Visions: Science, Trade and Visual Culture in the Dutch Golden Age*. University of Chicago Press, 2014.

Pieters, F. J. M. *Wonderen Der Nature in de Menagerie van Blauw Jan Te Amsterdam, Zoals Gezien Door Jan Velten Rond 1700*. Rare and Historical Books. ETI Digital, 1998.

Piso, Willem. *De Indiae Utriusque Re Naturali et Medica, Libri Quatuordecim*. Elzevir, 1658.

Pliny the Elder. *Natural History*. Translated by J. Healy. Penguin Classics, 1991.

Polo, Marco. *The Travels of Marco Polo*. Vol. 2. Edited by Guido Montelupo and translated by Henry Yule. CreateSpace Independent Publishing Platform, 2016.

Seba, Albertus. *Cabinet of Natural Curiosities / Das Naturalienkabinett / Le Cabinet Des Curiosites Naturelles*. TASCHEN, 2008.

Schmidt, Benjamin. 'Inventing Exoticism: The Project of Dutch Geography and the Marketing of the World'. In *Merchants and Marvels: Commerce, Science, and Art in Early Modern Europe*, edited by Pamela Smith and Paula Findlen, 347–69. Routledge, 2002.

———. 'Accumulating the World: Collecting and Commodifying "Globalism"'. In *Centres and Cycles of Accumulation in and Around the Netherlands*

During the Early Modern Period, edited by Lissa Roberts, 129–54. Berlin and Zurich: LIT, 2011.

———. *Inventing Exoticism: Geography, Globalism, and Europe's Early Modern World*. University of Pennsylvania Press, 2015.

Sloan, Phillip R. 'The Buff on-Linnaeus Controversy'. *Isis* 67:3 (1976), 356–75.

제8장: 비늘 달린 슈퍼 히어로

Bakker, Robert T. 'Dinosaur Renaissance'. *Scientific American* 232:4 (1975), 58–79.

Ballou, W. H. 'The Aeroplane Dinosaur of a Million Years Ago'. *The Ogden Standard-Examiner*, sec. Comic Section, 15 August 1920.

Balmford, Andrew, Lizzie Clegg, Tim Coulson, and Jennie Taylor. 'Why Conservationists Should Heed Pokemon'. *Science* 295(5564):2367 (2002).

Benton, Michael J. 'A Brief History of Dinosaur Palaeontology'. In *The Scientific American Book of Dinosaurs*, edited by G. S. Paul, 10–44. St Martin's Press, 2000.

———. *The Dinosaurs Rediscovered: How a Scientific Revolution Is Rewriting History*. Thames and Hudson Ltd, 2020.

Fallon, Richard. *Reimagining Dinosaurs in Late Victorian and Edwardian Literature. How the 'Terrible Lizard' Became a Transatlantic Cultural Icon*. Cambridge University Press, 2021.

———. 'Seen through Deep Time: Occult Clairvoyance and Palaeoscientific Imagination'. *Journal of Victorian Culture* 28:2 (2023), 143–62.

Fromm, Erich. *Anatomy of Human Destructiveness*. 1st edn. Holt, Rinehart and

Winston, 1973.

Gomez, Jesse, Michael Barnett, and Kalanit Grill-Spector. 'Extensive Childhood Experience with Pokemon Suggests Eccentricity Drives Organization of Visual Cortex'. *Nature Human Behaviour* 3:6 (2019), 611–24.

Gordon, Elizabeth Oke Buckland. *The Life and Correspondence of William Buckland … and First President of the British Association*. London: J. Murray, 1894.

Gould, Steven J. 'Dinomania'. In *Dinosaur in a Haystack*, by Steven J. Gould, 221–37. Harmony Books, 1995.

Halstead, L. B. 'Scrotum Humanum Brookes 1763 – the First Named Dinosaur'. *Journal of Insignificant Research* 5 (1970), 14–15.

Halstead, L. B., and W. A. S. Sargent. 'Scrotum Humanum Brookes – the Earliest Name for a Dinosaur?' *Modern Geology* 18 (1993), 221–4.

Hutchinson, Henry Neville. *Extinct Monsters and Creatures of Other Days: A Popular Account of Some of the Larger Forms of Ancient Animal Life*. New and enl. edn. Chapman & Hall, 1910.

Illustrated London News. 'Dinner in the Iguanodon'. 7 January 1854, vol. 24, no. 662.

Landers, Jackson. 'Paleontologist Jack Horner Is Hard at Work Trying to Turn a Chicken into a Dinosaur'. *The Washington Post*, sec. Health and Science, 10 November 2014.

Lyell, Charles. *Principles of Geology*. Edited by James A. Secord. Penguin Classics, 1997.

McPhee, Rod. 'PC REX Sir David Attenborough's BBC1 Dinosaur Show Presents Softer "Woke" Version of the T-Rex'. *The Sun*, 13 April 2022.

Mayor, Adrienne. *The First Fossil Hunters: Dinosaurs, Mammoths, and Myth in*

   Greek and Roman Times. Princeton University Press, 2000.
Naish, Darren. 'The Iguanodon Explosion: How Scientists Are Rescuing the Name of a "Classic" Ornithopod Dinosaur, Part 1'. *Scientific American* (blog), 15 November 2010.
―――. 'The Explosion of Iguanodon, Part 2: Iguanodontians of the Hastings Group'. *Scientific American* (blog), 16 November 2010.
―――. 'The Explosion of Iguanodon, Part 3: Hypselospinus, Wadhurstia, Dakotadon, Proplanicoxa . . . When Will It All End?' *Scientific American* (blog), 17 November 2010.
―――. 'Robert Plot's Lost Dinosaur Bone'. *Tetrapod Zoology Blog* (blog), 16 December 2022.
O'Connor, Ralph. *The Earth on Show Fossils and the Poetics of Popular Science, 1802–1856*. University of Chicago Press, 2007.
―――. 'Victorian Saurians: The Linguistic Prehistory of the Modern Dinosaur'. *Journal of Victorian Culture* 17:4 (2012), 492–504.
Plot, Robert. *The Natural History of Oxfordshire, Being an Essay toward the Natural History of England*. Oxford: Robert Plot, 1677.
Rieppel, Lukas. *Assembling the Dinosaur: Fossil Hunters, Tycoons, and the Making of a Spectacle*. Harvard University Press, 2019.
―――. 'How American Tycoons Created the Dinosaur'. *Nautilus*, 4 September 2019.
Romano, Marco, and Marco Avanzini. 'The Skeletons of Cyclops and Lestrigons: Misinterpretation of Quaternary Vertebrates as Remains of the Mythological Giants'. *Historical Biology* 31:2 (2019), 117–39.
Seeley, Harry Govier. 'I. On the Classifi cation of the Fossil Animals Commonly Named Dinosauria'. *Proceedings of the Royal Society of London* 43:258–65 (1888), 165–71.

Shapiro, Beth. 'Mammoth 2.0: Will Genome Engineering Resurrect Extinct Species?' *Genome Biology* 16:1 (2015), 228.

The Washington Post. 'Was Most Grotesque Animal'. 23 June 1912.

Villiers de l'Isle-Adam, Auguste. *Tomorrow's Eve*. Translated by Robert Martin Adams. University of Illinois Press, 2001.

Witton, Mark P. 'Why Protoceratops Almost Certainly Wasn't the Inspiration for the Griffin Legend'. *Mark P. Witton's Blog* (blog), 2016.

―――. 'Dinosaur Fossils and Chinese Dragons: Ancient Association or Modern Wishful Thinking?' *Mark P. Witton's Blog* (blog), 26 March 2021.

Witton, Mark P., and Ellinor Michel. *Art and Science of the Crystal Palace Dinosaurs*. The Crowood Press, 2022.

맺음말: 대지의 티탄족

Byock, Jesse, and Snorri Sturluson. *The Prose Edda: Tales from Norse Mythology*. Penguin Classics, 2005.

Cellan-Jones, Rory. 'Stephen Hawking Warns Artificial Intelligence Could End Mankind'. *BBC News*, sec. Technology, 2 December 2014.

Dalley, Stephanie. *Myths from Mesopotamia. Creation, The Flood, Gilgamesh and Others*. Oxford University Press, 1989.

Głownia, Dawid. 'Socio-Political Aspects of Kaijū Eiga Genre: A Case Study of the Original Godzilla'. *Silva Iaponicarum* XXXVII (2013).

Hall, Stephen. 'Wolves and Brown Bear Numbers Are up in Europe, a New Report Shows'. World Economic Forum, 12 October 2022.

Harari, Yuval Noah. *Homo Deus: A Brief History of Tomorrow*. Harvill Secker, 2016.

Jacobson, Mark. 'What Does Godzilla Mean? The Evolution of a Monster Metaphor'. *New York Times*, sec. Vulture, 16 May 2014.

Jenkins, Richard. 'Disenchantment, Enchantment and Re-Enchantment: Max Weber at the Millennium'. *Mind and Matter* 10:2 (2012).

Larrington, Carolyn. *The Poetic Edda*. Oxford World Classics. OUP Oxford, 2014.

Ledger, Sophie, Claire Anna Rutherford, Charlotte Benham, Ian J. Burfield, Stefanie Deinet, Mark Eaton, Robin Freeman, Hannah Puleston, Kate Scott-Gatty, and Anna Staneva. 'Wildlife Comeback in Europe: Opportunities and Challenges for Species Recovery. Final Report to Rewilding Europe by the Zoological Society of London, BirdLife International and the European Bird Census Council'. ZSL, 2022.

Lovejoy, Arthur O. *The Great Chain of Being. A Study of the History of an Idea*. Harvard University Press, 1936.

Marotta, Mario. 'A Disenchanted World: Max Weber on Magic and Modernity'. *Journal of Classical Sociology* (2023).

Trischler, Helmuth. 'The Anthropocene: A Challenge for the History of Science, Technology, and the Environment'. *NTM Zeitschrift Fur Geschichte Der Wissenschaften, Technik Und Medizin* 24:3 (2016), 309–35.

UNEP. 'Emissions Gap Report (EGR) 2022: The Closing Window – Climate Crisis Calls for Rapid Transformation of Societies'. United Nations Environment Programme, 2022.

우상단부터 차례대로 1, 2, 3, 4장의 일러스트다

우상단부터 차례대로 5, 6, 7, 8장의 일러스트다.

참고문헌

옮긴이 이다희

펜실베이니아주립대학교에서 철학을, 서울대학교 대학원에서 서양고전학을 공부했다. 옮긴 책으로 토니 모리슨의 《타인의 기원》《보이지 않는 잉크》를 비롯하여 《일터의 소로》《미셸 오바마 자기만의 빛》《거실의 사자》등이 있다. 2023년 첫 에세이 《사는 마음》을 출간했다.

매혹의 괴물들

첫판 1쇄 펴낸날 2025년 12월 4일

지은이 나탈리 로런스
옮긴이 이다희
발행인 조한나
책임편집 박혜인
편집기획 김교석 문해림 김유진 김하영 함초원 조정현
디자인 한승연 성윤정
마케팅 문창운 백윤진 김민영
회계 양여진 김주연

펴낸곳 (주)도서출판 푸른숲
출판등록 2003년 12월 17일 제2003-000032호
주소 서울특별시 마포구 토정로 35-1 2층, 우편번호 04083
전화 02)6392-7871, 2(마케팅부), 02)6392-7873(편집부)
팩스 02)6392-7875
홈페이지 www.prunsoop.co.kr
페이스북 www.facebook.com/prunsoop 인스타그램 @prunsoop

ⓒ푸른숲, 2025
ISBN 979-11-7254-091-3 (03900)

* 이 책은 저작권법에 의해 한국 내에서 보호를 받는 저작물이므로
  무단전재와 복제를 금합니다. 이 책 내용의 전부 또는 일부를 사용하려면
  반드시 저작권자와 ㈜도서출판 푸른숲의 동의를 받아야 합니다.
* 잘못된 책은 구입하신 서점에서 바꾸어 드립니다.
* 본서의 반품 기한은 2030년 12월 31일까지입니다.